"十三五"普通高等教育应用型规划教材·市场营销

营销策划
（第2版）

任锡源　郑丽楠　编著

MARKETING PLANNING

中国人民大学出版社

·北京·

图书在版编目（CIP）数据

营销策划 / 任锡源，郑丽楠编著 . -- 2 版 . --北京：中国人民大学出版社，2020.6

"十三五"普通高等教育应用型规划教材 . 市场营销

ISBN 978-7-300-28220-6

Ⅰ.①营… Ⅱ.①任… ②郑… Ⅲ.①营销策划-高等学校-教材 Ⅳ.①F713.50

中国版本图书馆 CIP 数据核字（2020）第 103400 号

"十三五"普通高等教育应用型规划教材·市场营销

营销策划（第 2 版）

任锡源　郑丽楠　编著

Yingxiao Cehua

出版发行	中国人民大学出版社			
社　　址	北京中关村大街 31 号		**邮政编码**	100080
电　　话	010 - 62511242（总编室）		010 - 62511770（质管部）	
	010 - 82501766（邮购部）		010 - 62514148（门市部）	
	010 - 62515195（发行公司）		010 - 62515275（盗版举报）	
网　　址	http://www.crup.com.cn			
经　　销	新华书店			
印　　刷	北京溢漾印刷有限公司		**版　　次**	2016 年 6 月第 1 版
规　　格	185 mm×260 mm　16 开本			2020 年 6 月第 2 版
印　　张	19 插页 1		**印　　次**	2020 年 6 月第 1 次印刷
字　　数	378 000		**定　　价**	42.00 元

前　言

党的十九大以来，国家经济布局和产业结构稳步调整，生态经济、环保经济、文化经济等新的经济增长点不断涌现，大众创业、万众创新逐步成为市场发展主流。与此相适应，企业营销实践活动也在稳步调整，相关的营销理论研究日益丰富，研究成果不断涌现。在大数据、"互联网＋"等宏观市场运行背景下，新观念、新技术、新方法和新思维等必然融入营销领域，创新营销实践，丰富营销理论体系。

在此时代背景下，作为企业营销活动总体规划和设计的营销策划活动需要进一步完善和丰富，吸收最新的营销实践和营销理论研究成果，将新观念、新技术和新方法融入规划和设计内容。

本书以营销策划的基本程序为逻辑起点，以营销任务策划为主线，按照先概述后逐条任务分析，注重操作要点和方法的写作思路阐述知识；每章有学习目标、案例分析和实训练习等内容，着重培养读者发现问题、分析问题、解决问题的能力、技术和方法。

本书由三篇构成。第1篇重点介绍营销策划的基础理论，包括营销策划概述、营销策划理论和营销策划书写作；第2篇详细分析营销策划活动的要素，包括产品上市策划、品牌策划、分销渠道策划、广告策划、公关策划和营业推广活动策划；第3篇对部分营销专题活动策划进行了介绍，包括口碑营销活动策划、网络营销活动策划、服务营销活动策划、文化营销活动策划、关系营销活动策划和新媒体营销策划等。

本书力求体现以下特点：

1. 针对性。根据营销策划科学性与实践性相结合的特点，本着培养市场所需营销策划人才的目的，在借鉴国内外营销策划领域研究成果的基础上，紧密联系中国实际和特定市场营销环境，结合企业营销策划活动实践，详细、系统、简明扼要地阐述现代营销策划的基本概念、原理和方法。

2. 实用性。书中所用的多数案例来自营销策划工作的实践，具有一定的普遍性和典型性。在理论讲解中配以案例，让读者能够感受理论知识的魅力，并体会到理论在实践中运用的技巧；在每章的后面配有综合案例，让读者能够系统运用理论知识。

3. 体现新变化。以移动互联网为代表的新媒体对社会生活、经济活动的渗透越来越深，营销策划的阵地也出现从线下向线上转移的趋势。顺应这一趋势，书中总结了新媒体营销的特点和方法，以便读者更快速地掌握相应的知识。

本书由任锡源、郑丽楠编著，各章的分工如下：第1，4，7章，张博、宋宏磊；第2，3，6，9章，郑丽楠；第5，8，11章，杨丽；第10章，张博、刘萌。此外，参与编写的人员还有刘彦平、张岚、王宏伟、高翔、郑琦、刘立雁、李莉、廖熠、陈栋、夏吉敏、于连照、曾艳、李屹松、宋青、刘艳红等。在此对以上人员的辛勤付出表示感谢。

本书既有对营销策划理论的讲解，也有对营销策划实践的分析，是中高层管理者提高自身能力必备的一本书。本书的形成借鉴了很多学者的观点和研究成果，在此对为营销策划理论做出贡献的学者和专家表示感谢！此外，书中难免出现纰漏和错误之处，恳请专家学者和企业界的朋友批评指正。

目　录

第3篇　营销专题策划篇

第 1 篇

营销策划理论篇

第 1 章

营销策划概述

- 了解策划、营销策划和营销策划学的含义；
- 掌握有效策划应具备的要素，营销策划的价值所在、构成要素；
- 理解营销策划学的特点。

引 例

日本钟表商西铁城在澳大利亚某报纸刊出一则广告，说某天将在某广场空投手表，捡到者免费奉送，一时间引起了澳大利亚人的广泛关注。空投那天数千只手表从几百米高空的直升机上天女散花般纷落而下，那些捡到手表的幸运者发现手表依然完好无损、走时准确，大家奔走相告，西铁城的这一创举成为各新闻媒介报道的一大热点。从此，西铁城手表世人皆知，其质量更是令人叹服。

启示： 西铁城的策划者把自己的创意融入促销活动中，运用直升机展现产品的质量，这一前无古人的策划让产品西铁城手表深入人心。用实践证明了产品的质量之高，这比任何广告都具有说服力和影响力。捡到者免费送，虽然成本极高，但却为消费者体验、了解西铁城手表创造了机会，也为其创造了众多口碑营销的传播者，变潜在消费为现实消费。

著名的市场营销大师艾伯特·W. 埃默里说过，市场营销只不过是文明化的战争冲突，在这场战争中，绝大多数战役的胜利是依靠文字、创意和严谨的思维取得的。而文字、创意和严谨的思维就是营销策划的过程，营销策划是企业营销活动中不可缺少的一个环节。同时，在实践中常常会看到，一个好的策划可以使企业的营销活动事半功倍。营销策划就像一味良药，可以使濒临破产的企业起死回生；营销策划如同一根魔棒，它指向哪里，哪里就有无限的市场机遇。营销策划是企业必要的实践。

营销策划是企业营销活动中不可缺少的环节，营销策划具有无限的实践魅力。但是，营销策划到底是什么？该怎样做才是营销策划呢？如何才能让营销策划发挥其应有的作用呢？为了解决这些问题，本章将从营销策划的基本含义出发，详细分析营销策划的构成、营销策划的类型以及营销策划学的一些基本知识。

1.1　策划与营销策划

营销策划是当前营销管理中比较热门的话题，但是，营销策划有什么含义，营销策划要干什么等还不是很明确。本节将从总体上解释这些问题，让人们对营销策划形成正确的认识。

➡ 策划的含义

要理解营销策划就必须先理解策划，因为营销策划仅仅是策划的一个方面。按照应用领域的不同，策划可以分为商业策划、事业策划、文化策划、生产策划、财务策划、营销策划等。由此可见，营销策划是策划在市场营销领域中的运用。

1. 策划的定义

"策划"一词最早出现在《后汉书·隗嚣传》中"是以功名终申，策画复得"之句，其中"画"与"划"相通互代，"策画"即"策划"，意思是计划和打算。最近几十年，"策划"逐渐成为使用频率较高的词汇。今天所说的"策划"除了有《后汉书·隗嚣传》中的计划、打算之意，还有了一些新的含义，如计谋、谋策、安排。"策划"一词按《辞海》的解释为：计划、打算，按《现代汉语词典》的解释为：筹划、谋划。"策"与"划"各有不同的含义。我国古代典籍中的"策"有许多意思，既可表示一种文体，也可作马鞭、手杖之称，还可作谋略、计谋之用；"划"较早用作"筹谋"之意。

当前理论界对策划一词的解释莫衷一是，众说纷纭，至今尚无定论。在日本，策划被称为企划，企业十分重视企划工作，一般都设有专门的企划部门。日本策划家和田创认为，策划是通过实践活动获取更佳效果的智慧，它是一种智慧创造行为。

在美国，策划被看做一种程序，是一种运用脑力的理性行为，是对未来要发生的事情作当前的决策。美国出版的"哈佛企业管理丛书"认为，策划是一种程序，

"在本质上是一种运用脑力的理性行为"。归纳起来，策划就是对某件事、某种项目有何计划、打算，用什么计谋，采取何种谋策、划策，然后综合实施运行，使之达到较好的效果。

目前大家普遍接受的对策划的解释是：策划是指为了达到某种预期的目标，借助科学方法、系统方法和创造性思维，对策划对象的环境因素进行分析，对各种资源进行组合和优化配置，进而进行的调查、分析、创意、设计并制定行动方案的行为。策划作为一种程序，在本质上是一种运用知识和智慧的理性行为。策划又是具有前瞻性的行为，它要求对未来一段时间将要发生的事情作出决策。策划就是找出事物的主客观条件和因果关系，选择或制定可采用的对策，作为当前决策的依据，即策划是事先决定做什么、如何做、何时做、由谁做的系统方案。

从这个定义可以看出，策划具有如下特征：

（1）目标性。任何策划都必须围绕一定的目标，把握原则与方向。开展策划的出发点是为了更好地实现自己的目标，因此，策划过程中的一切活动始终不能脱离目标，要根据环境条件的变化，不断进行创新，以使将要采取的行动产生最佳效果。

（2）可行性。策划不是空想，策划方案的产生要建立在现有人、财、物的基础上，脱离现有条件的策划只是海市蜃楼，无法实现目标。任何策划都要具有可行性。

（3）新颖性。策划产生的创意、制定的方案应该具有开创性，而非沿着惯性思路考虑问题，应突破陈旧观念，区别于别人已经或正要实施的各种方案，表现为新、特、奇，对受众具有强烈的吸引力。策划是一种创造性思维，要突破常规，富有新意，不落俗套。

（4）超前性。策划是创造未来，是根据目前或可预见的条件设计还未到来的事业。因此，策划者必须有超前意识，有长远眼光，在设计方案时要高瞻远瞩。策划是一种超前思维，对于可能产生的效果有明确的预测，对策划方案实施过程中可能遇到的障碍与难点以及各种环境变化的状况，策划者都要事先作出评估并制定应变对策与措施。

（5）综合性。策划是编导，是一种全方位、多谋略、多手段的整合。它包括信息资源的分析与判断，方案的构思与制定，最后的实施、评估与调整的全部过程。

在理解策划的特征时还应该注意：策划既不同于计划，也不同于策略。策划研究去做什么，是一种围绕已定目标而开展的具有崭新创意的设计。计划研究怎样去做，是一种围绕已定设计而组织实施的具体安排，无须创意。策略则研究如何做得好，考虑如何将创意进行合理组合，以达到最佳效益。

2. 策划的意义

自古以来人们都在为达到某些特定目标而不断努力，在这一过程中，一定的策划能力总能找到用武之地。在现代社会中，苏联是首先制定经济计划，以实现经济增长与发展的国家。第二次世界大战后，国民经济计划蔚然成风，尤其是在发展中国家。这些国家的目的都是希望借助系统化的、有组织的行为，在既定时期内达到规定的目标。

在管理理论界，法国管理学家亨利·法约尔是第一位系统阐述策划并运用策划的人。他认为，策划可以引致组织最佳定位或地位；策划有助于组织以管理者认为最适当的方式取得进步；策划有助于每一位经理思考、决策并更有效地付诸行动，从而朝着预期的方向发展；策划有助于保持组织的灵活性；策划向管理层指明，如何进行评估并检查预计目标的实现进程；策划可以导致社会意义和经济意义上的有益结果。

20世纪60年代策划开始运用于企业管理实践中。当时所做的几项研究表明，公司赋予策划相当重要的意义。例如，一项针对420家公司的商业联合调查揭示，85％的被访企业将策划活动正规化。一项调查证实：策划活动具有很多功能，策划者在绝大多数大型企业中起到中心作用。

今天的商业环境比从前更为复杂，公司除了面临国内外企业的激烈竞争，还面临复杂的环境要素。今天，信息已经成为企业成长不可缺少的因素，在信息瞬息万变的背景下，没有策划企业将很难明确自己的发展方向，从而影响其根本目标的实现。策划是企业所必需的行为。

⊙ 营销策划的含义

营销策划是策划的一个分支，是策划在市场营销管理中的运用。

1. 营销策划的含义

营销策划指企业根据现有的资源状况，在充分调查、分析市场营销环境的基础上，激发创意，制定目标，解决问题的一套策略规划。包括市场营销目标、市场机会分析、市场营销定位、营销战略及策略、营销评估等内容。

简单地说，营销策划就是在市场营销中为一个企业、一种产品、一次活动所作出的策略谋划和计划安排。可以看出，营销策划的灵魂是创意思维；营销策划是从营销方案的构思、实施到评价的一整套规范程序和科学方法的综合运用；营销策划是企业决策者与策划者共同寻找最佳的市场机会，实施创新职能的过程；营销策划要突出营销策略策划，包括市场策略、产品策略、价格策略、渠道策略等；营销策划的目的是在现有资源、现有市场、现有营销目标的基础上，扩大市场份额，增加企业市场利润；营销策划是营销管理活动的核心。在开展营销策划活动时，企业应该注意以下问题：

（1）策划对象的多样性。营销策划的对象可以是一个企业整体，也可以是一种产品和服务，还可以是一次活动。

（2）策划的计谋性。营销策划需要设计和运用一系列计谋，这是营销策划的核心和关键。

（3）策划的安排性。营销策划需要制定周密的计划并作出精心的安排，以保证一系列计谋运用的成功。

可以看出，市场营销策划不是单纯的广告与销售活动，而是一项系统工程。营销策划的每个组成部分都需要有机地配合，充分发挥作用，任何一个部分都不可缺少或削弱。否则，营销策划难以获得圆满的成功，其重要作用难以发挥。

2. 营销策划的特点

营销策划是策划的一个分支，是市场营销管理的一个环节，它既具有策划的特点，也具有营销管理的特点。营销策划是一门复合型学科，它是由多门类知识综合、交叉、碰撞而形成的新的应用知识体系。它秉承市场营销学的特点，是科学的思维与精湛的营销艺术的结合。它具有以下特点：

（1）预见性。对其可能带来的经济效益作出比较明确的评估；对营销方案执行过程中可能遇到的障碍和难点有所预测，并事先考虑好应变的对策和措施。

（2）系统性。全面考虑影响该目标实现的因素，并对各种因素加以合理组合和有机衔接。

（3）层次性。营销策划是一个动态过程，从活动开始到最终目标实现，要分层次推进，环环相扣，循序渐进，前后呼应。

（4）艺术性。营销策划要有鲜明的特色，要能在公众心目中留下深刻的印象，要讲究艺术性，要有出奇制胜的技巧。

（5）可操作性。营销策划是一门实践性非常强的学科，不是空洞的理论说教。它要回答企业在现实的市场营销活动中提出的各种疑难问题，不仅要回答这些问题，还要给出问题产生的原因。

▼ 营销透视

佳洁士为了做 O2O，找到了一家咖啡馆！

佳洁士新品热感美白牙膏与知名连锁咖啡品牌太平洋咖啡跨界合作。二者合作源于各自产品所能传达出来的"暖热"理念。佳洁士热感美白牙膏特有的微热技术，能让刷牙时带来微微温热感，有效软化顽固牙渍，保持牙齿炫白效果；咖啡厅是城市里知己相聚的首选场所，冬日里的一杯咖啡是暖心之举。二者的冬季暖心合作是行业跨界营销的典范。

同为各自行业翘楚，佳洁士与太平洋咖啡拥有重叠的消费群体。佳洁士热感美白牙膏瞄准 20～35 岁的女性。佳洁士发现咖啡厅是职场女性频繁出现的场所。佳洁士品牌在调研中发现，太平洋咖啡的消费群体为追求生活品位、重视外表的中高端商务人士。佳洁士热感美白牙膏和太平洋咖啡的产品都是围绕着"有高品质商品购买需求"的用户群体设计的。这个用户群体呈现以下特征：

（1）女性是最主要的目标用户。女性更爱逛街购物，更倾向于购买进口货以及高品质商品。

（2）年龄集中在20~35岁，该年龄段人群处于事业稳定期，购买力强。更低龄的用户刚开始工作，收入水平不足以支撑高端商品消费；更高龄的用户受时代影响，未能培养购买高价商品的习惯。

（3）职业分布包括大城市白领、公务员以及留学生。大城市白领与公务员有着良好的收入基础，追求生活品质。

（4）跨界合作让佳洁士热感美白牙膏迅速接触目标消费人群，增加新品曝光量，提升其认知度。

作为跨界合作的重要组成部分，北上广深近200家太平洋咖啡店内推出限量热感笑容杯套。消费者扫描杯套上的二维码即能直接进入佳洁士京东商城页面浏览热感美白牙膏产品资讯以及完成线上购买。人们在品尝咖啡时，杯套上的"热感笑容"能抓住眼球，有效捕捉人们的闲暇时间，让产品得到目标人群和潜在人群的关注，从而引流到线上营销，并带动消费者自发传播。二维码的优点在于为产品推广争取尽可能多的曝光，可以有针对性地诱导用户产生消费行为。运用好二维码营销，有助于提高用户黏性。

资料来源：佳洁士 & 太平洋咖啡"暖感美"跨界 合力打造O2O新玩法！．（2016 - 01 - 21）．www.vci.cc/v/024381.

3. 营销策划的价值

在现代市场经济条件下，营销策划在企业整体管理中显得越来越重要，其作用主要体现在以下几个方面：

（1）有效提高企业的竞争能力。竞争是市场经济的基本原则，也是企业管理活动中最基本、最普遍的一种现象。在买方市场条件下，随着人们消费观念、水平、结构的不断变化，企业间争夺市场的竞争越来越激烈。商场如同战场，商战如同兵战，策划的作用越来越突出。

在市场营销的竞争中，策划、谋略是企业角逐市场、竞争制胜的武器。无论国内还是国际市场，竞争风云变幻，竞争对手各显其能。要想从众多的竞争对手中脱颖而出，赢得市场，提高市场占有率，就必须借助于策划、谋略。策划是提高企业竞争力的关键，营销策划本身就是一种无形的竞争力。

（2）协调营销目标，避免营销盲目性。企业为了有效地开展营销活动，必须确立一定时期内的营销总目标，同时，还必须将营销总目标分解成一个个的小目标，每一个小目标之间以及每一个小目标与总目标之间都应当协调一致，具有共同的指向性。营销策划依照总体营销目标进行有目的的计划，有利于各层次目标协调一致，能有效地克服和避免企业营销活动的分散性和盲目性。

营销策划是从营销整体利益考虑的一种全局性的理性思考，能促使企业的眼前目标与长远目标、局部利益与全局利益有机结合，使工作中的每一个环节，营销中的每一个步骤和措施都始终如一地指向企业营销的总体目标。营销策划是避免企业营销活动盲目性的必要条件。不进行营销策划，不搞好营销策划，就极易使企业营销陷入困境。

（3）优化企业营销资源的配置。优化资源配置是市场经济的内在要求及主要特征。只有优化资源配置，才能避免资源的浪费，提高资源的利用率。企业常见的资源包括资本、劳动力、技术、原材料、能源、信息等。任何企业的营销资源都是有限的，这就要求企业开展营销活动时高效、经济地使用资源，并在营销资源投入一定的情况下，获得尽可能高的营销收益，避免营销资源的高投入低产出。

营销策划的一个显著作用就是通过对本企业营销资源的分析，按照企业营销策划的目标，对资源进行合理使用。策划活动的一个重要指标就是以尽可能少的资源投入，带来尽可能多的营销产出，以提高企业的经营效益。在制定、筛选营销策划方案时，资源投入及产出效果的比较分析是确定最优策划的目标之一。因此，针对一定的资源状况，精心策划、精打细算、精密安排，就可以有效提高营销资源的利用率，避免浪费。

（4）预防、减少企业经营风险和危机。营销竞争是危机与成功并存，风险与胜利同在。通过营销策划，一方面可以预测或发现企业营销潜在的危机，采取超前性的措施，预防危机的发生或尽可能减少危机出现带来的损失；另一方面，在面临危机时不惊慌失措，而是借助精心策划，及时采取应变措施和对策，化险为夷。

（5）树立企业形象，扩大企业无形资产。在现代市场经济条件下，企业之间的产品竞争，实质上是企业之间的整体竞争。推销产品，首先要推销企业，企业产品要占领市场，企业就要赢得人心。塑造企业独具个性、富有魅力的整体形象，成为市场营销竞争的最新式武器，而企业间塑造整体形象的竞争又成为当代市场竞争的主流。

营销策划是塑造企业整体形象的希望工程、基础工程。没有成功的策划，企业很难在消费者心目中树立良好的、特有的形象。完整的企业形象系统是理念识别系统、视觉识别系统和行为系统三大要素的统一，就是围绕市场需求，使企业的经营思想、企业文化和营销战略、管理手段以及企业标志、商标标识、广告宣传都有统一的构成。上述各方面的统一构成并不是一种随机的组合，而是精心设计、周密策划的结果，通过精心策划，在塑造企业整体形象的同时，使企业的知名度、信誉不断提高，企业的无形资产不断累积，其社会公众价值不断增值。

（6）统一企业的经营活动。营销策划方案是企业经营活动的框架，它强调的是企业的整体组合，而不是各部门自行其是。在营销策划的目标确定后，企业的产品、价格、渠道和促销策略都要围绕目标的实现而制定。

可以看出，营销策划不是一般意义上的简单思维活动，也不同于普通层面的单纯创意，而是一项非常复杂的活动。事实上它是一种具有创造性的、能够解决现实问题的、可以付诸实践的行为。

◉ 营销策划的范畴

营销策划是一个独立的过程，跟其他管理过程有联系也有区别，有自己独特的运用范畴，企业要正确对待营销策划过程。

1. 营销策划与营销管理

营销策划与营销管理是两个不同的范畴和概念，其内在联系表现在：

（1）营销策划是营销管理的内容之一。营销管理是大系统，而营销策划是营销管理的子系统，在营销管理活动中处于核心位置。

（2）营销策划活动是实现市场营销目标和任务的特殊手段和工具。作为营销管理重要功能的营销策划，是促进营销管理目标与各项活动任务达成的重要保证。

（3）营销策划重点在于理念创意、营销方案架构与设计等环节。与营销策划不同，营销管理范畴涵盖营销活动全过程的各个环节。营销策划属于营销管理，但又高于并指导营销管理，是整体营销管理的灵魂。

（4）营销策划与营销管理有着共同的目标指向。营销策划与营销管理的共同目标是顾客满意和实现企业利润最大化。两者追求目标过程中的手段、形式和重点有所差异，但殊途同归。

2. 营销策划与点子

点子主要是出主意，提供一种观点。营销策划可能需要点子，通过点子来实现一定的营销目标。把营销策划仅仅看做点子是不对的。营销策划是一个系统工程，不是靠一招一式就能完成的，而点子只是一个主意，是一点思想火花。

3. 营销策划与营销计划

策划与计划不同，计划是具体的实施细则，任何策划都必须有计划，但不是所有的计划都有策划。有的计划是长远的目标打算，不具备现实操作性；有的计划是常规的工作流程，不具备创新性。策划与计划的区别还在于：策划是主动性、目标性很强的行为，计划是被动性、规划性很强的行为。策划表现为战略决策，包括分析情况、发现问题、诊断把脉、优化方案、整合优势。而计划往往表现为掌握原则和方向，是按部就班的工作流程。

4. 营销策划与营销决策

决策就是作决定，重在优选方案，以抉择为重点，以聚合思维为主，它属于对一个事物的判断，有的时候并无创意和论证，也不需要实施和评估。

策划与决策显然是不同的。策划是创意、论证、操作和反馈的过程；决策建立在论证的基础上，对创意这个环节并不强调，论证是决策的前奏，某些决策，如经验决策（也称个人决策）是不需要论证的。策划强调创意、创新，这是策划的灵魂，没有创意、创新就不是策划。

5. 营销策划与企划

企划是企业的策略规划，是企业整体性与未来性的策略，包括构思、分析、判断、归纳一直到策略执行、方案实施、事后反省与评价过程。简言之，企划就是企业完成目标的一套程序。

营销策划是对企业营销活动的谋划和规划，更加注重企业活动中的营销环节，也更加注重对活动的谋划和规划。

⊙ 营销策划的原则

在营销策划过程中要坚持一定的原则，这些原则具有普遍性，是任何营销策划活动都应该坚持的。

1. 目标明确的原则

目标明确是营销策划的关键。在营销策划中，目标是首要的、关键的问题，没有正确的目标，就谈不上整个策划活动的展开。好的营销策划目标必须有利于企业整体经营目标的实现。

要明确营销策划目标，必须分析营销环境。目标的确立不能依靠毫无根据的空想，必须进行市场调查，分析市场营销环境。例如，某航空公司要进行竞争性营销策划，不能不考虑国家主管部门多次重申的不允许机票打折销售的政策，显然以价格竞争作为其营销策划内容是不合时宜的，应以安全、准点、高质量服务等内容作为竞争手段，从而确立自己的策划目标。

在确定策划目标时要有针对性。在多种多样的目标中，企业要选取适合自身特点的目标，特别要注意分析目标市场，重视市场定位，选定正确的策略组合。如果策划的目标针对性不明确，往往投入大量的人力、物力也毫无结果，或造成重大损失。人们每天都能接触到很多广告，有些企业的广告策划缺乏针对性，造成浪费。

在确定策划目标时还要讲究实际。设定目标不是为了追求表面的宏伟与宣传效果，而应讲究实际，灵活运用不断变化的市场要素，以突出实用性为重点，在实施阶段随时作出修正。

2. 整体策划的原则

营销策划必须围绕企业整体目标展开。营销策划是为企业整体目标服务的，虽然有时在进行某个细分目标的营销策划时会侧重于某些方面，但局部工作仍应服从整体目标，应有利于整体目标的实现。

3. 注重实效的原则

营销策划不能追求表面完美而无实效。策划书不只是以文字、图表、数值等来表现策划设定的内容，还应包括实施的具体说明。策划书的制作与策划作业是有机的整体，密切相关。策划书的制作者应该参与策划方案的实施，以使策划方案取得实效。

4. 可操作的原则

营销策划必须以企业的实际情况及市场环境为依据。营销策划方案应该具体，做到思考周密，分工详细，具有可操作性。否则，再好的营销策划创意都有可能无法执行。

5. 创意超前的原则

不能简单地把营销策划看成是一种营销计划。营销策划应包括某种新的创意，应有新的点子。这种新的创意、点子不拘泥于现状，具有超前性，要源于现状而高于现状，立足目前着眼未来。许多划时代的发明，就是一种超前的创意。

⊙ 营销策划的构成要素

营销策划是策划的一种，是指为达到一定的营销目标，在掌握有关营销信息的基础上，遵循一定的程序，对未来的营销活动进行系统、全面构思，谋划、制定、选择、完善营销方案的一种创造性活动过程。营销策划是市场经济条件下企业营销成功的重要前提。

1. 营销策划目标

营销策划目标也就是策划的对象。一定时期内企业营销活动的具体内容很多，未来的营销活动要策划的项目也很多，要做好营销策划，必须首先确定策划目标，可以是单一目标，也可以是复合目标。

单一目标的策划是指策划营销活动中的某些具体策略，例如，企业名称、产品名称的策划，或是企业新产品上市定价标准的策划。复合目标的策划是指策划的营销方案涉及两个或两个以上的活动目标，如市场占有率、销售利润率，或同时对价格、渠道、促销等各项活动的预定目标进行策划。

策划目标是有一定时间、空间和数量限定的。从企业角度，确定策划目标应当慎重。常规性的营销活动，即企业能顺利进行和开展的营销业务不需要系统策划。策划的目标，一般是企业营销活动的重点、难点问题，是影响企业营销全局，制约企业生存、发展，而企业靠自身实力又难以解决的问题。这样确定的策划目标，才有策划价值和实际意义，以避免策划资源的浪费。

2. 营销策划主体

营销策划主体是指进行营销谋划，提出策划方案的策划者。策划主体可以是个人，也可以是某一机构、组织。就企业营销策划而言，可以是企业内部人员，也可以是企业外部人员。由于策划是一种高智力密集型创造性活动，因而对策划主体有着特殊的知识、文化、能力素质的要求。现代营销策划主体多由专业性的咨询策划公司及有关科研机构担任，或是由中高级专业研究人员担任。企业在开展营销策划前，应优化选择策划主体。

3. 营销策划信息

营销策划作为一种谋划、规划的过程，是一种分析、比较、研究的过程，也是不断思考的过程。要保证策划活动的顺利进行，必须占有大量的第一手材料，掌握足够的营销信息。应根据营销策划目标的要求，收集与策划目标有关的各种信息，包括本企业内部可控的信息，与此有关的市场环境信息、消费需求信息、竞争对手的信息等。充分地收集信息，便于在策划过程中比较、选择、去伪存真，保证策划方案的正确和可行。

4. 营销策划物质技术手段

营销策划主要是一种思维活动，但同时又不能离开必要的物质技术手段。营销策划过程需要计算、筛选、绘制图表，有的还要进行模拟等，因此，离不开一定的物质技术设备。

1.2 营销策划的种类

营销策划的种类很多，这是因为市场千变万化，变化中的市场随时都会给企业营销带来各种障碍，要克服障碍就必须想办法，就必须策划。此外，营销策划是对营销活动各环节的谋划和规划，企业营销活动的环节很多，不同的环节要求有不同的营销策划。营销策划由于覆盖领域广，内容丰富，可以根据不同的策划要求，从不同的角度，用不同的内容进行划分。

◆ 营销要素策划

按要素的不同，可以把营销策划大致分为产品上市策划、分销渠道策划、促销策划等。

1. 产品上市策划

产品是企业生存与发展的决定性因素。产品上市策划是指企业从新产品的开发、上市直至销售的全过程战术性构思，制定相应的策略，以保持产品的竞争力，保持或扩大产品的市场占有率。产品上市策划的成功，往往能使一个企业起死回生。例如，西安太阳食品厂的前身是西安宝石轴承厂，由于手表行业不景气，企业身处亏损的边缘。该厂根据市场需求，开发出了用精白大米和高级植物油等原料经过特殊工艺处理制成的太阳牌锅巴系列小食品，从而跳出了不景气的手表行业使企业起死回生，获得了具有发展潜力的旅游食品生产的广大空间。

2. 分销渠道策划

渠道是产品进入市场的各种途径。可供选择的渠道有多种，企业选择什么样的分销渠道则要依据自己的实力及所处环境来决定。

3. 促销策划

促销是企业完成营销目标的必备工具。如何有效地利用广告、人员推销、销售促进、公共宣传等方式，选择合适、高效的分销渠道，以进入并占领目标市场，是企业必须考虑的问题。

广告宣传受到绝大多数企业的重视，成为市场商战的重要武器。可乐饮料战、啤酒战、彩电战等都离不开广告战，广告策划在商战中起到越来越举足轻重的作用。它们以公司或品牌的名义，通过电视、广播、网络等各种媒介大量宣传推销其产品，让广大受众知晓、了解并购买，从而完成营销目标。此外，巧妙抓住舆论中心和社会热点进行促销也能产生奇效。

人员推销的方式往往更受中小企业重视，它们多数在产品进入市场的过程中，通过销售人员与潜在顾客的交谈和对产品的介绍，让消费者购买自己的产品。

销售促进则多被企业运用于市场渗透和市场占领阶段，采用优惠券、现金折扣、价格减让、赠品、奖金、免费试用、竞赛等手段，诱导消费者购买其产品，对中间商则采用购买折让、免费产品、合作广告等方式来吸引其经销自己的产品。

➲ 总体营销策划和单项营销策划

根据营销策划作用层面的不同可以把营销策划分为总体营销策划和单项营销策划。

1. 总体营销策划

对企业来说，其营销活动不可能是一种独立的行为，而是企业所有营销行为相互配合、相互运作的整合行为。例如，一个制造商的营销行为应当是这样的过程：首先进行市场调研，再挑选一个或几个目标市场，然后确立营销战略，在此基础上进行产品开发；产品开发出来后再进行定价，选择分销渠道和开展促销活动。这一系列过程环环相扣，缺一不可，任何环节出现问题都影响该企业的整体营销运作。企业的营销行为应是一个整体的系统工程。

总体营销策划，是指对企业整体营销过程的全面规划。换句话说，就是企业全面构思如何去寻找目标市场，如何开发产品，如何定价，如何分销及如何促销，最终使产品以最快的速度、最好的效益实现其转移过程，从而实现企业的战略目标。具体来说包括以下几个方面：

（1）总体产品营销策划。企业生产或经营的产品是多元化的，该策划就是针对企业目前生产经营的全部产品进行营销策划。主要是分清产品的主次，分别制定不同的营销方案，以便企业产品能实现最佳组合，实现最佳效益。

（2）总体市场营销策划。企业面对的市场纷繁复杂，企业在选定目标市场后，针对该市场进行总体策划，研究以什么样的产品进入市场，如何进入市场，尽快实现产品的转移。

（3）整个时期营销策划。企业的成长计划一般分为短期、中期和长期计划。整个时期营销策划是指企业在确定成长计划阶段后，分别对每个阶段的营销方案进行整合策划，以期顺利实现企业的长期战略目标。

2. 单项营销策划

前面我们讨论了总体营销策划，一个企业首先搞好总体策划固然重要，但也不能忽视单项营销策划。如果总体策划是纲要，单项策划则是细节。没有单项策划，总体策划也就成了空中楼阁。

单项营销策划是指企业为实施总体营销策划而进行的某项具体营销活动的策划。这一具体营销活动可以是企业的某一产品、单项活动、某一市场、某一时期。

（1）单项产品营销策划。单项产品营销策划是指在生产多元化的企业里对每个产品的营销进行的策划。不同产品有不同的营销方案，产品愈多，营销方案愈多。

目前，企业多元化经营已是一种趋势。在多元化的企业里，产品也是多元化的，而对每一产品大类来说，由于市场的针对性不同，营销方式和手法也不尽相同。例如，一家鞋厂生产的鞋子可能有许多类型，可能针对不同的目标顾客群生产出不同的鞋子类别，可能既有老人鞋、青年鞋，也有儿童鞋，这三类不同年龄顾客构成的鞋子市场，其需求特点肯定是有区别的，企业应当分别设计出不同的营销方案。

（2）单项活动营销策划。单项活动营销策划是指企业在某一时期内，为达到特定目的而开展的一项有特定内容的营销活动策划。单项活动营销有公关活动、开业庆典、新产品推广、有奖销售、社区公益活动、广告活动、服装表演、新闻发布会等。

在现代市场竞争白热化的环境下，企业营销活动是纷繁复杂的。企业为了占领市场，可能精心构思，多点出击，运用灵活多样的营销活动来营造良好的购物氛围，吸引和引导消费潮流。如某公司新产品问世，可能策划新产品的推广活动；某公司开业，可能组织一次开业庆典活动；某产品为了进入某商场，也可能组织一次大型公关活动；某商场为了急速推动商品销售，也可能搞一次有奖销售活动；等等。凡此种种，都属于企业单项营销活动。

（3）单个区域营销策划。单个区域营销策划是指针对不同的区域市场，分别策划不同的营销方案。换句话说，就是企业为了把产品打入某地理区域市场，而针对该市场规划的营销方案。

企业的目标市场从地理位置上来说是有区域性的，这种区域性因企业面对的整体市场大小而有所区别。如果企业把全球市场作为整体来对待，那么，北美市场或西欧市场就属于一个区域市场；如果企业把全国市场作为整体来对待，那么，广东市场或兰州市场就属于区域市场。由于需求有明显的异质性，所以企业必须针对不同的区域市场推出不同的产品，采取不同的营销组合。

（4）单个时期营销策划。单个时期营销策划是指企业为了实现某一时期的营销目标而规划的此时期内的营销行动方案。

企业为了争夺某个市场，在时间上往往是有步骤、有计划进行的。为了实现总体营销战略目标，每个时间段往往有不同的营销手段和营销目的。如企业总体营销目标为一年占领市场，两年扎根市场，三年称雄市场，那么，这三大步需要有不同的营销对策相配合。

▶ 企业内部自主型营销策划与企业外部参与型营销策划

根据市场营销策划主体的差异性，可以将营销策划划分为企业内部自主型营销策划与企业外部参与型营销策划。

1. 企业内部自主型营销策划

企业内部自主型营销策划，是指企业内部专职营销策划部门（如策划部、企划部、营销部、市场部、公关部或销售部等）从事的市场营销策划活动，也有的企业把营销策划的职能放在总经理办公室综合管理。企业内部自主型营销策划的特点是熟悉企业内部的资源状况和条件，其方案具有一定的可操作性，但方案的创意和理念设计受企业文化或管理体制的约束，否定意识差或不敢否定，因而大多数策划缺乏开拓创新精神，市场冲击效果差。

2. 企业外部参与型营销策划

企业外部参与型营销策划，是委托企业以外专门从事营销策划的企业（如营销策划公司、管理咨询公司、市场研究公司、广告公司或公关公司等）从事的市场营销策划活动，有的企业也委托高等院校、科研院所或专家、教授参与企业的市场营销策划。企业外部参与型营销策划的特点是显性投入高，隐性投入少，起点高，视角不同，创意新奇，理念设计战略指导性强，方案制定逻辑系统性强，但要注意可操作性。

◉ 定性营销策划与定量营销策划

按照营销策划的方法划分，营销策划又可分为定性营销策划、定量营销策划以及定性与定量相结合的营销策划。

定性营销策划是指策划过程主要运用逻辑推理、抽象、归纳等思维方法进行分析研究，提出策划方案。定量营销策划是指策划过程中主要借助于定量分析，通过一定的技术手段对各种数据进行测算、运算和比较、分析，提出策划方案。定性与定量相结合的营销策划是指将两种方法有机结合。目前，市场营销策划的发展趋势是注重把两种方法有机结合起来。

◤ 营销透视

"奥运商业之父"让奥运会开始赚钱

在 1984 年洛杉矶奥运会之前，奥运会是没有电视转播的，赞助商制度也不规范，因为到哪哪赔钱：1972 年慕尼黑奥运会耗费 10 亿美元，亏损 6 亿美元；1976 年蒙特利尔奥运会耗费 20 亿美元，亏损 10 亿美元，市政府接近破产，300 万名居民背上了 20 年才能还清的债务；1980 年莫斯科奥运会花了 90 亿美元，没有挣回一分钱！自那以后，没人愿意接手这门赔钱的生意。1984 年的奥运会只有洛杉矶一个城市申请，它自然就中标了。

1979 年秋天，一家美国旅游公司的老板彼得·尤伯罗斯成为洛杉矶奥运会组委会主席。当时的尤伯罗斯是一名百万富翁，经营着北美第二大旅游公司，在全球拥有 200 多个分支机构和 1 500 名员工。刚进入组委会的尤伯罗斯面临的是这样的窘境：一切都是零，连办公室和银行账号都没有。他上任后作出的第一个决定就是卖掉自己亲手创建的旅游公司，背水一战。他的商业化运作办法是：销售门票、电视转播权和寻求商业赞助。

首先，尤伯罗斯将每张门票定价在 50～200 美元，并放出风声说，即便是美国总统也得自己掏钱买票进场。

其次，尤伯罗斯首度采用招标的办法出售奥运会电视转播权，这引发了美国三大广播公司——美国广播公司、哥伦比亚广播公司以及全国广播公司展开激烈的价格战。最终，仅是卖电视转播权这一项，他就为奥委会筹到了 2.8 亿美元。

最后，尤伯罗斯改革了奥运会的商业赞助方式。他规定，在这届奥运会上，每个行业只选定一个企业赞助，全部赞助企业限定在 30 家以内。在做精的同时，还能以此激励企业抬高竞标价格。于是，可口可乐为了打败百事豪掷 1 260 万美元，日本富士胶卷为了挑战柯达行业老大的地位开价 700 万美元……洛杉矶奥运会企业赞助一项总共筹得了 1.8 亿美元。

1984 年在美国洛杉矶举行的第二十三届奥林匹克运动会创下了 2.5 亿美元的盈余，获得奥运会财政上史无前例的巨大成功。

开辟了商业化道路之后，奥运会吸金能力如何？1988 年汉城奥运会盈利 4.97 亿美元；1992 年巴塞罗那奥运会虽然只盈利 4 000 万美元，但创造了 260 亿美元的经济效益；1996 年亚特兰大奥运会盈利 1 000 万美元，也创造了 50 亿美元的经济效益……2016 年里约奥运会，同样在创造盈余的同时，增加了无限商机。

1.3　营销策划学概述

营销策划学是在现代市场营销观念的指导下，以市场营销管理为土壤，从市场需求入手，深入市场调查研究，认真分析市场营销环境、竞争对象、竞争条件，以及使目标市场顾客群达到满意状态的条件，因时、因地、因人提出"创意—构架—行动"的系统过程。虽然各个具体营销策划案千差万别，各有创新和营销要素整合的技巧，但不论是哪种性质、哪种层次或哪个行业的市场营销策划，其策划的过程、基本方法、基本技巧都有一定的规律性和共同点，只是因时间、地点、行为和产品的差异而各有侧重。

营销策划学是一门涉及多种学科的综合性应用科学，其研究对象是营销策划过程中的市场进入分析、营销资源配置、营销创意、营销理念设计和制定营销策划方案等的基本方法、技巧及其一般规律。研究营销策划，不仅要学习和掌握营销策划的方法和技巧，更重要的是认识和掌握营销策划的一般规律性，并以创新思维为灵魂，遵循市场经济的客观规律，更好地开展营销策划实践活动。

▶ 营销策划的创新

创新是营销策划的生命，一个营销策划方案如果没有创新性的内容，就会变成一堆毫无价值的文字垃圾。面对新经济、混沌环境和可持续发展的要求，营销策划就是要用新的观点、新的方法，领先一步将企业的有限资源与动荡复杂的环境实现联动优化。美国著名管理学家德鲁克在《创新和企业家精神》一书中指出，成功的企业家不论其个人动机如何，都是设法赋予资源以创造财富的新能力，创造与众不同的价值，满足新的不同的追求。

1911 年，经济学家熊彼特首先提出了创新一词，把其看做生产要素的重新组合，并把技术作为一个生产要素，与传统生产要素重新进行组合，形成了技术创新的完整概念及其理论。这些便成为自 20 世纪 70 年代以来科技革命、技术革新活动的理论基础之一。后来，学者们提出技术创新活动及其过程的成功是与知识基础、经济环境和社会环境的创新密不可分的，由此便有了关于知识创新、组织创新、管理创新、制度创新、体制创新的种种理论和学说。

（1）有效。营销策划要富有效率。没有效率的营销策划，科学性再高，艺术性再绝妙，也没有任何意义。如果营销策划方案仅仅停留在设想或空想的阶段，被企业束之高阁，也是没有任何意义的。

（2）可控。营销策划是一项有目的、有组织、有计划的主动的创新活动，其中每个要素、每个阶段、每项行动都是可以控制的。因而，营销策划是一种自觉的行为。

（3）开放。营销策划不是一个全封闭的运作过程，不能像阴谋一样"策划于密室"，营销策划要面向企业和社会，善于利用企业和社会的各种资源，组成庞大的智囊团，集思广益，优势互补，才能更好地实现自动优化的目的。另外，营销策划在执行和推广的过程中，也要面向企业和社会开放，团结一切可以团结的力量，形成合力，全力以赴完成策划方案。但是，开放并不意味着无限制的开放，在营销策划正式方案形成和执行以前，方案的核心创意必须保密，这也是决定营销策划成功的关键之一。

（4）新颖。营销策划的效力在于其新颖性，没有新颖性，就没有领先性和超前性，更没有差异性和竞争力。新颖可以是一种新的管理范式的创造性运用，可以是提出一种新的管理思路、方法，也可以是创设一种新的组织结构或制度并使之有效运作。

（5）重点突出。营销策划是一项完整的系统工程，涉及面广，如果没有重点，全线出击，就会精力分散，不能集中精力解决主要矛盾，整个系统的功能也就无从发挥。所以，营销策划不是齐头并进，只有集中精力，抓住策划的灵魂——突出创意的"点睛"功能，才会形成一马当先、万马奔腾的局面。

（6）有创造性。营销策划是一种创造性的思维和实践活动，对每一单个企业来说，没有一个完全可以模仿和照搬的管理模式。要达到策划的目标，就一定要有创造性。

营销策划的集成

营销策划所研究的问题基本上是企业最难解决的复杂问题，因此，营销策划是一项高难度、创造性、综合性的复杂思维活动，单纯依靠感性经验总结或单一的学科理论、单一的角度和思路，都很难适应营销策划复杂性的需要，营销策划工作必须综合运用多学科的理论方法并从新的角度和层面整合各种资源。

系统分析方法是在科学技术长期发展过程中逐步探索出的研究方法，曾取得了巨大的成功，并引入到社会经济领域。系统分析方法在20世纪60年代后期曾被奉为"世界观点"，被认为是一种给企业管理与策划带来巨大作用的新武器，但通过实践检验，人们认识到社会系统与技术系统相比，由于边界不定、结构复杂、人为因素多，传统的系统分析方法有很大局限，必须加以改进，多角度系统分析法便应运而生。多角度系统分析最早在1969年提出，认为要从合理行为模式、组织过程模式、政府政策模式来平行地而不是有先有后地考察同一决策过程。

所谓集成是指将各类事物中好的方面、精华部分集中起来组合在一起。营销策划的集成就是要通过科学而巧妙的创造性思维，从新角度和新层面使各种资源要素联动，拓宽视野和疆域，提高各项管理要素的交融度，以利于优化和增强管理对象的有序性。在具体的营销策划行为实施中，要综合运用各种不同的方法、手段、工具，促进各项要素、功能和优势之间的互补、匹配，使其产生 1+1>2 的效果，从而为企业创造出更大的竞争优势。

▶ 营销策划的与时俱进

与时俱进就是根据企业管理学的最新发展变化、企业管理实践的变动状况和企业环境的风云变幻，及时调整企业的经营策略，实现企业资源与环境的即时性的最佳衔接，达到企业盈利、消费者满意的目的。营销策划要时刻保持与企业环境、企业管理实践和管理学发展趋势的同步发展，时刻关注环境的变化，研究企业管理实践的最新发展，运用管理学最新的研究成果。

1. 要注重以人为中心的管理

对人的管理是世界上最复杂的事情，对以人为中心的企业管理的策划既缺少经验，也有很大难度。以人为中心实际上就是"3P"管理，即 of the people，由人组成；by the people，依靠人；for the people，为了人。3P管理一般集中在情感管理、民主管理和自主管理这三个方面。

2. 要注重知识管理

知识管理作为一种全新的管理理念和管理方法，将使未来社会中各组织与个人的生存方式发生变化。加强知识管理的策划要注意两点：设立知识主管，建立知识共享机制。

3. 要注意互动整合法则

企业管理学逐步从正式组织研究发展到非正式组织的研究，从管理者和被管理者的点式研究发展到管理组织和体系的链式研究，进一步发展到组织系统和组织文化的研究，最后发展到企业环境、企业资源和营销策划的一体式研究。

4. 要主动出击

英特尔公司的创始人之一摩尔曾预言计算机芯片容量每 18 个月翻一番，而价格下降 50%，这就是著名的摩尔定律。摩尔定律揭示了企业建立定时出击机制的必要性，企业不仅要把创新作为永恒的主题，还要加强对创新的时效管理，主动适应环境的变化。

▶▶ 重点名词

策划　　　　　营销策划　　　　　总体营销策划　　　　　营销策划学

▶▶ 思考题

1. 什么是策划？策划有什么意义？
2. 什么是营销策划？它与策划有什么区别？有什么特点？
3. 在进行营销策划时应该坚持什么原则？
4. 营销策划由哪些要素构成？这些要素的含义分别是什么？
5. 营销管理的实质是什么？企业如何创造需求？
6. 营销策划学的研究对象是什么？

▶▶ 案例分析

《啥是佩奇》 火了

2019 年 1 月 17 日，一个时长 5 分 40 秒的视频《啥是佩奇》犹如社交病毒一样短时间就占据了各大社交媒体，《啥是佩奇》成为 2019 年开年以来第一个爆款，创造了 2.3 亿播放量、16 亿微博转发量。

《啥是佩奇》解析了现代人在城市化进程中的矛盾与冲突，通过表现爷孙之间哭笑不得的亲情故事，表达城市进步与落后的农村之间的矛盾，其实年老的亲人是这场矛盾与冲突之下最大的牺牲者。

家住山区的爷爷踮着脚尖期盼儿子一家回来过年，想要给孙子他喜欢的小猪佩奇，无奈常年与大城市隔绝的爷爷却不懂佩奇是个什么东西，于是想尽一切办法揭开佩奇之谜，中间产生了一系列捧腹事件，最后爷爷亲手制作了一个爷爷牌的佩奇。

5 分 40 秒的短片，淋漓尽致地表现了老一辈人表达情感的方式：父母这一代，把大量的情感都寄托在子女和孙辈身上，他们或许不知道孩子在想什么、忙什么，或许跟不上年轻人认知的脚步，但他们始终用百分百的努力去付出。许多人看《啥是佩奇》笑出眼泪，最后却不禁泪流满面。

除了爷爷寻找佩奇时的绞尽脑汁让人感动，当他再次打电话问儿子何时回家，得到的回复却是不回来了后，他独自走在路上时落寞的神情再次戳到观众的泪点。

有网友表示，有时候我们身在异地，竟不知电话里一句简单的回家或者不回家，电话另一边的老人竟然经历这么多情绪上的起伏。

短片最后，佩奇的出场仿佛连接了两个世界，瞬间让人的心理防线瓦解了。时代差异下的矛盾经过熟悉的文化符号包装反而变成了都市潮流和朴素亲情的温馨碰撞，毫无疑问成为此次宣传片营销成功的要素之一。

整个短片还预埋了许多梗。其中，短片两次出现吹唢呐的片段令人印象深刻，一次是在大爷下棋时，一次则在短片结尾。熟悉小猪佩奇的人都知道，唢呐吹的正是《小猪佩奇》动画片的主题曲。《啥是佩奇》印证了内容为王的营销之道，其成功之处体现了制作团队极具专业高度的创意能力和策划能力。

资料来源：http：//www. sohu. com/a/345762107 _ 120104552；http：//www. sohu. com/a/292626546 _ 100180100.

问题

请你结合所学知识及案例内容分析《啥是佩奇》营销策划思路的亮点。

▶▶ **实训练习**
∶∶∶∶∶∶∶∶∶∶∶∶∶∶∶∶∶∶∶∶∶∶∶∶∶

搜集经典的策划案例，根据营销策划的构成要素进行分析，从策划的创新角度对其进行评价。

营销策划理论

学习目标

- 了解营销策划创意的含义及基本原理；
- 掌握营销策划的过程；
- 理解营销策划创意的步骤和途径、营销策划的方法。

引 例

"最近日子太好了，榨菜都能随便吃了""是涪（fú）陵榨菜，不是培（péi）陵榨菜""土豪标配——涪陵榨菜"。2019 年，被台湾"名嘴"黄世聪嘲讽大陆人吃不起的涪陵榨菜，借势营销大火了一把。

8 月 7 日，在台湾的一档谈话节目中，黄世聪说大陆人吃泡面都要配榨菜，当榨菜销量上涨，说明人民生活水平高；但最近连榨菜都吃不起了，所以涪陵榨菜的股价下跌了。更让人啼笑皆非的是，黄世聪还错将"涪（fú）陵榨菜"念成"培（péi）陵榨菜"。

继大陆人吃不起茶叶蛋之后，榨菜也吃不起了。这段视频传到大陆之后，迅速登上微博热搜，不到两天，微博的话题阅读量就接近 7 亿。网友们纷纷以"吃不起榨菜"和"吃榨菜炫富"为主题，开始了自己的创作。

当事件已经发酵到白热化阶段，涪陵榨菜出来表态，并划重点：（1）我们不但吃得起，还送得起；（2）你叫错我名字了；（3）我们还给马拉松赞助（见图 2-1）。

随后，涪陵榨菜官方微博晒出快递截图，表示已安排将榨菜寄往台北，并感谢黄世聪以幽默、诙谐、自嘲的方式教授了汉语"涪"的读音。称"我们吃得起，也能让《关键时刻》人人吃得上。再次对您为中国千年榨菜文化的普及、汉语言文化

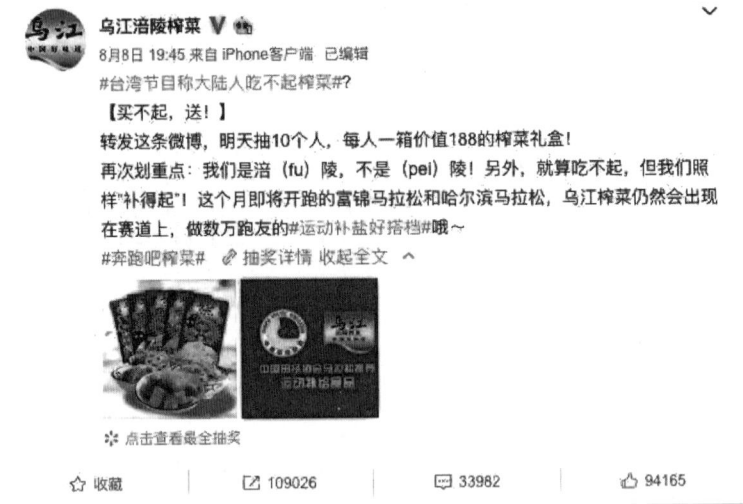

图 2-1　乌江涪陵榨菜官方微博截图

的推广做出的贡献表示感谢！"

启示： 涪陵榨菜通过回应为自己的品牌做了广告。在这次热点话题中，涪陵榨菜基本上是"躺赢"的，因为无论怎样回复，都会吸引一大波关注。面对这样的热点事件，企业一定要第一时间抓住它，借势营销，对品牌传播的价值非常大；同时，策划的主题要有互动性和参与感，就像此次热点事件中，"吃榨菜炫富"就十分具有互动性和参与感，引发了大量网友的自嘲和转发。

同其他管理学科一样，营销策划也是一门科学性和艺术性相结合的学科。一方面，营销策划来源于营销实践，跟营销实践紧密结合，在不同的环境背景下有不同的表现形式，在具体操作上有很强的艺术性，不能生搬硬套，照本宣科。另一方面，营销策划过程包含着各种规律，是各种各样的营销策划实践所必须遵循的，这些规律表现为一定的原理、方法、思维和工具，构成了营销策划的基础理论，是营销策划科学性的体现。

本章将对营销策划过程中的一般规律进行分析，详细介绍营销策划应该遵循的原理；营销策划离不开创意、宣传、造势、主题等思维环节，本章将对这些环节进行介绍；最后，营销策划具有一些通用的方法和工具，本章也将对在营销策划过程中常用的方法和工具进行介绍。

2.1　营销策划创意

营销策划是根据企业营销的历史、现状而谋划未来的行为，是一种创新行为。

所谓创新就是要把创意贯穿营销策划的整个过程中，创意成功与否是营销策划是否出新的关键。从某种意义上说，创意是营销策划的灵魂。

营销策划创意是指在策划中，利用系统的、整合的方法，加上各种巧妙的手段进行的策划活动。营销策划创意是对整个活动从构思到实施、从酝酿计划到统筹安排的一个完整过程，使自己的策划活动尽量不同于别人的策划活动，显示出自己的创造性、独特性和新颖性，使策划活动产生较大的效应，得到满意的实际效果。

广告大师奥格威认为，"要吸引消费者的注意力，同时让他们来买你的产品，非要有好的点子不可。除非你的策划有很好的点子，不然它就像快被黑夜吞噬的船只"。另一位美国广告权威詹姆斯·韦伯·扬则认为："策划创意是一种组合商品、消费者以及人性的种种事项。"他解释，"真正的策划创作，眼光应放在人性方面，从商品、消费者及人性的组合去寻找思路"。

由此可见，创意在营销策划中具有不可忽视的地位，是所有营销策划所必须遵循的一个环节。本节将对这一重要的、普遍的环节进行介绍，详细分析创意的含义、特征、原理、步骤、方法、途径和效果评价等内容。

● 营销策划创意的含义

创意，即创新、创造或创造物。创意作为策划的专业词汇，可以理解为企业形象设计，广告、艺术创作，市场营销技巧，以及现代文化娱乐活动等创作中的构思。策划创意是指通过非凡的构思来体现策划的战略目标。

策划创意是策划运行中的最高层次，不言而喻，它有一定的难度，它不但需要策划人具有广博的知识、敏锐的眼光、灵活的思维、独特的见解等，还需要有能产生策划活动效果的专业知识，比如，营销知识、新闻知识、广告制作的专业知识、操作技术等。策划创意切忌脱离经营或营销的实际，而只从纯粹的形式上、理论上、艺术手法上、表现方式上去展开，其自始至终要围绕企业的实际情况展开。

策划创意如同在科学理论中要有新的发现，前提是必须掌握一定的基础知识。若策划人不具备深厚的综合专业知识、良好的素质修养，只凭自己主观的臆想、空想，是不可能有好创意的。创意来源于对生活的积累。创意的创新要求创意者深入观察生活、积累资料、提高知识素养，文学、美学、经济学、管理学、工艺学、结构学、物理和化学等方面的知识都要涉及，处处留心、事事思考、日积月累、厚积薄发。

创意作为一种辩证性思维，具有不同于其他思维的特征。

1. 具有想象力

策划创意不同于新闻写作，新闻报道绝对要坚守对事件的忠实。而策划创意则可以想象，可以夸张，可以平添悬念，可以制造戏剧性的情节。哲学家黑格尔说：

"艺术家必须是创造者，他必须在他的想象里，把感发他的那种意蕴、适当的知识以及他们深刻的感觉和基本的情感融为一体，塑造他们所要塑造的形象。"

2. 具有灵感力

灵感是人们接受外界的触动而闪现的智慧之光，它是在人们平时知识积累的基础上，在特殊情况下受到触动而迸发的创造力。灵感不是刻意的。灵感是思维的积累，有知识、材料的积累，才有灵感的迸发。灵感产生于有准备的头脑。

3. 具有洞察力

洞察力是以批判的眼光，准确地观察并认知复杂多变的事物之间的相互关系，以及提出正确问题的能力。敏锐的洞察力是创意者提出构想和成功解决问题的基础。缺乏洞察力就会遗弃和漏掉大量的创意资源。

4. 具有求异性

创意思维实为求异思维。求异性贯穿整个创意形成的过程，表现为对司空见惯的现象和人们已有的认识持怀疑、分歧和批判的态度，并在此基础上探索符合实际的客观规律。

◆ 营销策划创意的原理

营销策划创意就是通过对基本理论的探索与把握，采用某种特殊的心理活动、意识活动去寻找策划创意的契机。研究营销策划创意，离不开对心理学范畴的探索。

1. 表象

创意是天才的，但不是天生的。创意的第一步是迈进想象的空间，表象就是想象之源。所谓表象，一般可理解为显露在表层的征象。表象是通过知觉所形成的最浅表的感性形象。

表象可分为记忆表象与想象表象。记忆表象是感知过的事物在记忆中再现的形象；想象表象是人们记忆中并不存在的形象，是由记忆表象和知觉形象想象出来的形象。

2. 意象

"意"是心，"象"为心中之想象。意象是主观营造的形象。意象思维具有极大的创造性。意象与表象的区别在于：表象是外化的感性形象；意象则具有理智的思维，是带有一定意向的感性形象。如毕加索笔下的"和平鸽"，明显带有理性化的色彩，是信仰与心态的表现，是"似与不似之中"的意象。

3. 意念

意念是意向、意志、念头，含有明确的意志倾向。策划的创意中将更多地体现主观的意愿和明确的意志行动。要表现策划创意的意念，应强化挑战性、自觉性、坚持性和自制性等基本品格。所以有人称"创意是伟大的意念"。

4. 意境

意境即境界，是情景交融的艺术境界。

5. 印象

印象就是感觉过的事物在人的头脑里留下的迹象，主要包括：图形印象、语言印象、形式印象。营销诉求的形式可谓多姿多彩、样式无穷。从类型上讲，可以是理念型、新闻型，也可以利用悬念心理、恐惧心理等等；在表现手法上，可以采用超级写实、广告摄影、电脑作图，也可以采用漫画手法等等。策划人可以根据内容充分调动最佳形式进行策划，以保证给受众最佳印象。

➡ 营销策划创意的步骤

营销策划创意是一个复杂的系统工程，必须有一个路线图。从策划创意的背景、问题点、策划实效，探寻策划的运行途径、作业流程，明确应该如何推进，如何走，最终能带来什么效果。营销策划创意有固定的步骤，一般包括：

1. 明确目标

营销策划创意者必须弄清委托者的本意、要求并从中提炼出主题，把有限的时间与合作者的智慧汇聚其中，避免产生歧义或南辕北辙。

2. 环境分析

企业的内外部环境是进行创意的依据，要透彻分析企业的内外部环境，以引发合乎环境的正确创意。一般来说，企业的外部环境包括政治环境、社会环境、经济环境和文化环境等；企业的内部环境包括生产状况、经营状况、管理状况等。

3. 信息加工处理

创意者要对企业提供的二手资料和亲自深入企业所取得的一手资料进行认真分析，获取开发信息。开发信息要借助人脑与电脑，借助电脑对信息的量化分析和人脑对企业实态的感性分析进行整理加工，去粗取精，去伪存真。在反复的调研、探究、切磋的过程中，创意者不仅要对情况掌握得十分清楚，而且可以产生强烈的创意冲动。

4. 产生创意

创意既是创意者灵感闪现的过程，也是一种可以组织，并需要组织的系统工作。引发创意一般要具备以下条件：即刻反应的灵敏反应能力、卓越的图形感觉、丰富的情报信息量、清晰的系统概念和思路、娴熟的战略构思和控制能力、高度的抽象化提炼能力、敏锐的关联性反应能力、丰富的想象力、广博的阅历与深入的感性体验、多角度思考问题的灵活性以及同时进行多种工作的能力等等。

5. 制作创意文案

创意文案或称创意报告，分以下几个部分：

（1）命名。命名要简洁明了、立意新颖、蕴涵深远、画龙点睛。

（2）创意者。说明创意人的单位及主创人简况。注意适度地体现创意者的名气与信誉，使人产生信赖感。

（3）创意的目标。突出创意的创新性、适用性，目标概述的用语力求准确、肯定、明朗，避免概念不清和表达模糊。

（4）创意的内容。说明创意者的创意依据、对创意内容的表述、创意者赋予的内涵及创意的表现特色。

（5）费用预算。列出创意计划实施所需的各项费用及可能收到的效益，以及围绕效益进行的可行性分析。

（6）参考资料。列出完成创意的主要参考资料。

6. 总结

创意文案付诸实施后半年或一年要进行总结，对执行文案前后资料进行对比分析以总结经验，吸取教训。

◆ 营销策划创意的途径

开发营销策划创意是研究创意、进行策划活动的关键。营销策划创意的途径如下：

1. 培养创意意识

人的创意意识有习惯性创意意识和强制性创意意识之分。习惯性创意意识指不需要主体意识主动干预就能有效地支配人的创意活动的意识。这种创意意识一经形成，就具有稳定持续的特点，因此要从小培养。强制性的创意意识是指创意意识的产生必须有主体意识的强制性干预而形成的创意意识，它受创意主体目的性支配，当创意活动的目的性达到后，这种创意意识多归于消灭。培养创意意识要从培养习惯性创意意识和强化强制性创意意识两个方面着手。

（1）培养习惯性创意意识。习惯性创意意识的培养要从小抓起，注意开发右脑，注意从品格上加以磨炼。

1）开发右脑。人脑有左右两个半球，一般认为，左脑主司逻辑思维，表现为语言、运算功能，右脑则主司形象思维，表现为形象识别、艺术鉴赏等。开发右脑，即是开发人的创造性思维的核心。开发右脑就是多做一些与形象思维有关的活动，即要多用右脑。开发右脑要从幼儿开始，甚至从胚胎期开始。

2）品格磨炼。创意性品格是一种稳定的心理品质，它一经形成，就可以激发创意意识的持续延展。创意性品格包括：尊重知识、崇尚科学、仰慕创意的品质；勤于思考、善于钻研、敏于质疑的习惯；勇于探索、刻意求新、独树一帜的创新精神。

（2）强化强制性创意意识。强制性创意意识的培养有外部强制和自我强制之分。

1）外部强制。外部强制是指一切由外部因素激发的创意意识，如上级布置的指令性课题，领导委派的开发任务等。对于具有一定的敬业精神和责任感的人来说，外部强制可以在一定时期保持旺盛的创意意识。

2）自我强制。自我强制是由自我需要的目的性引发的创意意识。自我需要的目的性既有经济利益的需要，如为获取奖金、转让费等强制自己去创意；也有个人显示心理的需要，如要借此显示自己的才能，认为发明创造是一种享受，可以满足心理上的成就欲和成功感，故强制自己去创意；更高境界的则是宏伟的抱负和崇高理想的需要，从而激发创意意识。

2. 突破思维定式，训练发散思维

思维定式是一种严重的创意障碍。思维定式的要害是总在不知不觉中把人们的思维规范到旧的逻辑链上，并确信这是唯一正确的选择，表现在生活中即是：循规蹈矩、墨守成规；唯书唯上、迷信权威；人云亦云、步人后尘；谨小慎微、追求完美等。

突破思维定式的途径之一就是要训练发散思维。发散思维是指人们的思维不是沿着一个确定的方向展开，而是不受任何限制地向四面八方任意展开的一种思维方式。发散思维也称为辐射思维，它是收敛思维的对称。发散思维和收敛思维都是创意性思维的一部分。

3. 寻求诱发灵感的契机，提高想象力

灵感是人类心灵深处的 ·种体验。人的思维有理性状态和非理性状态之分。理性状态是思维由主体意识支配的状态，是一种有控状态；非理性状态则相反，可称为无控状态。灵感是人在非理性状态下，由于外界的触发而在人的心灵中产生突如其来的感觉。

灵感的触发是与丰富的想象力分不开的，人们要获取灵感即要提高想象力，想象力是创造性思维的核心。提高想象力的途径主要有：

（1）排除想象的阻力。想象的阻力是指一切创意障碍。包括外部环境障碍，如失去了创意的前提条件如资金、科研立项等；非智能障碍，如怠惰、涣散，就不会去想象；智能障碍，如思维定式等。排除想象的阻力，就是要克服外部环境、智能和非智能障碍。

（2）扩大想象的空间。这里所说的想象空间是指人的知识结构的质和量所形成的个体认识空间。一般而言，想象空间是没有边界的，但是每个人的想象空间是有差别的，知识面广、素质高的人，想象空间大；相反，想象空间小。因此，不断丰富各类知识、改善知识结构、提高知识水平，是扩大想象空间的根本途径。

（3）充实想象的源泉。想象产生于人脑，人脑是想象的载体，知识积累是想象的源泉，要充实知识，积累素材。

⏵ 营销策划创意的方法

营销策划创意是策划人创造性的思维活动，是创意活动。用于策划创意的思维方法很多，现主要介绍如下几种：

1. 模仿创造法

模仿创造法是指通过模拟仿制已知事物来构造未知事物的方法。模仿创造法又分为仿生法和仿形法。仿生法是指被模仿的已知事物是我们熟知的某种生物而进行模仿创造的方法。仿形法是指仅仅模仿已知事物的形状而进行模仿创造的方法。模仿创造法包括：

（1）原理性模仿创造，即按照已知事物的运作原理来构建新事物的运作机制。如计算机人工智能即是模仿人脑神经元设计而成的。

（2）形态性模仿创造，即对已知事物的形状和物态进行模仿而形成新事物。如军人的迷彩服就是对大自然色彩的模仿性创造。

（3）结构性模仿创造，即模仿已知事物的结构特点为创造新事物所用。如复式住宅来自对双层公共汽车的结构模仿；决策树方法是对自然界中树干与树枝的结构模仿。

（4）功能性模仿创造，即从某一事物的某种功能要求出发模仿类似的已知事物。如人们受智能相机的启发，试图研制出全智能操作的傻瓜电脑、傻瓜汽车。

（5）仿生性模仿创造。包括原理性仿生、技术性仿生、控制性仿生和信息性仿生等。人们以生物界事物的生存、发展的原理、形状、功能为参照物，进行仿生性模仿创造。

2. 移植参合法

移植参合法是指将某一领域的原理、方法、技术或构思移植到另一领域而形成新事物的方法。它是人们思维领域的一种嫁接现象。生物领域的嫁接或杂交可以产生新的物种，科技领域的移植、嫁接可以产生新的科技成果。企业营销策划可通过对不同领域、不同行业的企业的某些方面进行移植、嫁接，从而形成新的营销策划创意。

3. 联想类比法

联想类比法是指通过对已知事物的认知而联想到未知事物，并从已知事物的属性去推测未知事物也有类似属性的方法。例如，A 与 B 两个事物，A 具有 a，b，c 三个属性，B 有 a，b 两个属性，通过联想类比，可推断 B 或许也有与 A 类似的属性 c。事实上，看似关系甚远的事物之间也存在着彼此联系的某种规律性东西。联想类比法包括以下类型：

（1）直接类比，即简单地在两事物间直接建立联系的类比方法，如鲁班因被野草的边缘割破手指而发明了锯。

（2）拟人类比，即将问题对象同人类的活动进行类比的方法，赋予非生命的具体物件以人的生命及其思维和想象。

（3）因果类比，即从已知事物的因果关系同未知事物的因果关系有某些相似之处，寻求未知事物的方法。

（4）结构类比，即由未知事物与已知事物在结构上的某些相似而推断未知事物也具有某种属性的方法。

4. 逆向思维法

逆向思维法是指按常规思维解决问题不见效时，反其道而行之进行逆向思维以获得意想不到的效果的方法。

逆向思维法改变了人们固定的思维模式和轨迹，提供了全新的思维方式和切入点，这无疑拓宽了创意的渠道。如固定的 8 小时工作制改为非固定的弹性工作制；到商店购物改为送货上门；传统的汽车都用金属材料制造而现代有些汽车则用非金属的塑料制造；电动机是电能转换成机械能的装置，发电机则是将机械能转换成电能；等等。

5. 组合创造法

组合创造法是指将多种因素通过建立某种关系组合在一起从而形成组合优势的方法。组合创造法是现代生产经营活动中常用的方法。例如，市场营销过程是产品、价格、分销渠道、促销等可控因素的组合；营销观念中的产品是核心产品、形式产品和附加产品的组合。组合的基本前提是各组成要素必须建立某种关系而成为统一体。没有规则约束即为堆砌，有了规则约束才会形成新的事物。

组合可以是原理组合、结构组合、功能组合、材料组合、方法组合。不论什么组合，都要考虑两点：一是其能否组合；二是组合的结果是否可优化、是否有更佳的效果。

⦿ 营销策划创意效果

营销策划创意效果是指策划内容被实施以后对生产、销售、管理等各方面产生的影响与发挥的作用，是通过劳动消耗和劳动占用而获得的成果和效用。

1. 创意效果的类别

创意效果按其内容划分，可分为经济效果、心理效果和社会效果。创意效果按产品的生命周期划分，可分为介绍期的创意效果、成长期的创意效果、成熟期的创意效果和衰退期的创意效果。创意效果按活动程序的测定划分，可分为事前测定的创意效果、事中测定的创意效果和事后测定的创意效果。

2. 创意效果测定的原则

创意效果的测定应遵循一定的原则。

（1）目标性原则。在进行创意效果评价时，必须以创意目标为准则。事前评价主要考虑目标的可行性与可用性，如果创意目标根本不可能实现，或能实现对企业也毫无用处，这种创意应予否定。事中评价即看其创意是否朝着既定目标前进，如果出现偏差，应及时纠正。事后评价看创意的效果是否达到既定目标，达到了就是成功的，否则就失败了。

（2）可靠性原则。保证评价方法和手段的可靠性以及资料的可靠性。对创意效果的评价应由有关专家进行，以避免非专家的误导和瞎指挥。

（3）综合性原则。评价创意应综合考虑创意的经济效果、社会效果和心理效果以及影响这些效果的各种相关因素，包括企业可控因素和社会不可控因素，以准确地评价创意的效果。

（4）经济性原则。企业是以营利为目的的组织，企业行为都应考虑经济性原则，进行创意效果评价也不例外。

3. 创意效果测定方法

（1）经济效果测定。创意的经济效果事后测定可采用以下指标进行。

1）经济收益额，即创意后的经济收益与创意前的经济收益的差额。计算公式是：

$$经济收益＝创意后的经济收益－创意前的经济收益$$

2）成本利润率，即企业利润额与所支出的创意成本之比。计算公式是：

$$成本利润率＝\frac{企业利润额}{创意成本}\times100\%$$

3）经济收益率，即企业经营收入总额与创意成本之比。计算公式是：

$$经济收益率＝\frac{企业经营收入总额}{创意成本}\times100\%$$

（2）社会效果测定。创意的社会效果是指创意实施以后对社会环境（包括法律规范、伦理道德、文化艺术等）的影响，一般采取定性分析的方法。创意的社会效果如能运用实物佐证、图表说明、相关群体评价等方法加以测定，则更有意义。

2.2 营销策划方法

营销策划方法是采用不同的工具进行科学的策划，是指利用现有的可利用资源，选择最佳手段完成策划目标的过程。本节将对营销策划中常用的方法进行介绍。

➡ 概念挖掘法

在某些营销策划实践活动中，策划实际上是一个概念挖掘、主题开发的过程。在营销策划过程中，策划人需要学会如何进行概念挖掘和营销策划主题开发。菲利普·科特勒认为，在产品的开发策划中，产品概念有着重要的地位。产品概念是用有意义的消费术语表达的精心阐述的构思，或者说是能够满足消费者某种需求的产品特征。在这里，概念构成了策划的核心。

任何一种产品都有它的概念。例如，手机产品的概念：能像固定电话一样清晰通话，体积小、重量轻，能放在衣兜里，可以随时随地通话，能存储电话号码，能收发短消息，有时钟、闹钟和计算器等功能。

1. 产品概念挖掘

概念是创意的内现，也是主题的原始生长点。概念挖掘的过程是连续运用创造性思维和分析性思维的过程，即在系统目标的指向下，从现实和经验中抽取出来一系列的前提，从这些前提出发，运用创造性思维提出许多构想；再运用分析性思维使这些构想向同一目标流动，形成一个策划的轮廓（见图 2-2）。这一大致轮廓经挖掘逐渐变成一系列稍微明朗的印象，这些印象经过抽象化后，便形成了策划的概念。

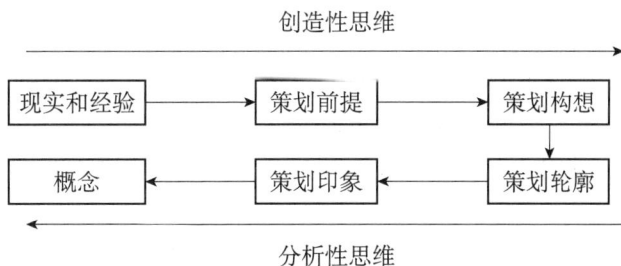

图 2-2　概念挖掘的过程

资料来源：汤姆·凯利，乔纳森·利特曼. 创新的艺术. 北京：中信出版社，2010.

分析性思维是合乎逻辑的，它衍生出单一或少数的答案，可以实施。创造性思维则需要借助想象，衍生出许多可能的答案或构想。这两种思维形态完全不同，但具有互补作用。经由创造性思维推演出许多想法之后，必须经过分析，才能选出少数可以实施的方案。分析性思维可以把构想和实务结合起来，但要继续发展，则必须由创造力来推动。

由此可见，在创意的开发阶段，需要创造性思维方法来点燃灵感，提供策划轮廓；在构想抽象成概念的过程中，则需由分析性思维来分析、评价。

2. 策划主题的形成

营销策划主题是营销策划活动的中心内容，是营销策划书所要表达的中心思想，是企业进行营销策划的目标指向。营销策划主题是指策划为达到某个目的而要说明的基本观念。营销策划主题是多级、多层面的。它表达的可能是企业发展战略的大主题，也可能是企业实施某方面活动、推行某种营销策略和具体举措的小主题。一个综合性的大型策划活动所体现的主题可能是单一的，更多的则是多层次的。

（1）战略主题。营销策划涉及的营销战略主题有：市场开发主题、市场拓展主题、产品开发主题、企业入市主题、企业拓展主题、企业形象主题和跨国营销主题等。

（2）策略主题。营销策划涉及的营销策略主题有：营销广告、产品延伸、多品牌、包装改进、商标设计、商标注册、产品认证、渠道选择、营销方式选择和商品定价调整等。

不论是营销战略主题，还是营销策略主题，都可归结为扩大市场占有率、降低营销成本、推动企业的成长发展、获取更大的经济效益和社会效益这一最终目的。

营销策划主题的表达要有简明扼要的文字叙述，更重要的是通过营销创意和设计加以形象化的传递，以达到扣人心弦、潜移默化地感染人的作用。主题的表达要准确、鲜明、生动，以提高营销策划的质量。完整的策划主题具有三要素：策划者的策划目标、策划者提供给策划对象的信息和参与者的心理需求。

3. 策划主题的开发

主题的开发要在概念的基础上进行，其过程与概念的挖掘过程类似，即首先运用创造性思维，发挥丰富的想象力，得到多个构思；然后再运用分析性思维进行筛选，依据特点确定主题。在此阶段，发挥想象力非常重要。在发挥想象力的过程中，要注意以下几点：

（1）去掉自己所设置的障碍。自己所设置的障碍主要来自：自己给思考设定限制；建立单一模式或寻找单一答案；不愿追根问底；太快地对想象进行评估以及害怕别人的嘲笑等。

（2）以概念作为发挥想象的支点。在挖掘概念时，想象不能天马行空，漫无边际，而要以概念作为想象的支点。任何浮想联翩的构思均需回到概念，接受概念的检验，如果这一想象不符合概念，就要舍弃。

（3）重新组合不同的元素。广告大师詹姆斯·韦伯·扬认为："创意完全是原来许多旧要素的新组合。"创造学家罗吉尔·冯·奥赫也认为："世界上一切东西都可能是有关联的，组合不同的概念是创造性思维的核心。"

◉ 宣传造势法

营销策划方案实施前和实施过程中，企业要注意进行对外宣传造势，这样能够扩大影响，有助于提升企业形象，改善公共关系。

1. 营销策划宣传的意义

对营销策划活动进行宣传造势的意义主要体现在以下几点：

（1）促进营销策划方案的顺利实施。不同的营销策划方案所要解决的问题不同，根据策划方案的目的进行各具特色的宣传造势，有利于处理好外部关系，促进策划方案的顺利实施。对于产品品牌的策划，宣传造势有利于品牌力的提升；对于价格的策划，宣传造势有利于突出产品的市场定位；对于顾客满意的策划，宣传造势有利于体现企业为顾客着想的形象。无论是哪种营销策划，对外的宣传造势都是必要的。

（2）传播信息。传播信息是策划宣传的立足点。营销策划中的宣传造势就是要向各有关方面传播企业的相关信息，可能是向目标顾客传递产品、价格信息，可能是向销售商传递企业销售渠道的管理信息，也可能是向社会大众传递企业的形象与理念信息。

（3）提升企业形象。营销策划宣传展现了企业为提高自身的经营管理水平而作出的努力，对于塑造企业良好的形象、提升企业的知名度与美誉度有促进作用，从而能够改善企业的公共关系。当然，企业形象是日积月累形成的，并非一时的宣传就能树立起来，而且，如果宣传的内容与实际不符，言过其实，反而会产生相反的效果。因此，策划宣传对于企业形象的作用是双方面的，应注意把握。

（4）促进产品销售。营销策划宣传将企业的产品信息传播出去，提高了产品的知名度，吸引了目标消费者群，使其有了尝试消费的愿望，有利于建立和促进企业与顾客的关系，促进产品的销售。同对企业形象的影响一样，过度的宣传可能会引起顾客的逆反心理，产生负面影响，应注意适度原则。

（5）改善公共关系。公共关系是指企业与社会各有关方面的联系和作用，公共关系已成为企业管理中的一个重要部分，包括企业与消费者、供销商、政府部门及民间组织等方面的关系。营销策划的宣传造势展示了企业改善经营管理和公共关系的决心与努力，显示了企业为消费者、供销商、社会大众服务的态度，有利于改善公共关系，有利于企业发展。

2. 营销策划宣传的原则

营销策划宣传必须遵循一定的原则，否则可能适得其反，不但达不到预期效果，而且不利于营销策划方案的实施。

（1）准确性原则。这是营销策划宣传的首要原则。真实是新闻报道的生命，对于宣传也是极为重要的。言过其实的宣传不仅无助于企业营销策划的顺利实施，反而令社会公众产生不信任感，有损企业形象，不利于企业的发展。即使虚假宣传为企业带来了短期利益，从长远来看也会有碍于企业发展。

（2）及时性原则。及时的宣传才是有效的宣传，在宣传工作中时间就是效果，过早过迟的宣传都不能达到预期的效果；应根据整个营销策划活动的实施过程适时地进行宣传，精确地安排时间表，这样才能以较少的花费达到较好的效果。

（3）针对性原则。宣传工作一定要有的放矢，对不同的对象应采取不同的方法。营销策划宣传的对象也就是策划活动所要影响的目标，营销策划的宣传应针对现实与潜在的顾客，企业形象策划的宣传应针对社会大众。营销策划宣传不能漫无目的，或是想"一锅端"，只有针对特定对象采取特定方法，才能达到理想的效果。

（4）适度性原则。一般人都有这种感觉，某个广告刚推出时觉得新鲜，经过一段时间的重复变得熟悉，再反复出现就令人生厌了。在营销策划宣传中要尽量避免这种情形，这就需要坚持适度性原则，既让目标对象熟知将要或正在进行的活动，又不致引起反感。

（5）反馈性原则。营销策划宣传一定要注意反馈分析，将目标对象对策划活动的看法与认识及时地进行反馈，适时地修正与补充，使活动的开展更符合目标对象的意愿，同时也能重新确定宣传的重点，突出活动的主题。

（6）创造性原则。创造性原则是指营销策划宣传一定要有创意，不能人云亦云、毫无新意。个性化的宣传能吸引人们的注意，为企业的营销策划活动创造良好的外部环境。创造性原则既要体现在宣传的内容上，也要体现在宣传的形式上，做到内容与形式的个性化。

3. 营销策划宣传的对象

营销策划宣传是为整个策划活动服务的，策划活动的对象也就是宣传的对象，总的来说就是企业外部的有关各方，包括：现实与潜在的顾客，这是策划宣传的主体对象；社会公众；供货商；销售商；政府部门；民间社团组织等。

不同的营销策划有不同的目标对象，相应的宣传工作所针对的对象也不同。促销策划的宣传对象是消费者；分销策划的宣传对象是销售商；产品、价格策划的宣传对象包括消费者和销售商；而企业形象策划和公共关系策划的宣传对象则包括以上所有对象。营销策划的宣传造势应根据目标对象的不同采取不同的方法。

4. 营销策划宣传的途径

营销策划的造势工作不仅体现在对外宣传上，对企业的内部也是必要的环节。只有企业内部认识统一了，企业员工齐心合力，才能实现企业营销策划的目标。

营销策划的企业渗透是指在企业营销策划方案实施之前和实施过程中，通过各种方式使企业全体员工了解策划方案，理解策划活动的必要性，从而支持并认真执行企业营销策划方案的过程。营销策划的企业渗透可以通过以下方法进行：

（1）印发内部刊物。内部刊物是企业内部传递信息的重要媒介，分为报纸和杂志两种。策划人员可以通过内部刊物向企业员工解释说明策划活动，企业员工也可以通过这种形式反馈意见。这种方式花费低，覆盖范围广，但效果有限。

（2）举行报告会。这是策划人员通过作报告来影响企业员工的一种形式，在需要传达新理念、转换员工观念时有一定效果。

（3）进行培训。这是一种较为有效的方式，通过培训可以深入地解析策划案，同时收集学员意见，但是这种方式成本高、时间长，培训范围也有限。

（4）召开座谈会。这是较常使用的一种方式，通过召开座谈会或者讨论会可以充分地交流意见，容易营造出平等民主的氛围，但这种方式涉及的人员有限，只能由企业员工代表与策划人员交流。

（5）填写调查表。通过调查表的方式来收集企业员工的意见，可以较为客观地获得信息，但是员工对调查表的内容可能产生误解，影响调查结果。

（6）进行非正式沟通。策划人员以一种比较随意的方式造访员工，与之交谈。这种方式比较容易让员工说出心里话，沟通的效果较好，但是涉及的范围有限，耗费的时间太长。

无论是哪种企业渗透方法，都有自己的优缺点，策划人员要综合考虑使用，取长补短，以立体方式与企业员工沟通，获得员工的支持，保证策划方案顺利、有效地实施。

🔵 其他方法

在营销策划中，除了上面提到的比较常用的方法外，还有一些方法经常采用，这些方法既可能应用于整体营销策划，又可能在策划的某一具体环节中运用。

1. 集思广益法

集思广益法就是把每个人的智慧汇总起来，进行综合处理，选出一个切实可行的策划方案。在这一过程中每个人都可发言，提出自己的不同见解，把每个人的意见综合提炼就可得到一个策划方案。当然，选择的人应是对这方面问题有一定研究的专家。

2. 调查法

调查法即通过策划者组织的调查，从中得到相关方面的信息，然后对这些信息进行分析处理，得出结论，最后根据调查的结论进行策划，策划的直接依据是调查的资料。

3. 经验法

策划者根据自己多年的策划经验，找出与本次策划背景相似的一些案例，同时考虑不同的执行环境等因素进行策划。

4. 系统方法

系统方法是综合哲学观点与专门学科而进行的。主要的原理是把事物看做一个完整的系统，这个系统既包括自身组成要素的各个方面，又包括各要素间的联系，还有与这个事物相关联事物间的关系与地位。系统方法要求从系统的一方面或几个方面或整体出发，对其进行不同角度的整体分析。常见的系统分析法主要有逻辑法、预测法、抓主法、取向法、类比法等。

5. 权变法

事物的发展不是固定的，其中一些因素会因不同环境的改变而发生改变，针对这种变化，在正常思维下，由于一点的突变而产生相对"不规则"的思维，这是由事物发展中突变而触发的。

2.3　营销策划过程

营销策划是一个过程，包括信息准备、组织、实施和控制等环节，每个环节都需要管理。再好的营销策划方案，只有通过实施才能取得应有的效果，付诸实践才是营销策划的最终目的。要想把方案付诸实践，就需要建立相关的组织、协调机构和配备相关的资源，在实施过程中要进行有效的管理，此外还要建立有效的控制系统，让实践与原来的设想相一致。这就需要对营销策划进行组织、实施和控制。营销策划管理就是对营销策划环节的管理，它可以让营销策划顺利实现预期的目标。

◐ 营销策划组织机构

营销策划是科学的策划、规范的策划，营销策划的科学性和规范化主要通过完整、有序的程序来实现。在这一程序中，组织机构设置是营销策划工作的第一步。所谓营销策划组织机构，是指企业内部涉及营销策划业务活动而设计的相应职位及组织结构。

营销策划组织机构是保证营销策划工作实施的组织手段，是企业为实现营销策划目标、发挥营销策划功能，由有关部门和人员协作配合的有机的科学体系。企业的所有营销策划活动都应该由营销策划组织机构来完成。要使市场营销活动策划科学化，确保营销策划的实施实现预期目标，必须建立营销策划组织机构。

1. 营销策划组织机构设计的原则

营销策划组织机构设计必须遵循如下原则：

（1）明确组织机构指挥系统的原则。在营销策划组织机构设计中，各级关系必须首先明确规定，让每一位员工只对一个上司负责，服从命令，听从指挥。组织机构指挥系统的明确过程，实质上是分权过程，能将职权自上而下逐步适当转移下去，实行权力分解，有利于建立有效的组织机构控制系统。

（2）统一命令与分层管理相结合的原则。在营销策划过程中，对于战略性、全局性的重大事项，管理控制权限应集中在企业策划高层部门，在实际经营管理活动中统一指挥、统一领导，避免多头领导，消除有令不行、有禁不止等现象，确保企业市场营销活动顺利开展。为了避免乱指挥、官僚主义等现象，企业有必要实行分层管理，针对企业营销实际状况，让营销策划系统中的每个部门的主管拥有一定的权力，承担一定的责任。也就是说，营销策划系统中各层市场营销管理组织在规定的权限范围内，能够灵活地处理与本部门相关的业务事项，使责权利有机结合起来。

（3）合理分工，利于沟通与协调的原则。企业的市场营销部门是个完整的系统，所有市场营销业务活动之间存在着相互影响、相互制约的关系。因此，健全的营销策划组织机构必须从企业市场营销业务活动的本质出发，利于组织内部各种业务职能分工合理、职责分明。同时，营销策划组织机构的组建，要利于各部门沟通协调，这对企业营销目标能否顺利实现关系极大。组织机构的选择要有利于组织各职能机构纵向协调和横向合作，使信息能有效地沟通，资源被最佳利用。

（4）精简与高效的原则。建立企业营销策划组织机构的根本目的是通过最佳地配置营销资源以有效地实现营销目标。因此，企业营销系统内部各部门和环节都必须与其承担的职能相符，必须杜绝环节重叠、功能冲突、人浮于事的情况，只有精简的组织机构才能创造出较高的效率。营销策划组织机构必须精简，这样才能以最小的营销成本来获取最大的营销收益。

（5）适度弹性的原则。现代营销活动日趋复杂，知识化、智能化、专业化和科技化程度日益提高，且影响营销活动的环境也难以预测，因此，企业设计的营销策划组织机构也应随市场营销活动的动态变化而进行相应调整，以适应营销环境发展变化，提高企业组织机构的应变能力。有时，企业为了实现某一特定的目标，还需要聚合有关专家，适时地组建临时性机构，并通过临时性授权以完成某项特定的目标任务。这种适度弹性，有利于提高企业策划机构的战斗力，提高企业的经济效益。

2. 常见的营销策划组织机构形式

为实现企业营销策划目标，市场营销经理必须选择适宜的营销策划组织机构形式。企业通常可以采取三种方式来建立营销策划组织机构：

（1）家族型机构。企业内部以营销职能部门为策划的主体单位，借助企业原有的市场营销组织机构和人员来采集信息、制定营销方案并组织实施。

对于营销职能部门来说，在进行市场营销策划时必须考虑到企业营销策划组织机构的具体形式，以提高策划方案的针对性，并有利于组织实施。这种形式的策划机构渗透在企业的营销职能部门中，具有稳定性和系统性的特点。

（2）智囊团型机构。由企业抽调部分营销人员，并聘请专家或管理顾问成立专门的策划班子，进行企业的市场营销研究，对企业的市场营销战略和策略作出规划与策划，然后通过企业的营销职能部门来组织实施策划方案。

这一策划机构的特点就在于它的灵活性和高效性。企业凭借"外脑"来策划营销方案，大大提高了营销策划的起点和水准。通常是在企业经营的特定时期，如公司组织机构调整，业务经营范围发生重大变化，新产品上市，企业经营陷入困境等以及面临重大事件（如企业战略目标调整、行业内出现威胁性的竞争对手、竞争者采取了新的竞争策略等）时设立并运作，在完成特定任务后即可解散。

（3）混合型机构。许多企业将上述两种形式的策划组织机构结合运用，由家族型策划组织机构承担企业营销活动过程中常规的策划任务，由智囊团型策划组织机构承担特定的营销策划任务，真正实现营销策划组织机构的系统性、稳定性、灵活性和高效性。

3. 营销策划组织机构的构成

营销策划是一个系统工程，营销策划行为是集思广益、广纳贤才进行协作创意与设计的过程，因而营销策划组织机构必须在充分发挥主创人智慧的基础上形成团结合作的组织系统。当然，这种组织机构只是临时性的，即在从事企业营销策划的时段内加以组织并行使职责，一旦营销策划任务完成，可由企业的常设组织机构负责营销策划组织的后续任务，如营销策划案的实施及监督管理等。

营销策划组织机构一般称作营销策划委员会或营销策划小组。该机构设主任或组长1名，副主任或副组长2～3名，成员若干名。一般来说，营销策划委员会（小组）成员包括以下几类人员：

（1）策划总监。如果营销策划主任（组长）由企业总经理担任，那么，策划总监由企业营销副总经理担任比较合适。策划总监的职责和任务是领导、保证、监督营销策划委员会（小组）的全盘工作，协调和安排营销策划委员会（小组）与企业各部门、各方人士的关系，掌握工作进度和效率。

（2）主策划人。主策划人应是营销策划组织机构的业务中心，负责指挥各类策划人员的业务，组织调研，牵头组织业务人员的创意活动，并最后负责拟定策划书。主策划人应有良好的业务素质和各方面的业务能力，对企业营销行为比较熟悉，富有企业营销策划的成功经验和高度责任感。

（3）文案撰稿人。营销策划书的撰稿不应只是主策划人的个人行为，在主策划人的领导下，要有若干撰稿人参与工作。这些撰稿人可能撰写文案中的某一部分内容，但他们必须对营销策划的全过程非常熟悉，撰稿前的调研工作应该是全面和系统的，这样才能做到心中有全局，笔下有特色。对这类人员而言，文字表达的娴熟是最起码的要求，认识问题的深刻和富于创新思维是衡量一个文案执笔者水平的主要标准。

（4）美术设计人员。营销策划中常涉及企业视觉形象、商标、广告、包装等方面，营销策划的过程也是对商品、企业进行美化包装的过程，美术设计人员可依据美学原理对上述方面进行创新性设计，以增强营销策划书的吸引力与感染力。

（5）高级电脑操作人员。电脑操作不仅要起到收集资料、存储资料和随时输出资料的作用，而且要进行适应多媒体需要的能进行动态链接和形成互动效应的高难度的操作，以备营销策划之需。

总之，营销策划组织机构是由多方人员组成的富有创造性的机构。营销策划组织机构应该是开放性的，善于组织人才、开发智力，这样才会有活力。

4. 营销策划组织机构成员的素质

营销策划组织机构的成员应该具备一定的素质，主要体现在：

（1）政治思想和道德素质。包括：政治思想素质，即有正确的政治方向、信念、立场和观点，包括人生观和价值观；职业道德，即在经营活动中遵守职业道德规范；开拓和创业精神。

（2）知识和技能素质。包括：政策理论知识，对国际和国内的政治、经济、军事的基本政策与理论有全面系统的了解，对迅猛发展的科技潮有动态的跟踪和科学预测的能力；金融法律知识；专业技术知识，包括各种咨询理论、方法、技术等；经营管理知识。

（3）行为和经验素质。包括：领航素质，在变幻莫测的市场环境中能站在战略的高度，寻找适合企业发展的航向；管理和组织协调素质；公关素质；使用和培养人的素质。

（4）身体和心理素质。包括：身体健康情况、头脑清醒情况、自信程度、逻辑思维方式、个性特征等。

● 营销策划经费预算

营销策划经费预算是企业综合预算的重要内容，是调节和控制经营活动的重要工具，也是营销策划方案顺利实施的保障。经费预算应尽可能详尽周密，各项费用应尽可能细化，真实反映策划方案实施的投入大小，力争将各项费用控制在最低，以求获得最大的经济效益。

1. 营销策划经费预算的原则

企业营销策划工作需要有一定的资金投入，经费预算必须合理、科学。经费预算要遵循以下基本原则：

（1）效益性原则。效益性原则是指以最少的经费投入产生最大的营销效益。也就是说，低营销效益或者没有营销效益的营销策划经费投入在预算中应尽量避免。

（2）经济性原则。经济性原则是指在营销策划方案实施中，必须保证足够的营销经费，减少不必要的费用开支。营销活动是一项经济活动，在活动开展过程中，要想取得好的经济效益，必须遵循经济性原则。

（3）充足性原则。充足性原则是指投入的营销策划经费能保证营销策划方案的全面实施。营销策划经费是企业投入的营销成本，直接影响企业利润的高低。营销策划经费高了会造成资源浪费，低了又影响营销效果，保证不了策划方案的实施，甚至会使策划方案夭折。因此，企业应通过边际收益理论来对营销策划经费投入的充足性作出测算、评估。

（4）弹性原则。弹性原则是指对营销策划经费的预算要能根据未来环境的动态变化而表现出灵活机动性。企业营销活动受到营销环境变化的影响，当营销环境发生变化，原有的策划经费也应调整，与环境变化相适应，作出弹性安排。只有这样，才能保证营销目标的实现。

2. 营销策划经费预算的项目

营销策划经费预算包括：策划活动本身发生的经费和营销活动费用。内容不同，计算方法也不一样。

（1）策划活动本身发生的经费。策划活动本身发生的经费指企业为策划活动所支付的费用，其主要项目为：

1）市场调研费。市场调研通常要委托专业调查公司或雇用专业调查人员进行。所以，这是一项重要的费用，资金不足会造成调研资料失真，调研结果有误差。因此，要根据市场调研的规模大小和难易程度来准确预算所需费用。

2）信息收集费。主要指信息检索、资料购置及复印费、信息咨询费、信息处理费等。主要是对二手材料信息的收集，依据信息收集的规模和难易确定费用。

3）人力投入费。为了完成不同的分工任务，要投入一定的人力。这一费用比较容易计算。

4）策划报酬。分两种情况：一是企业营销策划人员自行策划，可以奖金形式发放，开支相对较低；二是委托"外脑"策划，要事先商定策划费的数额和支付细则，然后据此发放。

（2）营销活动费用。营销活动费用是指执行营销策划方案发生的费用。营销活动费用一般运用目标任务法来确定。所谓目标任务法就是将营销方案所要实现的目标分解成具体的任务，再计算完成这些任务所需要的资金投入，就可以作为实现营销方案的费用预算。

例如：A 公司准备在北京市场实现年销 500 万瓶矿泉水的任务。根据在其他市场的经验，公司计划进行为期两个月的广告宣传，广告展露频次为 50 次，共需费用 10 万元；组织免费试饮活动一次，共需费用 3 万元；组织促销活动需 2 万元。合计 15 万元。这 15 万元就是 A 公司的矿泉水要打开北京市场，达到年销 500 万瓶目标的营销费用预算。目标任务法是确定单个营销方案费用的主要方法。

3. 营销策划经费预算的方法

企业常用的营销策划经费预算的方法主要有：

（1）销量百分比法。销量百分比法是以年度产品销售额的一定比例作为营销费用。比例依据的年度产品销售额有两种：一是上年度销售额；二是本年度预计销售额。

例如：某公司上年度全年销售额为 100 万元，总共用去 5 万元营销费用，那么本年度参照上年度的标准，也用 5 万元，即 5% 用于营销。但考虑到企业的发展，预计本年度销售额将实现 200 万元，这时营销费用按上年 5% 的比例，就应预算为 10 万元。

销量百分比法是一种简单易行的方法，目前绝大多数企业都采用此法来确定营销费用。如果遇上市场环境变动，根据实际情况进行适当调整，就可以继续推行。

（2）力所能及法。力所能及法是指首先除去其他不可避免的费用支出，再来确定营销预算的方法。

例如：某企业在 2018 年的销售净值为 100 万元，其中成本 80 万元，利润 10 万元，营销费用 10 万元。那么，在确定 2019 年的营销费用时，就可以以此为据：假若企业要实现 200 万元的销售收入，按 2018 年的标准，再加上 2019 年原材料的涨价情况，可能要投入成本 165 万元，预计提留利润 15 万元，那么尚余 20 万元。这 20 万元就是用于 2019 年营销的全部预算费用。

（3）竞争平位法。竞争平位法就是用同行竞争对手的营销预算作为本企业的预算标准。竞争平位法主要有两种形式：一是领袖等同法，就是以竞争对手中或同行业中处于领先地位的具有良好营销效益的领袖企业的营销投入作为本企业营销预算的标准；二是行业平均额法，就是参照本行业平均营销预算额，以平均营销费用投入作为本企业的预算标准。

（4）市场份额法。市场份额法的基本思想是：企业要保持现有市场份额和扩大其在市场中的份额，就必须使其营销投入份额高于该企业所占有的市场份额。如果企业只希望以新产品来占有市场份额，其所付出的营销费用应该两倍于所希望达到的份额标准。

营销策划方案实施

营销策划方案实施是一项艰巨复杂的工作。影响营销策划方案实施的因素很多，策划者必须针对企业实际情况，选择运用适当的模式。

1. 营销策划方案实施的影响因素

正确的营销策划方案要成功实施，必须考虑影响营销策划方案实施的因素。导致营销策划方案实施不力的原因主要有以下几方面：

（1）制定的营销策划方案脱离实际。企业的市场营销策划方案通常由企业的策划人员或企业聘请的专家制定，而方案实施则依赖于市场营销管理人员。这两类人员之间往往缺少必要的交流和沟通，不探讨如何实施营销策划方案以及应注意哪些问题等，这会导致：一方面，企业营销策划人员只考虑总体战略而忽视实施中的细节，结果要么营销策划方案过于简单而形式化，要么所制定的方案超越实际，难以实现营销策划目标；另一方面，营销管理人员并不十分清楚所实施方案的内容和意图，也不主动去同营销策划人员分析、研究，而是听之任之，其结果可想而知。

（2）长期目标与短期目标相矛盾。目标的设定是营销策划的基础。长期目标是涉及5年以上的经营活动的目标；短期目标是涉及1年之内的经营活动的目标。企业的市场营销战略通常着眼于长期目标，但为实现长期营销目标，又不得不把长期目标分解成若干个具体的短期目标，而实施这些短期目标的营销管理人员通常只考虑眼前利益和个人得失，而置企业长远利益于不顾。他们以短期工作绩效为出发点，注重销售量、市场占有率和利润率等指标。这样，短期目标与长期目标之间就产生了矛盾。目前，许多企业都在努力寻找解决长短期目标之间矛盾的措施，以求两者协调一致。

（3）思想观念的惰性。企业经营活动计划方案一般具有很强的传统性，创新力度与企业经营指导思想密切相关。一项新的营销策划方案往往因与企业传统和习惯相悖而遭到抵制。新旧方案的差异越大，实施中遇到的阻力和困难也就越大。要想实施与旧战略完全不同的新战略，必须打破企业传统的组织机构和固有的供销关系，进行机制和组织改革，为新战略的实施扫清障碍。比如，企业要进行新产品设计，开辟新市场，就必须创建一个新的营销机构。

（4）实施方案不具体明确，缺乏系统性。大量事实证明，许多战略方案之所以以失败告终，是因为营销策划人员没有制定明确具体的实施方案。相当多的企业面临的共同困境是：缺乏一个系统而具体的实施方案，未能让企业内部各职能机构和人员齐心协力，共同作战。

企业高层决策和营销人员对企业营销活动进行策划和管理时，不应抱有侥幸心理，而应根据营销环境和企业实际制定系统的实施方案，将任务落实到各职能机构和人员，做到责任明确，各司其职，各尽其能，相互配合，并按编制的营销活动进度时间表进行工作。只有这样，企业营销战略的实施才能顺利进行。

2. 营销策划方案实施的模式

企业营销策划方案实施的模式有五种，即指令性模式、转化性模式、合作性模式、文化性模式和增长性模式。各种模式的侧重点、领导者角色、优缺点各不相同（见表 2-1），企业应根据客观实际情况选择合适的模式。

表 2-1　营销策划方案实施模式对比表

模式类型	侧重点	领导者角色	优点	缺点
指令性模式	突出领导者在方案实施中所起的决策性作用，领导者凭借权威发布命令，推动方案的实施	领导者、决策者	统一决策、统一指挥，有利于营销方案顺利实施	需要准确的市场信息，受领导者素质高低制约，决策者与执行者分离
转化性模式	重点运用组织机构、激励手段和控制系统来促使方案实施	设计者、协调者	用行为科学方法把企业的组织机构纳入方案实施的轨道，是指令性模式的补充和完善，使方案实施更加科学和有效	并没有解决指令性模式中存在的诸如难以取得可靠信息和方案实施缺少动力等问题，且易产生许多新问题
合作性模式	方案决策范围扩大到企业高层管理人员，充分调动了他们的积极性，使方案决策实施更加完善	决策者、协调者	领导者接近一线管理人员，获得的信息准确性高，信息量大；营销策划方案的制定与实施是集体参与的结果，大大提高了方案实施成功的可能	并不是企业全体员工参与决策活动，仅仅是不同观念、不同目的的参与者协商的结果，所以，其结果有可能以牺牲经济合理性为代价
文化性模式	在整个企业组织里宣传一种适当的文化，使营销策划方案得以实施	组织者、指导者、宣传者	将合作性模式中的参与成分深入到组织中较低的层次，把营销策划方案的制定者与执行者之间的隔阂消除；参与者涉及各层次的员工，使企业组织与参与者同舟共济	以员工有相当高的文化程度为前提，难以实现；过分强调企业文化，易掩盖企业中存在的某些问题；耗费人力、物力、财力；企业高层领导如不愿放弃控制权，此模式易造成形式化
增长性模式	方案是从基层经营单位到最高决策层自下而上产生的，而不是自上而下推行的	组织者、领导者、决策者	注重领导负责和集体决策相结合，体现民主与集中制原则，使营销方案实施的成功得以保障	受领导者素质、组织制度因素制约；耗费人力、物力、财力

资料来源：戴国良. 图解营销策划案. 北京：电子工业出版社，2011.

3. 营销策划方案实施的技能

为贯彻实施营销策划方案，企业必须掌握一套能有效实施营销策划方案或政策的技能，包括诊断技能、分配技能、组织技能、关系技能和监控技能等。

（1）诊断技能。诊断技能是指能发现和揭示企业营销策划方案实施活动中存在的问题和难点，并提出相应对策的能力。当营销策划方案实施的结果未达到预期目标时，问题出在哪些地方？营销经理要与营销人员相互配合，像医生为病人诊断病情一样，对营销策划方案本身和方案实施过程中的每个环节——进行诊断，以了解问题产生的原因，并采取相应的改进方法和策略。诊断的目标是找到问题产生的源头，这对有效的市场营销策划方案的实施具有重要价值。

（2）分配技能。分配技能是指营销经理在各种功能、政策和方案之间安排时间、经费和人力的能力。例如，营销经理决定在贸易展销会期间花多少资金（功能方面），或者对边际产品给予何种程度的质量担保（政策方面），等等，这些都属于分配技能方面的问题。

（3）组织技能。组织技能是指对涉及营销活动方案的所有机构和人员进行有效组织和安排。营销经理要善于发挥自己的组织能力，对所有与营销策划方案实施有关的部门和人员进行任务分配与关系协调，并充分认识非正式营销机构的地位和作用。促使非正式营销机构与正式营销机构相互配合，这将对企业营销策划方案实施活动的效果产生积极的影响。

（4）关系技能。关系技能是指营销经理借助其他人的关系力量来完成自己工作的能力。营销经理不仅要做到鼓励企业的员工有效地实施营销策划方案，而且要有较强的组织、社交能力，充分利用外部的关系力量（比如，政府机构、社会团体、市场调研公司、中间商等）最终达到自己的营销目标。例如，处理在同一渠道内出现的矛盾和冲突，就需要有较高的关系技能。

（5）监控技能。监控技能是指建立和管理一个对营销活动结果进行反馈的控制系统。控制主要有四种类型，即年度方案控制、盈利能力控制、效率控制和战略控制。营销经理应该利用营销情报系统，连续不断地收集企业内外部环境信息，并按有关要求进行分类整理和组合，充分利用有价值的营销信息，以保证企业营销活动顺利开展。

营销策划控制

营销策划控制是市场营销管理过程的重要步骤。营销策划控制的根本目的在于保证组织活动的过程和实际绩效与计划目标及方案内容相一致，保证组织目标的实现。在市场营销策划方案实施的过程中，时常会发生意外或受到不可抗力因素的影响，因此营销策划方案本身也会发生一些偏差，所以必须经常不断地对各项市场营销策划方案进行信息反馈和调控，纠正可能出现的差错，以实现企业营销活动的预期目标。没有有效的控制手段，营销策划方案就难以很好地实施。

1. 营销策划控制的含义

营销策划控制是指营销管理者为了监督与考核企业营销活动过程的每一环节，确保其按照企业预期目标运行而实施的一整套规范化约束行为的工作程序或工作制度。营销策划控制不同于营销策划方案本身，也不同于企业营销，它不是对营销活动未来目标的设计，也不是对营销活动结果的考评，而是对营销活动现状的把握，即控制对象是现实的营销活动过程本身。其特点是营销策划方案控制与营销活动的开展同时、同步。从一定意义上讲，营销策划方案控制实际上就是对企业营销活动过程所实施的同步管理，是由一系列调控行为组成的动态过程。

2. 营销策划控制的标准

为了使营销策划控制工作真正发挥作用，取得预期的成效，设计调控措施时要特别注意符合下列几个标准：

（1）客观性。营销主管对于下层工作的评价不能仅凭主观来决定，营销主管必须用过去所拟定的定性、定量标准与现时要求相比照，这样，营销控制对各层工作人员来说标准一致，就是公正客观的。所以，有效的营销策划控制工作要求有客观的、准确的和适度的标准。

（2）全局性。营销组织的一切行为活动都应围绕企业营销目标的实现而展开。但在企业营销组织结构中，各个部门及其成员都在为实现其个别的或局部的目标而奋斗。许多营销主管在进行营销控制时，不能从企业整体出发，往往仅考虑本部门的利益，不能很好地把企业总目标与部门目标结合考虑，共同为实现总目标而工作。对于一位称职的营销主管来说，进行营销控制时必须以企业整体利益为出发点，有计划、有步骤地开展工作，注重企业团队精神，努力将各个局部的目标统一起来，切忌因局部目标而忽视全局目标，以实现企业总目标。

（3）未来性。营销组织所谋求的是长远发展，而不是一时的繁荣，营销策划控制在保证当前目标实现的同时，必须重视组织的长远发展。一个真正有效的营销策划控制系统应该能对未来进行预测、判断，对营销策划方案与实际营销活动可能出现的偏差能敏锐地反应，并及时调整方案，适应营销活动正常开展，千万不可等营销方案实施中出现问题再去解决，错过时机得不偿失。

（4）灵活性。营销策划控制的灵活性要求制定多种适应各种变化的营销策划方案，用多种灵活的控制方式和方法来达到控制目的。这是因为人们虽然努力探索、预测未来，但未来的不可预测性始终是客观存在的。尽管营销策划人员努力追求预测的准确性，克服或减少误差影响，对实际业绩评价和差异分析力争准确、全面，但实践中偶然性因素是避免不了的。如果控制不具有适度弹性，则在营销策划方案实施时难免出现被动情况。为了提高营销策划控制系统的有效性，就必须在营销策划控制系统设计时注意灵活性。

（5）纠偏性。一个完善有效的营销策划控制系统，必须具备适当的纠偏措施和策略。这些措施和策略在实际中体现在企业的方案设计、组织运行、人员编配、监督控制等方法上，纠正那些营销策划方案中已出现的或所显示的偏离方案的事项，以保证营销策划控制系统是正确的。

（6）经济性。营销策划控制是一项需要投入大量的人、财、物的活动，其耗费之大是当今许多问题应该控制却没有得到控制的主要原因之一。营销策划方案是否进行控制，控制到何种程度都涉及费用问题。从经济效益的角度出发，企业必须把营销策划控制所需要的费用与营销策划控制所产生的效果进行对比，花费少、有效益就实施，花费大、无效益就不实施。可以断言，如果营销策划控制技术和方法能够以最小的费用或代价来阐明偏离营销方案的实际原因或潜在原因，那么它就是有效的、可行的。但必须注意，营销策划控制的经济效益是相对而言的，取决于营销管理者是否将营销策划控制应用于关键之处。

3. 营销策划控制的步骤

对营销策划实施的控制过程一般分为三个基本步骤：建立控制标准、衡量工作绩效和采取纠偏措施。

（1）建立控制标准。控制标准是衡量计划执行实际成效的依据，是进行有效控制的前提。而控制标准的建立则是以计划目标为基础的。控制标准包括定量和定性的标准。建立起来的控制标准应该具有稳定性、适应性和明确性等特点。

（2）衡量工作绩效。用控制标准来衡量计划活动成效，以揭示其存在的偏差及产生偏差的原因。计划活动成效衡量包括对实际活动成效的衡量和对未来活动成效的预测。为此，需要选择正确的控制系统和方法，并在适当的时间和地点进行衡量。

（3）采取纠偏措施。一般来讲，产生偏差的原因有三种：一是执行战略计划的组织不完善；二是计划本身存在缺陷和失误；三是原来预测的环境发生了变化。针对不同的原因应采取不同的措施。若是组织不完善，可以通过组织结构和人事方面的变革加以纠正；若是计划本身失误或外部环境变化，则可通过重新制定或修改计划来控制。

▶▶ 重点名词

营销策划创意　　　产品概念挖掘　　　宣传造势　　　营销策划组织机构
营销策划经费预算

▶▶ 思考题

1. 什么是创意？创意的基本原理有哪些？
2. 常见的营销策划创意步骤有哪些？
3. 营销策划创意的思维方法有哪些？

4. 如何评价营销策划创意的效果。

5. 什么是产品概念？如何挖掘产品概念？如何开发营销策划主题？

6. 营销策划中，宣传造势的意义是什么？

7. 营销策划的流程有哪些？

▶▶ 案例分析

网红李子柒

随着直播、短视频的不断发展，网红这个概念也已深入人们的日常生活。下班看看直播、刷刷短视频，已经成为人们日常生活消遣的一部分了。

以李子柒为例，这位红遍全球，油管粉丝甚至超过 BBC 的小姑娘，根据央视报道，她在 2019 年的收入达到了 1.6 亿元，与 2018 年 A 股上市公司净利润相比，李子柒的收入超过了 2 123 家上市公司。

那么，她是如何打造自己的营销品牌呢？

打造个性化 IP 品牌

随着市场竞争的日趋激烈，产品高度同质化，具有独特性、差异性的品牌才能吸引消费者的目光。"李子柒"品牌内容个性化体现在展现带有古风色彩的田园式生活，古风是指现代社会流行的古代潮流，田园式生活是指日出而作、日落而息慢节奏的生活方式。因为个性化的品牌定位，内容生产和垂直用户的定位也会不同。

内容定位是品牌进行内容生产的关键一步，只有明确的定位，品牌的内容生产才会有目标，有针对性。"李子柒"品牌的内容定位是古风美食，中国传统技艺的制作。

与日食记相比，"李子柒"品牌的内容定位更精确，更有特色。日食记发布的短视频内容是日系风格的温暖食物制作，通过短视频的方式展现一种情怀，使生活在大城市的年轻群体感受到食物的温暖，以及食物制作过程的美好。

办公室小野发布的一系列具有脑洞的办公室美食视频深受年轻人喜欢，选择的拍摄场景很特殊，在人们工作的办公室，利用特殊的道具，例如，饮水机、电脑机箱等等进行食物制作。两者比较，"李子柒"品牌的内容生产更具有实用性。

在李子柒发布的短视频中，美食带有强烈的古风色彩，例如，桃花酱、桃花酒、秋梨膏等，拍摄的场景在田野乡间，展现了食物的自然风貌，使用的炊具也带有古风色彩。"李子柒"品牌发布的内容不止美食，也包括中国的传统技艺，例如，造纸术、木活字印刷术等。精确而独特的内容定位，对其塑造品牌差异性具有促进作用。

垂直用户是已经与品牌建立牢固关系的用户。由于内容定位的差异化，垂直用户更加具有针对性。据统计，"李子柒"品牌的用户大多是 15～30 岁的年轻人，其中女性偏多。"李子柒"品牌垂直用户的特点：第一，热爱美食，对美食有强烈的好感，喜欢自己动手制作。第二，热爱古风，对于古代的潮流有着浓厚的兴趣，容易接纳新事物，创造新事物。第三，对中国传统文化感兴趣，在李子柒的短视频中，蕴含着浓厚的传统文化的色彩，并且加入更加流行化、亲民化的元素展现在年轻用户面前，使对传统文化感兴趣的用户对品牌更加忠诚。

个人形象的塑造对建立个性化品牌有着重要的影响，优质以及平易近人的形象会拉近与受众的距离，增加粉丝的黏合度。对"李子柒"品牌来说，李子柒能上山、下田、入厨房，个人识别度高，外形婉约、恬静，着装文艺清新，生活方式简约、质朴、淡雅，具有独特的个人魅力。再加上李子柒的性格大方，经常与粉丝聊天互动，拉近了消费者与品牌之间的距离，增加其对品牌的忠诚度。

基于品牌调性的内容生产

内容是品牌最关键的环节，只有不断打磨内容，才能在后面的营销环节取得好的成绩。品牌在内容营销中包括很多方面：热点性内容、时效性内容、即时性内容、持续性内容、方案性内容、实战性内容、促销性内容等，"李子柒"品牌的内容生产包含其中的多个方面。

时效性内容是指在某个特定的时间段内生产的内容具有较高的价值。李子柒短视频中的食物原料都是时令性的蔬菜、水果，根据季节的变化来制作适合人们食用的食物，遵循自然规律，例如，在3月，桃花盛开的季节，制作桃花糕、桃花茶等；在秋风起的时候，熬制秋梨膏。根据二十四节气的变化，顺应时令做绿色健康的食物。

促销性内容即在特定时间段内进行促销活动产生的营销内容，促销性内容价值往往体现在更加快速促销产品，提升企业形象上。2019年8月，"李子柒"品牌旗舰店在淘宝开业，售卖的5款商品中，针对每个商品都有短视频的内容营销，主要包括它们的制作原料以及制作过程。例如，宫廷苏造酱、人参蜜、逍遥茶等等。

持续性内容是指内容含金量不会受到时间的限制，不管在哪个时间段都具有价值。在"李子柒"品牌内容制作的过程中，不仅有时效性和促销性的产品，还有实用性的物品制作，如竹沙发、洗漱台等物品，这些物品制作的工序极为复杂，却是人们日常生活中经常用到的。还有很多传统的技艺，如胭脂水粉的制作，造纸术、木活字印刷术等。

明确内容生产的目标

"李子柒"品牌通过内容生产，最直观的目的是扩大品牌的知名度，增加用户对品牌的忠诚度以及促进电商平台的销售，品牌内容生产的最终目标是引导用户关注中国传统文化，弘扬中国传统文化，主动承担品牌的社会责任，实现品牌的社会价值。

以短视频为主的营销传播

在"李子柒"品牌的营销中，短视频是内容的载体，也是传播的手段。短视频的优势在于，可以在各种社交媒体、自媒体平台上播放，适合用户在移动状态和短时休息状态下观看，使用户有效地利用碎片化时间。以视频作为内容表现形式不仅符合互联网时代人们的阅读习惯，还便于用户更好地学习。

在短视频的拍摄过程中，注重画面的唯美意境。构图以特写近景居多，清楚地展现自然食材。拍摄手法以俯拍为主，完整展现食材的种类以及食物制作的过程。剪辑上，画面过渡自然流畅，注重景别切换。配乐选择上，以古典纯音乐为主。画面和配乐相得益彰，展现了田园式生活的美好状态。

多媒体平台投放，建立传播矩阵

在营销市场上，媒介平台有很多种，但是精准投放很重要。"李子柒"品牌的内容投放平台有微信、微博、B站、美拍等多个媒体平台，其中社交媒体平台运用的最多。

在微信上，"李子柒"品牌是以公众号的形式进行营销的，营销内容包括短视频、软文、图片等原创内容。相对于其他平台，微信公众号的营销内容更加详细，能够让用户更加细致全面地了解内容生产过程，增加用户黏性。

"李子柒"品牌营销的主要平台是微博，粉丝达到 1 451 万。品牌在微博上的营销包括短视频的发布、IP与粉丝的互动、抽奖等，以此建立用户对品牌的忠诚度。

美拍是李子柒最早开始内容投放的平台，它是一款受年轻人喜欢的软件，注重内容生产。在美拍上，李子柒保持着一周一更的频率，靠着优质的内容输出，截至2018 年 8 月 14 日，李子柒在美拍平台上的粉丝数量累计达到 207.7 万。

B站、秒拍平台的特点是受年轻人喜欢，跟"李子柒"品牌的垂直用户的年龄特征相符。最后，在品牌内容营销的过程中，各个平台互相关联，打破信息孤岛，通过不断的分享，形成了传播矩阵，以微博、微信为主导，其他媒体平台做辅助，进行营销传播，达到最终的促销目的。

与跨界 IP 合作，实现品牌社会价值

2019 年 5 月 24 日，李子柒与朕的心意·故宫食品在北京进行了签约仪式，开始了正式的合作。故宫本身有着千年文化积淀以及百万件珍品，可开发利用的文化内容有目共睹，"李子柒"品牌发布的内容也有着极高的文化价值，在年轻群体中有着很大的影响力。因此，双方合作是互利共赢的。更重要的是双方合作可以让年轻用户产生对传统文化价值观念的转变。"李子柒"品牌与跨界 IP 合作，在达到商业目的的同时，更加能够实现品牌的社会价值。

实现商业变现，达到营销目的

2019 年 8 月 17 日，李子柒旗舰店在淘宝开业，以期实现商业变现。"李子柒"品牌的商业变现可以说是流量或者 IP 变现，实现流量变现要有足够的粉丝基础。李子柒现有的粉丝量和视频浏览量是一个好的基础，上线 3 天，5 款产品的店铺销售量破 15 万件，销售额破千万元，真正达到了营销的目的。

通过以上对"李子柒"品牌内容营销的分析，可以看出，只有优质、独特的内容才能吸引消费者的注意力，在营销平台的选择上要根据用户的特点选择适合的平台。最重要的是要建立品牌独特的价值观，使用户与品牌之间产生沟通元，对用户不仅仅索求利益，也要进行人文关怀。

"李子柒"品牌要想在市场上占有一席之地，仍需要进行不断的改进。不仅注重线上活动，还要举办线下活动，使用户与品牌产生进一步的交流与接触。在舆论扩大的基础上，让媒体进行二次传播。除此之外，还要保证产品的质量，产品质量是长久盈利的基础，只有产品质量得到保障，品牌才能更好地发展。

资料来源：谢择月，张倩倩．社会化创意下的内容营销策略研究：以"李子柒"为例．视听，2019（3）．

问题

分析"李子柒"品牌营销策划的过程及其成功带来的启发。

▶▶ **实训练习**

1. 某公司是全球最大的移动出行平台，准备在圣诞节期间推出拼车业务，请根据本章所讲授的营销策划创意的相关内容，为该公司设计一个在圣诞节期间推出的拼车服务推广策划案。

2. 请搜集相关资料，将同学们设计的推广方案与企业现实中的推广方案进行对比，分析推广创意的优缺点。

营销策划书写作

第**3**章

学习目标

- 了解营销策划书的含义；
- 掌握营销策划书的种类、营销策划书的结构和内容、营销策划书的撰写技巧；
- 理解营销策划书的重要性和写作原则，营销策划书撰写中知识产权的重要性，营销策划书撰写的几种基本模式。

引 例

"双十一"指每年的 11 月 11 日，由于数字的形似又被称为光棍节。从 2009 年开始，每年这一天，以天猫（原名淘宝商城）、京东为代表的大型电子商务网站一般会进行商业促销。阿里巴巴集团于 2011 年 11 月 1 日向国家商标局提出了"双十一"商标注册申请，2012 年 12 月 28 日取得该商标的专用权。2014 年 10 月末，阿里巴巴集团发出通告函，称已经取得了"双十一"注册商标。2015 年 10 月 13 日，天猫"双十一"全球狂欢节正式启动。11 月 10 日，湖南卫视现场直播由冯小刚导演的 2015 天猫"双十一"狂欢夜晚会，全球消费者在"双十一"晚会倒计时中共同迎接 2015 年"双十一"零点的到来。2015 年"双十一"交易额达 912.17 亿元。

启示：11 月 11 日从一个普普通通的日子，变成了一个销售传奇，一个网络卖家、平台供应商、物流企业的必争之地。这离不开淘宝商城的最初策划，好的营销活动离不开好的营销策划，好的营销策划通过营销策划书体现出来。

营销策划活动的最后一步就是形成营销策划书，将策划的思路、工作步骤等用策划书的形式展现出来。由此可见营销策划书是策划者辛勤工作的结晶，是自策划活动开展以来所有创意结果的书面表达，是对所有策划工作的最终归纳。同时，营销策划书也是下一步工作的指导，工作人员可以根据策划书的相关指示知晓下一步该干什么，怎么干。营销策划书是创意与实践的连接点，在整个营销策划工作中具有承前启后的作用。

怎样才能让营销策划书发挥应有的功能呢，为此，就应该了解营销策划书写作的规律和技巧，进一步丰富、完善、规范营销策划书。本章将介绍营销策划书的一般知识，重点介绍营销策划书应该具备的结构和内容，以及营销策划书写作的一些技巧。

3.1　营销策划书概述

策划书又叫策划文案、策划方案，是表达策划者的创意思想与创新概念的一种具体的、有形的、看得见的物质载体。策划书是策划工作的进一步深化、升华和文字化，是策划者实现企业策划目标的行动指南和行动方案。

营销策划活动的文字表达形式就是营销策划书，是企业根据市场变化和自身实力进行整体规划的计划性书面材料。营销策划书在整个营销策划活动中具有不可忽视的地位，本节将从策划书与策划活动的关系谈起，详细分析营销策划书的作用、写作原则以及种类。

🔵 策划与策划书

策划可具体表现为策划者的一种构思、创意或者谋划，是一种纯思想性的东西。策划的形成过程，实际上就是策划者创意和创新的脑力劳动的过程，是整个策划活动的第一阶段，或者叫初始阶段。没有精细和深谋远虑的策划，就没有整个策划活动。

策划书与策划不同，它是策划过程的进一步深化和升华，上升到了形成书面和文字性的东西，是一种具体的、有形的东西。策划书的形成过程表现为将策划由一种纯思想性的东西上升到一种书面化的载体的过程，它标志着策划过程朝着操作性方面迈出了非常坚实的一步。在理解策划书时，应该注意以下问题：

1. 策划书不同于市场调查报告

市场调查报告是策划活动的一个环节，重点在于通过进行市场调研，判定或判断策划活动是否具有可行性、可操作性与现实性。市场调查是一个去粗取精、去伪存真的过程，市场调查报告既可能认可原有的策划，也可能推翻或者部分修改原有的创意与策划。因此，市场调查报告形成的过程是整个策划活动中极为重要的组成部分。

　　策划书是策划活动的另一个环节，重点是在已经具有可行性的市场调查报告基础上着手绘制总的蓝图、方案、设计和规划。策划书形成的过程，标志着策划活动走向了成熟阶段，为策划的操作和实施提供了可依据的行动指南。

　　市场调查报告与策划书的区别在于二者处于整个策划活动的不同阶段，有着不同的侧重点，有着不一样的地位与意义。它们之间有一种相互依存的联系，那就是只有建立在市场调查报告基础之上的策划书，才具有充分的可行性和现实性。离开了市场调查，策划书便成了无源之水、无本之木，没有科学的依据。策划书是市场调查报告的进一步深化和升华，它使策划活动得以向更深层次发展。

　　2. 策划书不同于可行性论证报告

　　策划书是一份内容十分丰富的全方位、多视角、多层次的项目计划书。它涉及人、财、物、制度、管理等多种因素。

　　可行性论证报告只侧重于计划本身在技术方面是否具有可操作性，是对计划的实施能否带来经济效益的一种评估。可行性论证报告只涉及策划书的一部分内容，属于局部性的东西，它的侧重点在于分析、评估可操作层面和技术层面，并不涉及项目实施中的管理因素、人的因素和对投资人在利益方面的回报以及回报的方式等诸多方面的内容。

　　策划书是一幅宏伟蓝图，它涉及的内容、要求和目标都比较广泛，它不仅要在技术方面和产业化模式方面进行详细的阐述和说明，同时更要对项目实施中的管理因素、人的因素和对投资人在利益方面的回报以及回报的方式等诸多方面的内容加以分析和说明。

　　可行性论证报告和策划书之间的联系在于可行性论证报告是为策划书服务的，有可行性论证报告作为前提条件，策划书就更加具有可操作性和现实性。如果可行性论证报告不充分，没有很强的说服力，策划书的操作性就不强，就没有多大的说服力。

➡ 营销策划书的作用

　　营销策划书既是营销策划工作的表现形式，也是下一步实施营销活动的具体行动指南。任何一种营销策划，只要通过营销策划书的内容就可以了解策划者的意图与观点。营销策划书的作用可以归结为以下几个方面：

　　1. 准确、完整地反映营销策划的内容

　　营销策划书是营销策划的书面反映形式。因此，营销策划书的内容是否能准确地传达策划者的真实意图就显得非常重要。从整个策划过程看，营销策划书是达到营销策划目的的第一步，是营销策划成功的关键。

2. 充分、有效地说服决策者

通过营销策划书的文字表述，可以使企业决策者信服并认同营销策划的内容，说服企业决策者采纳营销策划中的意见，并按营销策划的内容去实施。因此，如何通过营销策划书的文字表述魅力以及视觉效果去打动和说服企业决策者也就自然而然地成为策划者所追求的目标。

3. 成为执行和控制的依据

营销策划书作为企业执行营销策划方案的依据，可增强营销职能部门在操作过程中的准确性和可控性。同时，营销策划书也是企业控制营销策划活动进程的依据，是营销策划活动行动的指南，是营销策划活动执行和控制得很好的依据。

◆ 营销策划书的写作原则

营销策划书在营销策划活动中具有重要的地位，在写作过程中应该坚持一定的原则。

1. 实事求是的原则

由于营销策划书是一份执行手册，因此必须务实，方案要符合企业实际、员工执行能力的实际、环境变化和竞争格局的实际等。这就要求在撰写营销策划书时一定要坚持实事求是的科学态度，在制定指标、选择方法、划分步骤时从主客观条件出发，尊重员工和他人的意见，克服自以为是和先入为主的主观主义，用全面的、本质的、发展的观点观察与认识事物，分析和研究问题。

2. 严肃规范的原则

撰写营销策划书时一定要严格地按照营销策划书的意图和科学程序办事。策划书是策划人依据策划的内在规律，遵循操作的必然程序，严肃认真，一丝不苟，精心编制而成的。在撰写营销策划书的过程中，切忌置科学程序于不顾，随心所欲地粗制滥造。严肃性原则还表现在一个科学合理的营销策划书被采纳之后，在实际操作过程中任何人都不得违背或擅自更改。

3. 简单易行的原则

在撰写营销策划书时一定要做到简单明了、通俗易懂、便于推广、易于操作。任何一个方案的提出都是为了在现实中能够容易操作，并通过操作达到预定的目的。为此，在营销策划书各要素的安排和操作程序的编制上要依据主客观条件，尽量化繁为简、化难为易，做到既简便易行，又不失其效用。

4. 灵活弹性的原则

在撰写营销策划书时一定要留有回旋余地，不可定得太死。在快速发展的时代，策划书虽然具有科学预见性的特点，但它毕竟与现实和未来有差距，所以，在实施过程中难免会遇到突如其来的矛盾、意想不到的困难。例如，资金未到位、人员没配齐、物资不齐全、时间更改、地点转移以及环境变化等。企业必须估计到这些因素，要有应变措施，并能细化到方案的各个环节。一旦某种情况出现，企业可及时对原定方案进行修改、调整。这样，既保证了原有意图在一定程度上的实现，又避免了因策划案的夭折而造成重大损失。

5. 逻辑思维的原则

营销策划的目的在于解决企业营销中出现的问题，制定解决方案。因此，企业应按照逻辑思维的构思来编制策划书。首先，要了解企业的现实状况，描述进行该策划的背景，分析当前市场状况以及目标市场，再把策划中心目的全盘托出；其次，要详细阐述策划内容；再次，要明确提出解决问题的对策；最后，预测实施该策划方案的效果。

6. 创意新颖的原则

营销策划方案应该是一个"金点子"，也就是说策划的"点子"要与众不同，内容新颖别致，表现手段也要别出心裁，给人以全新的感受。新颖、奇特、与众不同的创意是营销策划书的核心内容。

营销策划书的种类

按照策划书呈报对象的不同，可把营销策划书分为内部营销策划书和外部营销策划书两大类。每一大类中又可按照具体内容细分出许多不同主题的策划书，如市场调研策划书、产品策划书和促销策划书等。

1. 内部营销策划书

内部营销策划书是指呈报给企业的各级领导，供其作为决策依据的策划书。内部营销策划书是绝密级的，要求在以下方面有详细说明，并对外严格保密：

（1）策划实施中的人际关系对策。

（2）策划实施中的相关组织与团体对策。

（3）策划实施中的资金对策。

（4）策划实施中的传播媒介关系对策。

（5）策划实施中的障碍因素及消除对策。

（6）与策划实施有关的政府机构对策。

（7）与策划实施有关的法律问题。

2. 外部营销策划书

外部营销策划书是指呈报给企业的顾客或经营合作伙伴等与企业经营相关的个

人、组织或机构的策划书。外部营销策划书并非绝密文件（但对一般公众仍保密）。在外部营销策划书中应把握好保密的度，要站在对方的立场上使语言、思路都让对方满意，还要强调策划给对方带来的利益。

◆ 营销策划书的知识产权

随着改革开放的深入，我国对知识产权的保护越来越重视，尤其是我国加入世界贸易组织之后，人们的知识产权保护意识愈益提高。根据《中华人民共和国著作权法》的规定，对工程设计图、产品设计图、示意图等提供法律保护。为此，在撰写营销策划书时，策划人应该做到：

（1）在策划书里，特别注明本策划书的发明创造权属于策划者，未经策划者同意，他人不得擅自盗用和借鉴；

（2）向工商行政管理部门进行登记注册，表明该项策划已经生效或者正在运作；

（3）向有关专利局申请知识产权的保护。

策划书，尤其是涉及国家重大活动和优秀技术成果的策划书，一定要申请知识产权的保护，用法律的眼光对待策划者的知识成果，避免自己的成果被别人侵权或者被盗用。当然，并不是所有的策划书都要申请知识产权的保护。这里所讲的知识产权，只适用于那些涉及重大发明创造、技术开发成果或者具有重大社会影响的策划书。

3.2 营销策划书的结构和内容

营销策划书没有一成不变的格式，它依据产品或营销活动的不同在策划的内容与编制格式上也有变化。但是，从市场营销策划活动的一般规律来看，有些要素是共同的。关于营销策划书应该具备的基本要素，学术界有两种公认的基本观点：

第一种是5W1H观点，这种观点反映了策划界早期的认识水平。根据5W1H观点，营销策划书应该包括的内容有：what（什么），表明策划的目标、内容；who（谁），表明策划的相关人员；where（何处），表明策划的场所和地点；when（何时），表明策划的时间和日程计划；why（为什么），表明策划的原因和理由；how（如何），表明策划是如何运行的。

第二种是5W3H观点，这种观点反映了策划界对策划活动更深层次的认识。根据5W3H观点，营销策划书应该包括的内容有：what（什么），表明策划的目标、内容；who（谁），表明策划的相关人员；where（何处），表明策划的场所和地点；when（何时），表明策划的时间和日程计划；why（为什么），表明策划的原因和理由；how（如何），表明策划是如何运行的；how much（多少），表明策划的总体预算有多少；how about（怎么样），表明策划的结果和效益如何。

一般情况下，营销策划书的结构可以和营销策划的构成要素（内容）保持一致，其意义在于使营销策划书的制作效率化。目前，公认比较合理的营销策划书的结构由以下几个部分组成。

▶ 封面

很多人认为营销策划书重在内容，而封面无关紧要。这种看法忽略了封面的形象效用。营销策划书需要有一个美观的封面，这是因为阅读者首先看到的是封面，封面能起到第一印象的强烈视觉效果，对策划内容的形象定位起到帮助作用。

封面可以起到美化、装饰策划书整体，清晰表明策划标题，准确传达策划内容，形象表述在正文中不宜表达的内容等作用。营销策划书封面设计的原则是醒目、整洁，切忌花哨，至于字体、字号、颜色则应根据视觉效果具体考虑。

营销策划书封面应提供如下信息：

1. 委托方

如果是受委托的营销策划，那么在策划书封面要把委托方的名称列出来，如××公司××策划书。这里要注意不能出现错误，否则会给人留下不良的印象。

2. 标题

标题要简洁明了，有时为了突出策划的主题或者表现策划的目的，也可以加一个副标题。

3. 日期

日期应以正式提交日为准，不应随随便便定一个日期，同时要用完整的年月日表示，如 2019 年 8 月 8 日。

4. 策划者

一般在封面的最下部位要标出策划者，策划者是公司的话，则要列出企业全称。

▶ 前言

前言是对策划内容的高度概括性表述，可引起阅读者的注意和兴趣。前言的文字不能过长，一般不要超过一页，字数应控制在 1 000 字以内。前言的具体内容包括：

1. 委托情况

在前言中要简单论述接受营销策划委托的情况。例如：××公司接受××公司的委托，就××年度的营销计划进行具体策划。

2. 原因

在这一部分要详细说明进行策划的原因，将策划的重要性和必要性表达清楚，以吸引读者进一步阅读正文。如果这个目的达到了，前言的作用也就实现了。

3. 目的

在这一部分要详细描述策划的目的以及策划实施后要达到的理想状态。

4. 特色

这一部分包括对此次策划及策划书的特色的详细描述、策划过程的概略介绍、参加人员的情况、致谢等。

▶ 目录

目录可以使营销策划书的结构一目了然，使阅读者能方便地查寻营销策划书的内容。因此，策划书的目录不宜省略。

如果营销策划书的内容篇幅不多，目录可以和前言列在同一页。列目录时要注意，目录中所标的页码不能和正文的页码有出入，否则会给阅读者造成麻烦。尽管目录位于策划书的前列，但实际的操作往往是等策划书全部完成后，再根据策划书的内容与页码来编写。

▶ 概要

概要是对营销策划书的总结性陈述，使阅读者对营销策划内容及策划结论形成清晰的概念，便于阅读者理解策划者的思路、意图和观点，阅读者通过概要可以大致理解策划内容的要点。

概要的撰写同样要求简明扼要，篇幅不能过长，可以控制在一页以内。另外，概要不是简单地把策划内容予以列举，而是要单独成一个系统，因此，遣词造句等都要仔细斟酌，要起到一滴水见大海的效果。

概要的撰写一般有两种方法，即在制作营销策划书正文前事先确定和在营销策划书正文撰写结束后事后确定。这两种方法各有利弊。一般来说，前者可以使策划书的正文撰写有条不紊地进行，从而能有效地防止正文撰写的离题或无中心化。后者简单易行，只要把策划书内容归纳提炼即可。采用哪种方法可由撰写者根据自己的情况来定。

▶ 环境分析

环境分析是营销策划的依据与基础，所有营销策划都是以环境分析为出发点的。环境分析一般应在外部营销环境与内部营销环境中抓重点，描绘出环境变化的轨迹，形成令人信服的依据资料。环境分析的整理要点是明了性和准确性。

所谓明了性是指列举的数据和事实要有条理，使人能抓住重点。在具体作环境分析时，往往要收集大量的资料，但所收集的资料并不一定都要放到策划书的环境分析中去，因为过于庞杂的资料往往会使阅读者的阅读兴趣减弱。如果确需列入大量资料，可以用"参考资料"的方式列在最后的附录里。做到分析的明了性是策划者必须牢记的一个原则。

所谓准确性是指分析要符合客观实际，不能有太多的主观臆断。任何一个带有结论性的说明或观点都必须建立在客观事实的基础上，这也是衡量策划者水平高低的标准之一。

环境分析部分应包括以下几方面内容：

1. 市场分析

描述市场的基本情况，包括：市场规模与增长（以单位或金额计算），分析过去几年的总量、总额，不同地区或细分市场的销售情况；提供消费者或用户在需求、观念及购买行为方面的动态和趋势。

2. 产品分析

分析过去几年中有关产品的销售、价格、利润及差额方面的资料。

3. 竞争分析

分析主要竞争者的规模、目标、市场占有率、产品质量、市场营销战略和策略，以及任何有助于了解其意图、行为的资料。

4. 宏观环境分析

阐述影响该产品（品牌）市场营销的宏观环境因素、现状及未来变化的趋势。

◉ 机会与威胁分析

可以把这一部分和前面的环境分析看做一个整体。在这一部分，要从上面的环境分析中归纳出企业的机会与威胁、优势与劣势，然后找出企业存在的真正问题与潜力，为后面的方案制定打下基础。企业的机会与威胁一般通过对外部环境的分析来把握；企业的优势与劣势一般通过对内部环境的分析来把握。在确定了机会与威胁、优势与劣势之后，再根据对市场运动轨迹的预测，就可以大致找到企业问题所在。

◉ 制定营销战略

市场营销战略主要由两部分组成，可以用文字表述，也可以列表说明。

1. 目标市场战略

阐明企业及其品牌、产品准备进入的细分市场。不同的细分市场在顾客偏好、对市场营销行为的反应、盈利潜力，以及企业能够或者愿意满足其需求的程度等方面各有特点，所以企业需要在精心选择的目标市场上，慎重地分配其市场营销资源和能力。

2. 市场营销组合战略

对选定的细分市场，分别制定包括产品、价格、分销和促销等因素在内的一体化战略。通常，在针对目标市场确定市场营销组合时，会有多种不同的方案可供选择。因此，要辨明主次，从中选优。

▶ 确定战术

战略必须具体化，形成整套战术或具体行动。也就是说，要进一步从做什么、何时做、花费多少成本以及达到什么要求等方面，全盘考虑市场营销战略实施过程中涉及的各个因素、每个环节以及所有内容。可以把具体的战术或行动用图表形式描述出来，标明日期、活动费用和责任人，使整个行动方案一目了然，便于执行和控制。

▶ 损益预测

确定目标、战略和战术以后，可以编制一份类似损益报告的辅助预算书。在预算书的收入栏列出预计的单位销售数量、平均净价，在支出栏列出分成细目的生产成本、储运成本以及各种市场营销费用。收入与支出的差额，就是预计盈利。经上级主管同意之后，它将成为有关部门、有关环节安排和进行采购、生产、人力资源以及市场营销管理的依据。

执行市场营销战略、战术所需的适量的费用要明确其用途和理由。营销费用的测算不能马虎，要有根据。像电台广告、网络广告的费用等，最好列出具体价目表，以示准确。如价目表过细，可作为附录列在最后。在列成本时要区分不同的项目费用，既不能太粗，也不能太细。用列表的方法标出营销费用是常见做法，其优点是醒目。

此外，在制定营销策划书时，市场营销部门的一项重要工作是与其他有关部门、人员讨论、协商，争取理解、支持与合作。比如，同采购部门、研发部门以及生产部门、财务部门沟通，了解、确认他们执行计划有什么问题和困难，能否解决以及打算如何解决，哪些方面可以做得更好等。

营销控制

这部分主要说明如何对计划的执行过程、进度进行管理。常用的做法是把目标、预算按月或季度分开，便于上级主管及时了解各个阶段的销售实绩，掌握未能完成任务的部门、环节，分析原因，并要求限期作出解释和提出改进措施。

有些营销策划书的营销控制部分还包括针对意外事件的应急计划。应急计划扼要地列举可能发生的各种不利情况，发生的概率和危害程度，应当采取的预防措施和必须准备的善后措施。制定和附列应急计划的目的是事先考虑可能出现的重大危机和可能产生的各种困难。

结束语

结束语主要起到与前言的呼应作用，使营销策划书有一个圆满的结束，而不致使人感到太突然。结束语中应重复主要观点并概述策划要点。

附录

附录是策划方案的附件，附录的内容对策划方案起着补充说明的作用，便于策划方案的实施者了解有关问题的来龙去脉，为营销策划提供有力的佐证。凡是有助于阅读者理解策划内容的可信的资料都可以列入附录。但是为了突出重点，可列可不列的资料以不列为宜。

附录的另一种形式是提供原始资料，如消费者问卷的样本、座谈会原始照片等。附录内容要标明顺序，以便查找。

3.3 营销策划书的写作技巧

并不是所有的营销策划书都是成功的，有些营销策划书并没有取得应有的效果。当然，营销策划书的失败可能是实施环节不到位，但也有一部分原因在于营销策划书本身，由营销策划书的不完善而导致。本节将对成功的和失败的营销策划书的特征进行介绍，并详细分析营销策划书写作过程中的技巧，以及对营销策划书进行完善的方法。

失败的营销策划书的特征

一份失败的营销策划书一般表现出以下特征：

- 缺乏创意和创新，提出的策划比较平庸、平淡；
- 缺乏充分的市场调查，可行性不强，在现实生活中不具有可操作性和现实性；
- 以自我为中心，完全从策划者自身利益的角度看问题，不关心委托方的利益和要求；
- 不具有充分的说服力，引用的论据不充分；
- 内容不精炼，冗长繁杂；
- 缺乏严密的逻辑性和条理性；
- 文字表达生硬、僵化，甚至像文件式的公文。

成功的营销策划书的特征

成功的营销策划书一般表现出以下特征：
- 阅读者粗略过目就能了解策划的大致内容；
- 使用浅显易懂的语言，充分体现委托方的利益与要求；
- 与同类策划书相比，展现的内容有相当明显的差异性与优越性；
- 图文并茂，增强策划书的表现效果；
- 条理清楚，逻辑分明，阅读者看完策划书后，能够按照策划书的内容有步骤、有计划地执行；
- 能够充分体现企业的勃勃生机和基本特征。

营销策划者在撰写营销策划书时应该做到：
- 基于现实的社会实践和市场调查；
- 经过深思熟虑之后提炼出好的创意；
- 使用恰当的表述方式，包括采用图文并茂的方式和简洁明快的语言。

营销策划书的撰写技巧

营销策划书和一般的文章有所不同，它对可信性、可操作性以及说服力等因素有较高的要求，因此，运用撰写技巧提高可信性、可操作性以及说服力，是营销策划书撰写追求的目标。在撰写营销策划书时应该注意以下技巧：

1. 以理论依据为基础

欲提高策划内容的可信性并使阅读者接受，就要为策划者的观点寻找理论依据。事实证明，这是一个事半功倍的有效办法。但是，理论依据要有对应关系，纯粹的理论堆砌不仅不能提高可信性，反而会给人脱离实际的感觉。

2. 以例子为依据

以例子为依据是指通过正反两方面的例子来证明自己的观点。在营销策划书中适当地加入成功与失败的例子，既能起到调节的作用，又能增强说服力，可谓一举两得。需要注意的是，以多举成功的例子为宜，选择一些国内外先进的经验与做法以印证自己的观点，是非常有效的。

3. 用数字说话

营销策划书是一份指导企业实践的文件，其可靠程度是决策者首先要考虑的。营销策划书的内容不能留下查无凭据之嫌，任何一个论点均要有依据，而数字就是最好的依据。在营销策划书中利用各种绝对数和相对数来进行比照是绝对不可少的。要注意的是，数字需要有出处，以证明其可靠性。

4. 用图表来辅助

运用图表有助于阅读者理解策划的内容，同时，图表还能提高页面的美观性。图表的主要优点是强烈的直观效果，用其进行比较分析、概括归纳、辅助说明等非常有效。图表也能调节阅读者的情绪，从而有利于对营销策划书的深刻理解。

5. 合理利用版面

营销策划书视觉效果的优劣在一定程度上影响着策划效果的发挥。有效利用版面，合理安排文字也是营销策划书撰写的技巧之一。版面安排包括打印的字体、字号、字距、行距以及插图和颜色等。如果整篇策划书的字体、字号完全一样，没有层次、主辅，策划书就会显得呆板，缺少生气。良好的版面可以使策划书重点突出，层次分明。

6. 注意细节

细节易被人忽视，但对于营销策划书来说却十分重要。一份营销策划书中错字、漏字频频出现的话，阅读者肯定不会对策划者抱有好的印象。因此，对打印好的营销策划书要反复、仔细地校对，特别是对于企业的名称、专业术语等更应仔细检查。另外，纸张的好坏、打印的质量等都会对营销策划书的效果产生影响，绝不能掉以轻心。

◆ 营销策划书的完善

要对营销策划书进行通篇复查，对重点内容进行审核，以修正错误与不妥之处，提高营销策划书的质量。

1. 营销策划书的校正

营销策划书写作完成之后，要进行全面的校正，对营销策划的内容、结构、逻辑以及文字等进行检查与修改。对营销策划书校正以后，还要从头读到尾，进行最后的确认。通过这种方式来确认营销策划内容及其表现是否真正合适，营销策划书的文字是否有错误。

2. 营销策划书的装订

营销策划书的写作、校正工作完成以后，还要进行装订。一份装订整齐得体的营销策划书同样是营销策划工作顺利推进的重要内容之一。在装订营销策划书时，要注意以下几点：营销策划书是否要分成若干册；各部分之间是否要插入分隔页；如果营销策划书内含彩色图片，则应灵活应用彩色复印；确定营销策划书的复印或印刷册数。

3. 营销策划书的介绍

策划者完成策划书并非策划工作的结束，还有一项很重要的工作，就是向上级、同事或顾客介绍营销策划书，这决定了营销策划书能否被接受、采纳，原定的策划方案能否付诸实践。营销策划人员要对介绍营销策划书做好充分的准备，如事先做好辅助介绍用的 PPT 等。

3.4 营销策划书的模式与范例

营销策划书的模式并不是很固定，策划人员可以灵活地根据实际表达需要加以调整，但是也存在一些通用的模式。下面就结合比较流行的一些营销策划书来介绍几种常见的模式。

按部就班模式

这种模式的营销策划书严格按照规范的营销策划流程来呈现，中规中矩。因为符合大部分人的逻辑思维方式，所以比较常见。其基本的逻辑结构如下：

第一部分：营销环境分析

（一）宏观的制约因素，具体包括：

（1）目标市场所处区域的宏观经济形势（含总体的经济形势、总体的消费态势、产业的发展政策）；

（2）市场的政治、法律背景（含可能影响产品市场的政治因素、可能影响产品销售和推广的法律因素）；

（3）市场的文化背景（含产品与目标市场的文化背景、目标客户的文化背景）。

（二）微观的制约因素，具体包括：

（1）原料供应商与企业的关系；

（2）营销中间商与企业的关系。

（三）市场概况，具体包括：

（1）市场的规模（含整个市场的销售额、市场可能容纳的最大销售额、客户总量、客户总的购买量，以上几个要素在过去一个时期中的变化，未来市场规模的变化趋势）；

（2）市场的构成（含构成这一市场的主要产品的品牌、各品牌占据市场的份额、市场上居于主要地位的品牌、与本品牌构成竞争的品牌、未来市场构成的变化趋势）；

（3）市场的特性（含季节性、暂时性、其他突出的特点）。

（四）营销环境分析总结，具体包括：

（1）机会与威胁；

（2）优势与劣势。

第二部分：客户分析

（一）客户的总体消费态势，具体包括：

（1）现有的消费时尚；

（2）各类客户消费本类产品的特性。

（二）现有客户分析，具体包括：

（1）现有客户群体的构成（含现有客户的总量、行业分类、企业规模、经营模式、管理模式、收入状况、地域分布）；

（2）现有客户的消费行为（含购买动机、购买时间、购买频率、购买数量、购买地点）；

（3）现有客户的态度（含对产品的喜爱程度、对本品牌的偏好程度、对本品牌的认知程度、对本品牌的指名购买程度、使用后的满足程度、未满足的需求）。

（三）潜在客户分析，具体包括：

（1）潜在客户的特性（含总量、行业、规模、经营模式、管理模式、收入状况、地域分布）；

（2）潜在客户现在的购买行为（含现在购买哪些品牌的产品、对这些产品的态度、有无新的购买计划、有无可能改变计划购买的品牌）。

（四）客户分析总结，具体包括：

（1）机会与威胁（含现有客户、潜在客户等）；

（2）优势与劣势（含现有客户、潜在客户等）；

（3）目标客户定位（含目标客户群体的特性、共同需求以及如何满足他们的需求）。

第三部分：产品分析

（一）产品特征分析，具体包括：

（1）产品的性能（含最突出的性能、最适合客户需求的性能、还不能满足客户的需求的性能）；

（2）产品的质量（含质量的等级、客户对产品质量的满意程度、能否继续保持、继续提高的可能）；

（3）产品的价格（含在同类产品中的档次、与产品质量的配合程度、客户对产品价格的认知程度）；

（4）产品的材质和工艺（含产品主要原料、在材质上的特别之处、客户对产品材质的认识程度、现有的生产工艺、在生产工艺上的特别之处、客户对生产工艺的认知程度）；

（5）产品的外观与包装（含与产品的质量、价格和形象的融合程度，外观和包装上的欠缺之处，在货架上的同类产品中是否醒目，对客户的吸引力，客户对产品外观和包装的评价）。

（二）产品的品牌形象分析，具体包括：

（1）企业赋予产品的形象（含企业对产品形象的考虑、企业为产品设计的形象、品牌形象设计中的不合理之处、对客户进行的产品形象宣传）；

（2）客户对产品形象的认知（含客户对产品形象的反馈、客户认知的形象与企业设定的形象间的差距、客户对产品形象的预期、产品形象在客户认知方面的问题）。

（三）产品定位分析，具体包括：

（1）产品的预期定位（含企业对产品定位的设想、企业对产品定位的不合理之处、对客户进行的产品定位宣传）；

（2）客户对产品定位的认识（含客户对产品定位的反馈、客户认知的定位与企业设定的定位间的差距、客户对产品定位的预期、产品定位在客户认知方面的问题）。

（四）产品分析总结，具体包括：

（1）机会与威胁；

（2）优势与劣势。

第四部分：竞争状况分析

（一）竞争地位分析，具体包括：

（1）市场占有率；

（2）对需求的认识；

（3）自身的资源和目标。

（二）竞争对手分析，具体包括：

（1）谁是竞争对手；

（2）竞争对手的基本情况；

（3）竞争对手的优势与劣势；

（4）竞争对手的策略。

（三）竞争分析总结

（1）机会与威胁；

（2）优势与劣势。

第五部分：策略策划

（一）总体目标，具体包括：

（1）企业提出的目标；

（2）根据市场情况可以达到的目标。

（二）目标市场，具体包括：

（1）原有目标市场分析（含市场的特性、规模、机会与威胁、优势与劣势、问题重要点、重新进行目标市场决策的必要性）；

（2）市场细分（含市场细分的标准、各个细分市场的特性、各个细分市场的评估、最有价值细分市场的描述）；

（3）企业的目标市场策略（含目标市场选择的依据、策略）。

（三）推广策略，具体包括：

（1）产品创意（含产品概念塑造、包装塑造、品牌塑造、形象塑造、价格塑造）；

（2）渠道策略（含渠道设计、渠道管理、渠道组建）；

（3）促销策略（含广告管理、推广管理、公共策略）。

第六部分：策划计划

（一）时间安排，具体包括：

（1）在各目标市场的开始时间；

（2）活动的结束时间；

（3）策划活动的持续时间；

（4）进程安排。

（二）费用安排，具体包括：

（1）策划创意费用；

（2）策划设计费用；

（3）策划制作费用；

（4）广告媒介费用；

（5）其他活动所需要的费用；

（6）机动费用；

（7）费用总额。

（三）效果预测和控制，具体包括：

（1）策划效果的预测（含策划主题测试、策划创意测试、策划文案测试、策划作品测试）；

（2）策划效果的监控（含媒介发布的监控、策划效果的测定）。

简单明了模式

这种模式的营销策划书基本上按照营销策划的流程来描述，但是大大简化了某些环节，重点分析营销的对策。因为强化重点，使得营销策划书简单明了，容易引发阅读者的共鸣。在实践中这种模式也比较常见。其基本的逻辑结构如下：

```
（一）前言
（二）市场研究及竞争状况
（三）消费者研究
（四）市场机会和威胁
（五）市场建议
（六）产品定位
（七）营销建议
```

利益陈述模式

这种模式的营销策划书重点分析策划所带来的利益，重点进行成本利益核算，突出策划的效果，容易引起阅读者的兴趣，在实践中也比较常见。其基本的逻辑结构如下：

```
（一）现有情况介绍
（1）基本情况；
（2）风险因素；
（3）行业状况；
（4）国家政策；
（5）生产经营保证措施；
（6）技术与产品；
（7）研发；
（8）市场情况分析；
（9）财务状况。
（二）利益方案
（1）方案设计；
（2）利润预测；
（3）现金流量表预计；
（4）预计利润表。
```

问题解决模式

这种模式的营销策划书按照提出问题、分析问题、解决问题的逻辑思路来撰写，比较符合一般人的思维方式，容易让阅读者接受。它重点强调解决问题的对策，特别是在企业经营中遇到问题的时候，如果能够准确把握问题，并且提出有针对性的对策，会更容易让阅读者产生身临其境的感觉，更加有针对性。其基本的逻辑结构如下：

```
（一）选题的原因
（1）现状分析；
（2）竞争分析；
（3）市场分析；
```

（4）解决问题的紧迫性和重要性分析。
（二）问题的原因
（1）战略选择；
（2）策略选择；
（3）品牌重塑。
（三）有关对策
（1）品牌创新策略；
（2）市场创新策略；
（3）战略创新策略；
（4）策略创新策略。

▶ 内容策划模式

　　这种模式的营销策划书重点分析某个营销专题的策划，如推广活动策划、广告策划、产品上市策划等，根据某个专题营销活动来展开，没有固定的逻辑写作模式，根据策划专题的不同而有所调整。通用的逻辑结构如下：

（一）产品销售现状分析
（二）产品的投资与利润分析
（三）产品的价值分析与建议
（四）产品的销售对象分析与建议
（五）产品的销售可行性分析
（六）产品的销售时机的选择与建议
（七）产品的销售策略的提案与建议
（1）策略构想；
（2）销售策略建议（含产品包装建议、产品分销模式建议、产品销售价格体系建议、产品的推广活动建议、产品的组合搭配建议、产品的终端展示策略建议）。
（八）产品的销售预算
（九）产品的销售效果预估

▶ 营销策划书范例

　　广州大风车童装营销策划书的基本内容如下：

1. 儿童用品市场背景

　　（1）国内儿童行为特征和以往不同。通过对北京、济南、青岛、烟台等城市的调查，认为：国内儿童知识面广，思维活跃，个性强，胆子大，记忆力强，模仿能力强，智商高；以自我为中心，依赖性强，动手能力差。

　　（2）儿童消费领域主要集中在服装、玩具和文具等方面。服装一般由家长决定，文具和玩具的购买主导方是儿童。调查显示，30%～40%的儿童产品的购买受儿童意愿的影响。

　　（3）儿童和青少年提前进入消费时期。儿童手中有可观的零花钱，懂得如何支配。目前全国大城市青少年的零花钱平均在 76.5 元/月。从地区看，珠江三角洲地区学生的零花钱高于北京和长江三角洲地区。零花钱的主要流向是零食和文化类用品。

（4）品牌意识较强。青少年在洗发水、运动鞋、服装、移动电话等产品上倾向于世界知名品牌，在大型耐用家电、饮料方面偏爱国内名牌。对中学生的调查显示，他们在体育用品方面的品牌特点明显。

（5）西式快餐店成为青少年聚会的理想场所。

（6）中学生购买意愿对家庭成员及家庭消费的影响加大。由于学生绝大多数为独生子女，对电视节目频道有控制权；同时，学生对信息敏感，也决定了他们对家庭消费的影响增大。

2. 调查

调查地点为四个城市的主要商业街和主要商圈的大型商场、超市和各大城市的标志性广场。被访者基本上来自不同层面的消费者，结果如下：

（1）在购买儿童用品时，家长指定品牌的情况占多数。但有 60% 的家长在购物时征求孩子的意见，反映出家长充分考虑孩子的意愿，但起决定性作用的还是家长；儿童服装的质量、孩子是否喜欢、价格是否合理，是影响家长购买的主导因素。

（2）超过 95% 的消费者是在综合性大商场和超市购买儿童用品。因为那里产品品种全、质量可靠，各种活动多，孩子也愿意去，不但可以购物，也是休闲娱乐的好去处。到儿童用品专卖店购买的人很少，因为目前这种专卖店很少，知名度不高。知名度及孩子喜欢去是选择购买场所的主要原因。建店时，一定要注意专卖店的品牌建设，同时卖场要对儿童有吸引力。

（3）家长对广告投放量大的儿童用品有明显的记忆，在作购买决策时，首先会考虑到这些品牌。目前尚未发现不靠广告而靠终端做得好就得到高知名度、美誉度的品牌。

（4）所有的促销活动中，打折是最有效的手段，说明消费者的消费行为日趋务实。近 70% 的消费者能接受的儿童服装价格在 50～150 元；70% 以上的家长能接受价格在 100 元以下的玩具，价格超过 200 元的玩具市场不大。建议玩具定价在参考成本的同时，定为 80 元左右。

（5）大部分儿童家长认为，现在市场上儿童用品在益智性和教育意义方面做得不够。

（6）现在儿童用品品牌达上百种，其中比较知名的品牌有娃哈哈、乐百氏、米奇、强生等几十种，它们在各自的领域都拥有一定的知名度、市场占有份额及固定消费者群。而在玩具方面真正占有一定份额和知名度的品牌则没有，这个细分市场进入的机会很多，其他市场的竞争相对要强一点。

（7）目前市场上品牌系列化营销的不多，而且宣传促销手段相对成人市场而言比较落后，方式比较单一，品牌意识不强。市场上大部分儿童用品没有强调自己的特色，此外，儿童服装的时尚性比较差。

（8）市场上儿童用品的品牌专卖店较少，已经开设的专卖店，其布局、陈列、装潢都比较陈俗、老套，不能给顾客赏心悦目的购物享受。

（9）就儿童服装而言，大多数的价格为 50～100 元，知名度较高的产品定价相对较高。年龄段为 0～15 岁，大部分为 3～12 岁。就年龄而言，3 岁的与 7 岁的在式样上没什么区别，只是在尺寸上有所区别，反映出儿童服装市场存在细分市场的空白。

（10）儿童玩具市场的品牌意识不强。像芭比娃娃这样的著名品牌很少，新生代产品如羽西娃娃等走的均是高价位路线。在市场中占比最大的模型玩具则大多没有品牌或品牌不清，这是一个市场特点。主题概念在玩具市场刚刚起步。

（11）文具市场中，做得比较好的有米奇、酷狗。酷狗在文具方面做得比较出色，基本上包括了文具的各个方面，在造型和设计上都比较新颖。文具市场竞争相对激烈。

（12）消费者对儿童服装的确认价格为 50～100 元，对玩具的确认价格在 100 元以下，对除书包外的文具基本上不在乎价格，书包和背包的价格大多数在 100 元以下。

（13）儿童的月消费方面（食品饮料除外），服装是最大的消费，但购买频率低，文具、玩具虽相对价格不是很高，但购买频率相对来说要高得多。儿童用品的直接消费者的年龄多数为 25～35 岁，他们多为少年儿童的父母，是具有经济实力的群体。

3. 市场预测

据专家预测，未来几年童装将以每年 8％的速度递增，因此，童装市场蕴涵着巨大的发展空间。

（1）消费观念和设计理念将改变。科学的童装消费观念和设计理念是把童装作为对儿童生存、保护和发展的重要手段，并与美化社会相结合，因此，抓住童装产业链的整体运作，适时推出实用、样式简单、美观大方的童装是明智之举。

（2）港商进军内地童装市场。《香港商报》1999 年年底的一份报告建议港商开拓内地童装市场，因为内地童装市场发展两极化明显，一方面质量好的价格偏高，另一方面价格低的产品在做工和款式方面达不到要求。目前内地低档市场（100 元以下）由国有及部分乡镇企业品牌占据，中档市场（100～200 元）由三资企业、国有品牌及部分乡镇企业品牌占据，高档市场（200 元以上）基本由进口品牌、三资企业和国内某些品牌控制。

4. 策略

（1）品牌策略。目前儿童市场一部分品牌有品牌故事，例如"一休""米奇妙"等，而大部分品牌没有令人印象深刻的品牌故事。很多品牌风格和定位不清晰，只有年龄段和生理定位，缺少心理定位，品牌缺少真正的内涵和外延空间。大风车品牌名称包含了大风车与儿童的部分特征（活泼、喜欢野外、喜欢风车）。大风车品牌策略是依据本身的形象，表现品牌内涵，创造符合品牌内涵的故事，使品牌生动。

1）大风车定位：以态度＋年龄＋地理位置为主要细分方式；目标消费群年龄段为 4～12 岁，4 岁以下儿童品牌认知度低，12 岁以上的少年基本上去成人商店购物；目标消费群以城市少年儿童为主体；之所以选择以上消费群体是因为儿童用品销售成功与否取决于儿童是否喜欢；市场上没有其他品牌的儿童用品使用该物品作为形象，直接竞争者不多。

2）价格定位：以中档为主，逐步向次高档迈进。童装，每件套 50～200 元；文具，每件套 20～60 元；玩具，每件套 50～100 元。利润方面，在特许经营模式下，总利润应在 150%～200%，分部利润在 70%～100%，加盟商利润在 70%～100%，总部纯利润在 30%～40%。

（2）选址策略。

1）周边条件：商业气氛浓厚、客流量大、人气旺的高档综合商场附近；知名度及客流量大的商业街（客流需求要满足目标顾客群特征）；知名度高的店铺附近（如麦当劳、肯德基附近）；规模化的社区、住宅区附近。

2）专卖店条件：坐落于商业区；到达便利；商店可见性强，租金适度；租期不低于 1 年；面积 40～80 平方米；门面不少于 3 米宽；橱窗面向街道，越宽越好；近期无城建规划。

5. 装修设计风格

装修设计风格是产品风格的外在表现，在童装专卖店的装修设计上，大风车品牌有自己的设计理念。

总体设计方案：经济实用、简洁美观，能够吸引儿童注意力。

深刻的第一印象：造型别具一格，色彩欢快明亮，视觉冲击力强。

统一的标准形象：成功模式的标准复制（总店、直营店、加盟店形象统一）。

大面积形象墙：可以强化品牌形象。快乐转动的大风车向顾客展示儿童用品品牌的独特风采。

专卖店外观：设计紧跟时代潮流。高亮度的色彩吸引路人注目，同时运用现代建筑的特色来表现时代特色（如卡通造型等）。

实用家具：专卖店的家具主要功能是能够最大限度地展示产品，所以其设计摒弃一切附加功能，只保留单一功能。但有一点要特别强调，由于目标顾客是 4～12 岁的儿童，所以家具的高度要与目标顾客的身高相符。家具应具有活动性和组合性，既方便运输又能适应不同店的格局的摆放要求。

灯光设计：体现卖场效果。卖场的效果很大程度上需要灯光来体现。在蚂蚁阿诺专卖店设计中，没有追求灯的排列整齐或独特造型，而是追求在有产品的地方就有充足的光线，没有产品的地方就没有灯光，这样利用光线的疏密与变化，使得卖场空间的层次更加多样化。

色彩运用：儿童的喜好是设计的关键。研究认为，多色彩、高亮度对于儿童的吸引力最大，因此，在设计中，大胆采用红、黄、绿等视觉冲击强烈的色彩。

▶▶ **重点名词**

策划书　　　　　　营销策划书　　　　　　5W3H 观点

▶▶ **思考题**

1. 营销策划书具有什么作用？
2. 在撰写营销策划书时应该坚持什么原则？
3. 营销策划书主要有哪几类？
4. 从结构上看，营销策划书应该包含哪几个部分？
5. 成功的营销策划书应该具备什么特征？
6. 营销策划书的写作技巧有哪些？
7. 章末广州大风车童装案例中所提出的营销策略有特色的有哪些？
8. 章末广州大风车童装案例中所提出的市场定位依据的条件是什么？

▶▶ **案例分析**

华为手机营销策划书

内容摘要：随着市场竞争的加剧，全球手机厂商都在加大力度提高品牌的知名度和占有率。本文通过对华为手机和国际各手机品牌进行分析，确定华为手机的市场定位，从而在竞争中占据有利的地位。

华为技术有限公司总部位于中国广东省深圳市，是一家生产销售电信设备的员工持股的民营科技公司，1987 年由任正非创建，是全球最大的电信网络解决方案提供商，全球第二大电信基站设备供应商。华为的主要营业范围是交换、传输、无线和数据通信类电信产品，在电信领域为世界各地的客户提供网络设备、服务和解决方案。

一、华为手机当前营销状况

（一）公司内部环境

1. 华为核心理念

聚焦：华为坚持以客户需求为导向，持续为客户创造长期价值的核心理念；

创新：华为将继续以积极进取的心态，持续围绕客户需求进行创新，为客户提供有竞争力的产品与解决方案，共同面对未来的机遇与挑战；

稳健：华为将更稳健地发展，更加国际化、职业化；

和谐：华为将坚持开放合作，构建和谐商业环境，实现自身健康成长。

2. 华为科技力量

华为公司科技力量雄厚，员工中 43% 从事研发工作。

在 3GPP 基础专利中，华为占 7%，居全球第五。

华为数据通信认证提供从数据通信工程师到数据通信专家的三级通用认证体系：HCDA（华为认证数据通信工程师）、HCDP（华为认证数据通信资深工程师）、HCDE（华为认证数据通信专家）。

（二）公司外部环境

手机市场前景广阔，人们对手机的需求越来越旺盛，手机已经成为人们必不可少的物品，手机的功能也越来越强大。

1. 运营商加大补贴力度推动市场发展手机

业内人士透露 2011 年中国联通、中国移动和中国电信三大运营商对于 3G 的话费补贴高达 570 亿～600 亿元，而从三大运营商加紧部署更廉价的智能手机等消息来看，三大运营商在 2012 年用于发展 3G 用户的补贴超过 2011 年。而在运营商的补贴推动之下，2012 年中国中高端手机市场迎来了更有利的发展环境。

2. 运营商积极推动千元手机发展助推本土品牌

2011 年中国手机市场表现出明显的中高端产品走俏趋势，但随着三大运营商协同众多手机厂家大力推广千元智能手机，智能手机市场的格局仍将生变。从三星、摩托罗拉等几大国际品牌的动作也可以明显看出它们的竞争热点在中高端智能手机市场，而华为、中兴等本土品牌则主打价格牌，在中低端领域不断发力，走差异化竞争的路线。再加上运营商的联合助推，未来一段时间本土品牌将在中国手机市场获得更为良好的生存环境。

3. 3G 市场日益成熟，智能机比例不断上升

中国移动互联网领域日趋成熟，手机安全、行业规范等也趋于完善。同时国内外厂家联合运营商为消费者提供了从低端到高端的丰富的产品选择。2012 年中国手机市场将延续置换新手机的高峰，更多的 2G 普通手机用户通过签约运营商等方式选购 3G 智能手机。预计 2012 年末中国手机市场中 3G 智能手机的关注比例将会超过 95%。

（三）竞争情况

2012 年中国手机市场上新品主要集中在三星、摩托罗拉、诺基亚等传统品牌上，国产手机品牌鲜有新品推出。从手机类型看，智能手机仍为市场的绝对主流，不论是新购机用户还是换机用户，均将目光集中到了智能手机上，智能手机用户关注度大幅提升。整体来看，中国手机市场的竞争进一步加剧。

二、SWOT 分析

（一）华为的优势

1. 规模优势

华为是全球最大的电信网络解决方案提供商，全球第二大电信基站设备供应商，也是全球第六大手机厂商，截至 2009 年年底华为累计申请专利 42 543 件。

2. 低成本优势

劳动生产效率高，规模大，科技含量高，协作化程度高。

3. 先发优势

华为是全球最大的电信网络解决方案提供商，全球第二大电信基站设备供应商，科技力量雄厚，在全球居领先地位。

4. 国际市场优势

国际市场份额大，价格低。华为的产品和解决方案已经应用于全球 140 多个国家，服务全球运营商 50 强中的 45 家及全球 1/3 的人口。

5. 国内市场优势

国内市场份额大，价格极具竞争力。

（二）华为的劣势

1. 营销网络劣势

华为的销售渠道较窄，大多与运营商合作，定制手机较多，分销网络和营销终端基本依赖外部力量，对市场控制力较弱。

2. 产品档次组合劣势

产品线窄，没有形成结构合理的等级产品，中档、高档产品较少，梯度分配不明显。

3. 品牌劣势

华为的知名度不高，相对于名牌手机，华为手机的名气较低，中高档手机少，市场认可度不高。

（三）华为面临的机会

（1）我国经济高速发展，人民的收入水平越来越高，国内手机市场潜力巨大。

（2）国际市场广阔，欧洲、非洲等市场巨大。

（3）可以利用网络终端的销售，附带销售手机，提高手机的市场占有率。

（4）利用华为雄厚的科技研发力量，加大科技研发，制造高档优质手机，大力提高品牌形象和价值。

（5）利用全球资源优势，合理利用资源，降低手机产品价格，扩大手机市场占有率。

（四）华为面临的威胁

1. 国内竞争对手多

（1）中兴和华为的产业结构相似，不论是手机产业还是终端产业都是强劲的对手。

（2）老牌国产厂商多：酷派、金立等老牌厂商都有强劲的实力。

（3）新兴品牌不断崛起：魅族、小米等快速发展，知名度提升较快，产品优势明显，深得青年、中年顾客的喜爱。

2. 国际竞争对手实力强劲

（1）国际手机品牌像诺基亚、三星、LG 等优势明显，品牌知名度较高，深受国人的喜爱。

（2）手机专利大部分都被国外手机厂商占有，国内手机厂商必须付高昂的专利费。

（3）手机核心技术和关键部件大多被国外手机厂商和零件供应商掌握，价格较高，讨价还价能力小。

三、营销目标

1. 总体销售目标

在 2012 年华为分析师大会上，华为终端首席营销官邵洋透露，华为终端预计 2012 年所有手机的出货量将超过 1 亿部，其中包括 6 000 万部智能手机。而在 2011 年华为手机的出货量为 5 500 万部，智能手机则为 2 000 万部。

2. 市场占有率目标

2013 年在智能手机的硬件方面做到全球第一。华为终端在未来三年的目标是成为全球三大手机品牌之一。

3. 销售成本目标

华为的销售成本目标是减少 3%的销售支出。

4. 利润目标

华为的利润目标是利润增加 5%。

四、营销策略

（一）目标市场

1. 低档收入市场

这一群体收入不高，但热爱新事物，对手机又有迫切的需求，想用手机实现一些网上购物、浏览网页的必要功能，针对这一群体，应该制定功能相对齐全，价格便宜，质量较高的产品以满足这类人的需求。

2. 中高档收入市场

这一群体收入较高，追求名牌和精品的顾客以及具有高消费能力的顾客在明显增加。他们喜欢功能强大，价格较高，能凸显自己身价的手机。这一群体购买的手机价格都在 2 000 元以上，喜欢买以高品质、高品位著称的手机。因此，华为在目标市场选择上以收入水平作为变量时，应该以中高收入人群作为目标市场。

3. 时尚人群市场

随着社会习俗的不断变迁，很多人逐渐倾向于一种比较时尚的生活、消费方式，这群人在手机使用上的表现就是注重品位、质量好、时代潮流化的品质手机。华为手机逐渐发力，市场份额不断扩大，努力开拓时尚型人群的市场。

（二）产品广告

华为手机加强了对品牌的树立，不但对低端机做了适当的宣传，还对中端手机做了足够的宣传。例如：华为荣耀和最新高端手机华为 P1，P1 被作为华为终端 2012 年"面向消费者转身"的战略性产品，将成为华为终端布局高端智能机市场，全面参与智能手机市场竞争的重要标志，使华为品牌形象得到不断加强，知名度不断提升。

（三）质量和价格优势

华为手机向来以质量著称，高品质的手机质量造就了华为手机的品牌和口碑，严格的工业制造程序，精准的市场手机定位，公司将"普及型"智能手机作为其移动互联网的重要切入点，与产业链各界的发展思路相契合。华为推出的中端商务手机在质量和功能上不落后于同类国外一流品牌企业的产品，且采取满意定价，这势必对一些中端商务手机消费者产生较大的吸引力。

（四）高端品牌树立

华为图谋高端市场，通过 Ascend P1 等高端产品目标拉升华为终端品牌。长久以来，华为从未生产过零售价高于 2 500 元的手机，其渠道策略主要走运营商定制路线，这种策略使得华为手机不用进行高额的市场宣传就可以迅速扩大出货量。

2010 年华为终端出货量为 1.2 亿部，其中智能手机超 300 万部；2011 年出货量增至 1.5 亿部，智能手机出货量 2 000 万部。华为终端董事长余承东预计，2012 年华为智能手机出货量将达 6 000 万部，继 2011 年同比增长 500% 后，增长率再次超过 300%。

随着被寄予厚望的 Ascend P1 正式开售，向 B2C 品牌转型的华为终端终于拿到了一块够分量的"敲门砖"：Ascend P1 采用 1.5GHz 双核处理器、4.3 英寸 AMOLED 高清触摸屏幕，800 万像素摄像头，搭载了 Android 4.0 系统，机身厚度 7.69 毫米，被余承东称为"全球最薄的智能手机"。

公司将手机终端划分为三大层面，形成一个"金字塔"结构，其中以 Ascend P1 为代表的高端机型占据金字塔顶层，以 Honor 为代表的 4 英寸产品位于规划中层，以 C8650 为代表的千元机将成为华为终端力推的入门级智能手机产品。

（五）建立完善的售后服务体系

华为终端的电子商务渠道华为商城日前上线，开始销售华为的手机、移动终端等产品。华为商城相关负责人称，华为在互联网和消费者领域都将面临来自内外部的挑战。

华为公司想在 3G 手机市场占有一席之地，除了通过广告媒体的投放和宣传，加强普通消费者对华为手机产品的认知度，加强华为产品对消费者的拉力，还必须改变工业品大客户的营销模式，加强营销队伍建设，强化终端促销能力，加强产品在销售终端与消费者的见面率、成交率，实现销量的真正增长。

进入电商渠道是华为终端销售渠道建设的关键举措。余承东在接受媒体采访时表示，华为终端将加大在电子商务领域的投入。除了华为电子商城，华为未来还将与京东、当当等电商渠道加强合作。

五、产品营销实施方案

（一）市场调查

1. 性别状况

手机市场细分的第一个变量是性别。不同性别的人选择手机时，关注点有着明显的区别。男性注重手机的品牌、质量、产地、外观、功能等因素，而女性一般更注重包装、价格和服务态度、售后保障等因素。

2. 年龄结构

在不同年龄阶段，人们对手机的偏好和习惯会有很大的不同。因此，年龄是对手机产品市场细分的一个重要变量。

消费群体的不同年龄段对手机偏好有如下不同：

（1）青年人喜欢外观靓丽的手机，手机必须有强大的功能，能玩主流游戏，有高像素的镜头，可以随意拍照片。

（2）商务人群喜欢能够显示自己身份的手机，需要强大的功能，最好是双卡双待，一个工作号码，一个生活号码。

（3）老年人需要单一功能，能打电话就行，且手机按键很大、耐摔。

3. 收入水平

在产品的消费上从价格水平来看，差距非常大。高档手机平均销售价格在 4 000 元，而一般品牌的国产手机平均价格在 1 000～2 000 元。总体上讲，收入越高者其购买手机越讲究品牌、包装和质量，而收入低的人则更注重价格水平和性能。手机产品的市场细分按照人们的收入水平可以分为如下几个档次：1 000 元以下；1 000～2 000 元；2 000～3 000 元；3 000～4 000 元；4 000 元以上。其中，1 000～2 000 元和 2 000～3 000 元这两个手机价格区间购买的手机数量最多，市场最大。

（二）市场情况和各类人员的需求

市场巨大，消费需求旺盛，同时竞争激烈，利润不断减少，各厂商均加大科技力量投入，但缺少优秀的销售人员。

六、预算

1. 规模预算

华为在全国有约 30 个一级代理商（特约维修点），覆盖 661 个市（包括县级市），每个市还有一个特约维修店，同时有约 20 家华为手机卖场。全国共有 2 862 个县，每个县至少有一个华为销售点。全国的规模为 1 894 644 个销售点。

2. 人员预算

在一个城市做促销，每个促销点最少 3 个人，每个人一天最少 80 元，在一个城市促销最少需要 60 人。

3. 成本预算

每人每天 80 元，促销 3 天，需要 60 人，每个城市有 20 个促销点。成本为 $80×3×60×20＝288\ 000$ 元。

4. 收入预算

每天每个销售点能卖出 10～20 部手机，每部价值 1 000 元的手机利润在 50～90 元。促销期间收入为 $10×20×50＝10\ 000$ 元或 $20×20×90＝36\ 000$ 元。

七、控制

（1）成本控制：合理规划，精打细算，避免浪费资金，把成本控制在计划范围内。

（2）人员控制：合理安排人员，不要雇用太多人员，以免出现人浮于事的现象。

（3）规模控制：把规模划定在一定区域内，合理分布销售点，避免出现销售点距离过近或重合现象。

资料来源：华为手机营销策划书. http：//www.docin.com/p-795534340.html.

问题

请结合案例分析华为手机营销策划书的写作思路。

▶▶ **实训练习**

1. 选择你感兴趣的一个企业或产品，搜集有关资料，考虑如何为该企业或产品进行全程营销策划，并详细写出策划的整体运作流程和步骤。

2. 为迎接新一年的"双十一"，请你为某电商品牌（可自行选择）"双十一"促销活动撰写一个营销策划案。

第 2 篇

营销要素策划篇

第 4 章

产品上市策划

- 了解产品的概念、产品上市的概念、产品上市策划的流程;
- 掌握产品上市推广策划的核心内容、上市推广的技巧;
- 理解产品上市推广策划的要求,产品概念策划、产品包装策划的要求。

引 例

2010 年 9 月 25 日,iPhone 手机正式在中国内地销售,引发了一股"苹果热"。除了 iPhone 产品本身在功能与设计上的魅力,iPhone 从产品现身到真正开卖的整个营销过程也吊足了大众的胃口,征服了全世界,通过 iPhone 的上市营销与造势,让苹果迷、围观民众、大批媒体,共同把 iPhone 炒到最高点。苹果公司通过"挑动消费者的欲望,让消费者迫不及待""制造产品的神秘感,在新品出来后,迟迟不让全貌出现在大众面前""天天透露一点点,抓住观众注意力,苹果每隔一段时间就公布 iPhone 一些信息,昨天是怎么接电话、发电子邮件,今天是可以通过 You-Tube 看影片,明天是上市的确切日期,每天的新闻都有 iPhone 的消息"等方式,靠着公关、噱头、各项宣传品等手段不断制造话题,维持较高的曝光率,使产品在上市之前就已经深入人心。

启示: 从传言到成为事实,挑动消费者欲望,提高苹果产品的受关注度;持续地制造产品神秘感和高曝光率,使消费者原有的好奇心增强且不断扩大苹果产品的潜在消费者市场。苹果的营销造势,为其产品上市打下了坚实的基础,为其后期的热卖成功预热了消费者市场。

对近年消费品的调研表明,每年上市的新品在市场上存活的不足 3%,其中

70％以上的新品死于亏损的导入期，剩下的新品 70％以上死于成长期的盈亏平衡点到来之前。为什么大量的新产品不能获得成功呢？原因在于当前中国企业新产品上市策划过程的随意性。所以，要保证新产品上市推广的成功，上市前的策划就显得非常关键。

本章将详细分析产品上市策略、推广方法和推广活动策划等，培养初步的上市推广活动策划技能。

4.1 产品上市策划概述

产品是市场营销组合中最重要的因素，这是因为企业的市场营销活动以满足市场需求为中心，而市场需求的满足只能通过提供某种产品或服务来实现。产品策略直接影响和决定着其他市场营销组合因素，关系到企业市场营销的成败。在现代市场经济条件下，每一企业都应该致力于产品质量的提高和组合结构的优化，以求更好地满足市场需求，取得最佳经济效益。

➡ 产品的含义

产品是指能提供给市场，用于满足人们某种欲望和需要的任何事物，包括实物、服务、场所、观念、主意等。产品的范围非常广泛，可以是电视机、空调等实物，也可以是律师、注册会计师等人员提供的服务，甚至可以是一种观念或主意，如广告公司的广告创意。

产品策划是指企业如何使自己的产品或产品组合适应消费者的需要与动态的市场开发活动的谋划。产品策划在企业的市场营销活动中处于十分重要的地位，也具有十分重要的意义：

首先，保证企业产品的适销对路和利润的实现。通过产品策划，使企业的生产经营有的放矢，以合适的产品适应消费需求。

其次，减轻市场竞争压力，增强竞争实力。面对日益激烈的市场竞争，为了使企业更好地生存和发展，产品策划一方面要减轻市场竞争给企业带来的压力，规避环境威胁；另一方面要依据企业内部资源，充分利用市场机会。

最后，通过产品策划提高企业的营销水平，树立和优化企业市场形象，强化企业产品和产品整体组合效果，提高市场满意度。

➡ 产品上市的含义

产品上市是指上市（渠道研究）—推市（媒介促销研究）—稳市（满意度研

究）—拓市（忠诚度研究）—提市（完全品牌研究）这样一个完整的产品生命周期过程。确定了新品上市的决策研究后，针对每一个过程，企业都要有详细的方案。

从现有产品的营销策划角度来说，产品上市推广的类型主要包括：个别产品策划、品牌产品策划和新产品开发与推广策划。本章将重点讲解新产品的上市推广策划知识。

产品上市策划的流程

产品上市策划的流程，不同企业各有特色，从常规上包括以下程序：

1. 发现市场机会

策划产品上市推广活动前，营销策划人员首先应展开市场调研，通过分析市场，了解市场整体趋势、目标市场上的竞争品的弱点、消费者尚未满足的需求、还处于空白阶段的细分市场区隔，最终通过理性的分析找到市场空当，植入该产品。

2. 提出产品概念

针对市场机会，将新产品概念具体化，初步确定产品的规格、价格、包装、诉求点等要素，锁定新市场机会。

3. 进行可行性评估

根据企业自身情况，对产品进行上市推广所要求的生产设备、财务支持、必备销售网络等方面是否存在先天性障碍进行评估，讨论新品上市的合理性、可行性。

4. 开发及准备产品

确认该新品上市的可行性后，将停留在创意阶段的新产品概念（包括产品本身及产品的包装）变成实物并开展实物测试，直至测试结果表明该产品在各方面符合原创意、符合市场机会且有市场优势为止。

5. 安排产品上市的日程

新品开发及准备工作结束，接下来就面临产品上市、广宣品及产品的批量生产、广告片完成、各项促销活动设计与执行等一系列问题，谋定而后动，周密的计划和安排是新品上市成功的前提。

6. 执行产品上市策划

通过以上五个步骤的充分准备，产品终于进入市场。所谓市场机会把握、新品概念提出及论证、新品开发准备、新品上市计划的拟定，都是为新品上市执行这临门一脚做准备。销售部能否把上市计划执行到位、铺货能否迅速达标、促销资源能否有效利用直接决定着新品上市效果，市场成败在此一举。

7. 追踪上市后表现

新品上市执行不应该是销售人员孤军作战，市场策划人员要为其"保驾护航"。从新品上市第一天起严密监控新品上市的销量、促销、铺货、价格、回款等关键指标的表现，发现问题，提出解决方案，不断矫正新品上市计划中的不足之处，实现策划与执行的完美结合。

产品上市策划的创意方法

产品策划是从寻求创意开始的。虽然并不是所有的设想或创意都可变成产品，但寻求尽可能多的创意却可为开发产品和进行产品上市策划提供较多的机会。所以，现代企业都非常重视创意的开发。新产品创意的主要来源有：顾客、科学家、竞争对手、企业推销人员和经销商、企业高层管理人员、市场研究公司、广告代理商等。此外，企业还可以从大学、咨询公司、同行业的团体协会、有关报刊媒体那里寻求有用的新产品创意。一般说来，企业应当主要靠激发内部人员的热情来寻求创意。这就要求建立各种激励制度，对提出创意的职工给予奖励，而且高层主管人员应当对这种活动表现出充分的重视和关心。营销人员寻找和搜集新产品创意的方法主要有如下几种：

1. 产品属性排列法

将现有产品的属性——排列出来，然后进行探讨，尝试改良每一种属性的方法，在此基础上形成新的产品创意。

2. 强行关系法

先列举若干不同的产品，然后把某一产品与另一产品或几种产品强行结合起来，产生一种新的构思。譬如，组合家具的最初构想就是把衣柜、写字台、装饰柜的不同特点及不同用途相结合，设计出既美观又实用的组合型家具。

3. 多角分析法

这种方法首先将产品的重要因素抽象出来，然后具体地分析每一种特性，再形成新的创意。例如：洗衣粉最重要的属性是其溶解的水温、使用方法和包装，根据这三个因素所提供的不同标准，便可以提出不同的新产品创意。

4. 聚会激励创新法

这种方法最为典型的是"头脑风暴法"。将若干名有见解的专业人员或发明家集合在一起（一般以不超过 10 人为宜），开讨论会前提出若干问题并给予时间准备，会上畅所欲言，彼此激励，相互启发，提出种种设想和建议，经分析归纳，便可形成新产品构思。

5. 征集意见法

这种方法指产品设计人员通过问卷调查、召开座谈会等方式了解消费者的需求，征求科技人员的意见，询问技术发明人、专利代理人、大学或企业的实验室、广告代理商等的意见，并且使其常态化，形成制度。

◤ 营销透视

奇异王果新产品上市

一、奇异王果上市流程

1. 市场竞争分析与产品的推出。汇源作为国内果汁饮料第一品牌，在果汁领域的市场地位非常重要，但是市场的发展和企业的发展要求企业必须不断开发新产品。在经过对消费者的调查分析以及在两湖地区早期开展的猕猴桃饮料试销活动后，汇源针对消费者推出了一款主打营养补充概念的超级水果饮料——奇异王果。

2. 产品的市场推广。在产品开发出来以后，汇源在短时间内开展了奇异王果的试销，取得了不错的效果，于是汇源开始了对奇异王果的市场推广。奇异王果邀请王宝强、张国强出任代言人并制作广告片。拍摄了以兵王许三多为形象代言人的广告，向消费者传达了奇异王果"健康多，快乐多，VC 多"的形象广告，在短时间内提升了产品的知名度，为产品分销渠道建立奠定了良好的基础。

3. 渠道的建立。在奇异王果通过广告建立了很高的知名度之后，汇源开展了对外招商。汇源的销售渠道已经比较完备，按照常规来说，可以在原渠道推出以减少工作量，但是也存在品牌冲突、品牌推广不力等问题。汇源选择成立奇异王果市场部，与其原来的渠道分割开来，开展全国招商，在短时间内完成了对市场的铺货。

4. 产品促销。奇异王果抓住了春节销售，在春节期间开展了一定的促销活动，主要集中在广告、价格促销、市场公关等方面。在北京举行的"2007 中国营销盛典"上夺得 2007 年度中国企业营销创新大奖。

二、奇异王果给我国企业新产品市场营销的启示

1. 准确明晰的市场定位。市场定位是一个产品确立卖点和消费人群的基础，对于企业来说越清晰越好，市场竞争导致市场上没有万能的产品，所以必须从市场细分着手，开发针对目标群体的产品，并用更加有效的方法向目标消费者传递产品，锁定目标人群。企业在新产品开发前必须开展有效的市场调查，深入分析目标消费者的消费心理，在产品概念上既要创新也要符合定位。

2. 结合产品实际树立和传播品牌形象。一个好的产品品牌应该使产品形象和代言人形象相吻合，产品品牌才容易被消费者所理解并接受。我国企业往往错误理解品牌知名度和实际购买行为的关系，认为知名度越高，产品销量越好。其实这两者之间并不存在直接的联系。一个产品品牌价值的评估有知名度、美誉度、忠诚度三个衡量指标。知名度是基础，美誉度、忠诚度才是最重要的考察因素。企业在品牌策略上应该全面分析产品自身特点，树立符合产品特点的品牌形象，运用这种形象的独特性开展营销，丢弃盲目选择知名人士作为企业代言人的错误观念，把企业产品特质与代言人在公众中的形象结合起来，促使消费者因信赖代言人而信赖产品，最终发展为企业客户。在品牌传播上要坚持最大限度被公众理解和接受，激发消费者的消费欲望，满足消费者对于产品的期望。

3. 卓有成效地促销。奇异王果选择王宝强为代言人的市场促销活动带来的仅仅是知名度的扩大，而没有深入实质的关于产品内涵的传递。汇源重视广告促销而忽视卖场促销的做法不仅浪费了大量的金钱，而且没有达到预期的效果。所以，我国企业在促销上一定要重点分析各类市场特点，建立起长期的产品文化传播机构，以多种途径、多种渠道开展促销。在促销过程中要时刻向消费者传递产品的主要内涵，让产品更加人文化，坚定消费者的理性消费。

资料来源：叶亮军. 奇异王果新产品上市策略及对我国企业的启示. 经济论坛，2009（5）.

⮞ 产品上市推广的方法

产品上市推广的方法有很多，这里主要介绍以下几种：

1. 产品推介会

通过集中的产品展示和示范表演，配之以多种传播媒介的复合式传播形式，集中宣传产品和企业的活动。

2. 特殊手段推广法

利用大型体育活动、新闻等广泛传播的特殊手段推销新产品。

3. 意见领袖介绍法

借助著名的政治家、文学家、演员、歌唱家、记者、节目主持人等名人的地位与声望来宣传企业及产品。

4. 直销法

直接面对消费者，取消中间环节，把中间环节的利润给予消费者。较流行的方式有电话、电视直销、直邮广告（DM）、上门推销、综合直销等。

⊙ 产品上市策划的操作要点

企业在进行产品上市策划时需要注意以下操作要点：

1. 上市时机选择

策划产品上市推广活动时，把握上市时间十分重要。以下三种做法值得借鉴：

（1）先于竞争者上市。新产品在研制出来以后立即上市。其特点是同类产品的竞争者很少或几乎没有，或潜在竞争对手的条件尚未成熟。先期上市可以"先入为主"。

摩托车大战中，新大洲公司和建设集团不约而同地推出了一款高贵典雅的仿古车，深得都市爱车一族的女士青睐。但在营销中建设集团把大量资金投入到产品广告宣传的时候，新大洲却紧锣密鼓地进行生产的前期准备，在短短的 3 个月里使其产量达到了 5 000 辆，其产品抢在建设集团新车上市前推向了市场。由于两款车差异极小，建设集团花大量精力培育起来的市场需求一下子被产品充足的新大洲公司占领了。

（2）同于竞争者上市。市场一有变化，企业就闻风而动，同时开发同一新产品。由于各方面条件水平相当，很可能同时完成一项产品的构思、试制、上市。其特点是共同承担风险，共享利润成果。

（3）迟于竞争者上市。虽然新产品已经成型，决策者却迟迟不将其公之于众，他们期待着更详尽的调查和更高的接受率，同时尽量避免上市失败给企业带来损失，这样就将风险转嫁给了竞争对手。如果产品销路好就立即推出，如果产品销路不好就立即退出。这种方法，即所谓的后发制人。

2. 上市地点选择

上市地点即推出新产品的地域，是在当地或异地，一个地区或几个区域，国内或国外等。一般资金雄厚、人力充足的实力企业会撒开大网，向整个地区推出，巩固成果，而中小型企业很少能拥有大范围的销售网络，面铺得太大会造成力量分散，最好从某个地区入手，边巩固成果边向其他地区扩展。

3. 上市目标确定

产品的最终使用者是顾客。因年龄、性格、性别的不同，购买需求也不相同。企业选准目标群，并根据他们的特点制定方针对策，方能有的放矢。否则，过于大众化的产品反而会受冷落。

4. 产品描述和利益分析

企业要对产品利益进行分析，描述要吸引人。首先，要详细描述产品的包装、规格、价格、目标消费群等要素。其次，要提炼出各要素相对竞争品的优势，如本品与竞争品进行匿名测试的结果统计、本品在价格和渠道利润方面比竞争品胜出多少。最后，找到本品相对竞争品的诸多好处之中的特别优势（即产品的核心利益），给产品上市提供有力的支持。

5. 执行中的注意事项

企业在具体执行产品上市策划时，需要注意：最好一次推出一个新品（同一品种的不同口味只算一个新品），集中优势兵力，重点明确；推出两个以上新品时在产品的适销渠道和价位上一定要有所区别，而且将这种区别对经销商和销售人员反复宣讲；如果因企业战略关系必须推出两个以上定位相近的新品，最重要的是迅速发现潜力最大的品项。

▆ **营销透视**

双汇玉米肠的营销密码——水平营销

双汇集团在引领中国肉类行业新品研发和推广的长期探索中，善于总结和借鉴相近行业新产品上市的成功经验，更找到了新的营销思维方法，就是被营销学权威科特勒所盛赞的水平营销。双汇集团研发和市场部对水平营销理论进行了深入研究，并多次聘请水平营销的专家对研发人员进行相应的培训和技术指导，使其掌握水平思维的方法，并将这一方法运用到新产品的研发和推广中。

双汇集团运用水平营销方法，成功研制出"西瓜火腿"。当一只只小小的、圆圆的西瓜火腿一改丑陋而单调的形象，身披着一条条绿油油、粗线条西瓜纹理外衣出现在消费者面前时，着实让消费者感觉到一抹鲜艳的色彩，小孩子们也发自内心地喜爱它，成年人则感叹双汇集团在肉制品创新上达到的惊人成就。水平营销方法在产品研发和上市推广上的小试牛刀，给双汇集团产品研发带来了极大的信心和鼓舞。

之后，双汇集团把高温肉制品升级换代的历史使命赋予了在欧美市场极为流行的热狗肠产品，研发人员日夜不停地加紧研发适合中国消费者口味的热狗肠系列产品。热狗肠是欧美人喜爱的肉制品，对中国消费者来说还比较陌生，原汁原味的欧美热狗肠不一定适合中国消费者的口味，那么在欧美热狗肠的基础上应该做哪些改进和创新呢？研发人员深入市场一线了解消费者的潜在需求。在市场调查和深度访谈中，研发人员发现儿童和年轻女性是热狗肠的主要消费群体，在他们出入酒店用餐时，都喜欢点一道菜——松仁玉米，目标消费群对玉米有着特殊的喜爱，水煮玉米棒每根价格高达4～5元，仍然有大批购买者。鲜嫩的玉米尤其受到年轻爱美女士的追捧，如果将热狗肠和玉米建立联系一定会得到目标消费群的喜爱，营销人员和研发人员头脑中闪过一丝创意的火花。但在消费者意识中，传统意义上的热狗肠只是蛋白粉和鲜肉以一定比例结合的产物。热狗肠和玉米分属于两个明显不同的类别，它们之间存在一个极大的鸿沟。仅仅把玉米淀粉混入蛋白粉中，消费者吃不到玉米的清香味、体会不到玉米的柔滑感。要让消费者真心喜爱添加玉米的热狗肠，就必须将采摘下不久进行鲜冻的玉米粒加入热狗肠中，且保持鲜嫩玉米粒的原形、原色及原味，这已经超越了传统细分市场的方法，而且是水平营销中的一个大跨越。一个好的创意、一个足以给中国肉制品消费带来革命性变革的产品，就在不经意间完成。

资料来源：刘登义. 双汇玉米肠的营销密码：水平营销. 品牌建设，2011（10）.

4.2 产品概念策划

企业在提供高质量产品的同时，还要注重产品附加价值的开发。产品概念策划是把消费者的需求与产品结合后，对产品概念的提炼、整合和策划，是产品上市策划的一个重要组成环节。以菲利普·科特勒为代表的北美学者提出产品整体概念包括核心产品、形式产品、期望产品、延伸产品和潜在产品五个层次。

产品概念策划的含义

产品概念策划是指通过消费者的理性认知与积极情感的结合以及消费新观念的导入构建产品的系列价值点，为企业营销活动的开展提供支持。

1. 产品概念策划的目的

产品概念策划的目的是更多地吸引目标客户的关注，使消费者形成对新产品及企业的深刻印象，建立鲜明的功用概念、特色概念、品牌概念、形象概念、服务概念等，以增强企业的竞争实力。

2. 产品概念策划的实质

产品概念策划的实质就是卖点的提炼。它来自产品的竞争定位，是竞争定位的市场外在表现，是对公司产品或服务（服务是产品的延伸形式）所具有的与竞争企业产品或服务不同的优势选择。产品概念的策划就是对公司产品或服务相较于竞争企业产品或服务而具有的优势，进行市场外在表现方向的选择、塑造和提炼。

3. 产品概念策划的作用

产品概念策划的核心是产品概念挖掘，也可以称之为独特的销售主张（unique selling proposition，USP）的寻找。例如，海信提出了"变频"概念，使海信成为变频空调的代表。产品概念策划的主要作用是产生差异性，以区别于同类产品，即产品概念的独特性。

◤ **营销透视**

1：1：1，金龙鱼比出新天地

在中国，嘉里粮油旗下的金龙鱼食用油，多年来一直以绝对优势稳居小包装食用油行业第一品牌的地位。

调和油这种产品是金龙鱼创造出来的。当初，金龙鱼在引进国外已经很普及的色拉油时，发现其虽然有市场，但很难推广到更大的市场。原因是色拉油虽然精炼程度很高，但没有多少油香，不符合中国人的饮食习惯。后来，金龙鱼研制出将花生油、菜籽油与色拉油混合的产品，色拉油的纯净卫生与中国人的需求相结合，使得产品创新赢得了国内市场。

为了将金龙鱼打造成为强势品牌，金龙鱼在品牌方面不断创新，由最初的"温暖亲情金龙鱼大家庭"提升为"健康生活金龙鱼"，然而，在多年的营销传播中，这些模糊的品牌概念除了让消费者记住了金龙鱼这个品牌名称外，并没有引发更多联想，而且，大家似乎还没有清楚地认识到调和油到底是什么，有什么好。

金龙鱼的突破关键在于其新的营销传播概念"1：1：1"，看似简单的"1：1：1"概念，配合"1：1：1最佳营养配方"的理性诉求，既形象地传达出金龙鱼由三种油调和而成的特点，又让消费者认为只有"1：1：1"的金龙鱼才是最好的食用油。

十年磨一剑，金龙鱼让中国的消费者真正认识了调和油，关键在于找到了一个简单的营销传播概念。

➲ 产品概念策划的流程

产品概念策划是一个系统过程，包括以下环节。

1. 前期准备

产品核心概念提炼前期的必需工作是公司的基本营销决策和产品定位策略的确立。公司的基本营销决策（近期和远期），即把哪一个细分市场作为自己的目标市场，决定了它的目标客户和一批竞争对手；而公司的产品定位策略（近期和远期）则进一步限定了它的目标客户和竞争对手。基本营销决策和产品定位策略确立之后，公司才可以着手规划详细的营销组合，产品概念的提炼就是营销组合中重要的一环。

2. 构思概念

产品构思是指为满足一种新需求而提出的富有新意、创造性的设想。一个成功的新产品，首先来自一个既有创见又符合市场需求的构思。新产品的构思越多，从中挑选最合适、最有发展希望的可能性就越大。因此，这一阶段企业营销部门的主要任务是寻找，积极地在不同环境中寻找好的产品构思；积极地鼓励公司员工提出产品构思；将所汇集的产品构思转送公司内部有关部门，征求改进意见，使其内容更加充实可行。企业能否收集到丰富的新产品构思并从中捕捉到开发新产品的机会，是成功开发新产品的第一步。产品构思的来源可以归纳为如下几个方面：

（1）消费者和用户。他们的需求是新产品构思的主要来源。企业可以通过直接向用户进行问卷调查、深度访谈、接待用户来信来访、倾听用户的意见与投诉等，准确把握他们的欲望和需求，发掘新产品的构思。

（2）经销商。他们与消费者和用户有密切的联系，消费者和用户有什么需求，会直接反馈给经销商。而且多数经销商同时销售多类别产品和多种竞争产品，掌握的信息比较丰富，能够提出可行的新产品设想及改进建议。

（3）科研机构和高等院校。它们是新技术和新发明的发源地，每年都有大量的科研成果需要转化为新产品，企业加强与它们的联系，可以获得许多有创意、有价值的新产品设想。

（4）企业员工。包括企业的中高层管理人员、营销人员、产品研制开发人员以及普通员工，企业应该建立起鼓励创新的企业文化和相关的规章制度，打破年龄、地位、资历等阻碍，调动所有员工的积极性和创造性，使他们热爱企业，关心企业，为改进企业产品、服务和生产流程献计献策。

（5）竞争对手。竞争对手产品的成败可以为企业的新产品构思提供借鉴和参考，也是新产品构思的重要来源之一。企业可以通过各种途径了解竞争对手开发投放的新产品，或购买竞争对手的现有产品进行剖析，找出不足并加以改进，从而开发出更胜一筹的新产品。

对广泛收集到的各种新产品构思，企业要根据自身的资源条件和发展目标进行筛选，摒弃那些可行性小或获利较少的构思。在筛选中，既要避免漏选具有潜在价值的构思，又要避免误选市场前景不佳的构思。

3. 提炼概念

提炼概念是一个逻辑推理为主、市场经验为辅，将消费需求、产品本质、市场竞争情况等诸多信息充分糅合，寻找并提炼出符合产品、符合消费需求的一组利益点，用以打动消费者，刺激购买的过程。

提炼概念要遵循一定的规律和策略。概括地说，产品核心概念的提炼有 6 条路径可以走，这 6 条路径基本满足了企业在起步和发展过程中可能存在的一条产品线甚至一个单品，以及扩展后的多条产品线的需求，确保提炼的产品核心概念始终如一，从而发挥应有的效用。这 6 条路径如图 4 - 1 所示。

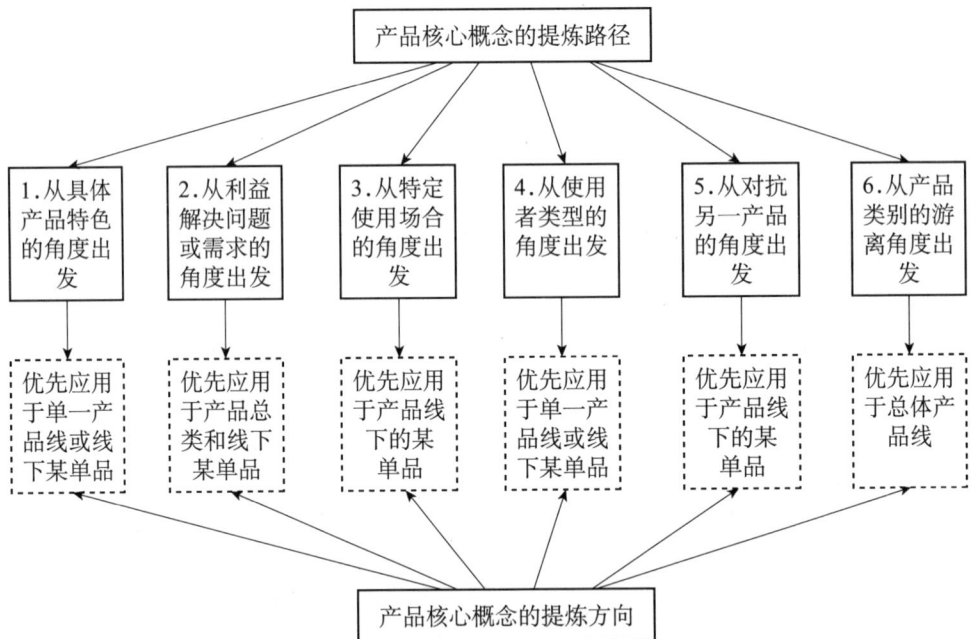

图 4 - 1　产品核心概念的提炼路径

4. 形成和测试概念

企业需要将筛选出的构思形成具体、准确的产品概念，即将已经成型的产品构思，用文字、图像、模型等加以清晰地描述，使之成为对消费者有意义的产品方案，有确定特性的潜在产品形象。

新产品概念形成以后还需要了解顾客的意见，进行产品概念测试。产品概念测试一般采用概念说明书的方式，说明新产品的功能、效用、特性、规格、包装、售价等，如有需要还应附上图片或模型，连同问卷提交给有代表性的消费者进行测试和评估。测试所获得的信息使企业进一步充实产品概念，以确定吸引力最强的产品概念。

5. 分析概念的可行性

在形成产品概念后，企业还要从经济效益方面对新产品概念进行可行性分析，进一步考察新产品概念是否符合企业的盈利性目标，是否具有商业吸引力。可行性分析具体包括预测销售额和推算成本、利润两个步骤。

对新产品销售额的预测可参照市场上同类产品的销售发展历史，并考虑各种竞争因素、市场规模、市场潜量，分析新产品的市场地位、市场占有率、再购率，以此推测新产品可能获得的销售额。预测产品一定时期内的销售量以后，就可预算该时期的产品成本和利润收益。产品成本主要包括新产品研发费用、市场调研费用、生产费用、销售推广费用等。根据预测出的销售额和费用额，推算企业的利润收益以及投资回报率等。

▶ 产品概念策划的方法

产品概念策划的方法有很多，可以分成一般性方法和规律性方法两大类。

1. 产品概念策划的一般性方法

（1）从产品的原料出发。在产品的生产原料方面进行挖掘，根据产品原料的特性，提炼出核心概念，显示该产品与竞争品的不同，避开强势品牌的锋芒。

（2）从产品的工艺出发。典型的成功案例如乐百氏纯净水的"27 层净化"核心概念，虽然所有的纯净水都经过 27 层净化工艺，但是乐百氏最先将其挖掘出来。这一诉求充分体现了产品纯净至极的属性。

（3）从产品的作用机理出发。如从产品的作用机理出发进行核心概念挖掘的排毒养颜胶囊，带动了排毒产业的发展。

（4）从产品的功能出发。如千金药业公司的养阴清肺糖浆，营销人员从功能出发提炼出了"专治干咳"的核心概念，改变了人们对咳嗽不加区别地选用药品的消费习惯。确定这一策略后，营销人员对产品的装量、包装进行了全新设计，最终创造出一种平实可信、物超所值的外观感受，以此结合核心概念对消费者进行诉求。事实证明这一策略是行之有效的。

（5）从产品的包装出发。产品包装分为内包装和外包装，一般不会成为产品的一个独立核心概念，但它却是产品形象差异化的关键。一个好的包装可以提升产品的价值感，增加核心概念在消费者心目中的得分值，成为核心概念的增效剂。

（6）从产品的使用方法出发。"白天服白片，晚上服黑片"的感冒药"白加黑"，就是一个典型的从使用方法进行概念诉求甚至产品设计的成功案例。从产品使用的独特差异切入，既让消费者记忆深刻，也可避开同类竞争品的直接竞争。

（7）从产品的价格出发。在很多行业都可以发现以价格为诉求的案例，透过低价策略的本质，实际上倡导的是为消费者提供物超所值的消费感受。

（8）从产品的技术领先性出发。一个高技术含量的产品本身就向消费者展示了它无与伦比的优越概念。

（9）从消费者心理出发。所谓从消费者心理出发挖掘产品诉求，也即是对设定的目标人群进行分析，分析他们的群体特征、需求、感受、期望，分析消费者希望通过产品取得哪些方面的需求满足，而产品又有哪些特征可以满足消费者的需求。当然，所有的消费者均希望在尽可能经济、简单的条件下满足自己的欲求，马斯洛的需求层次理论是进行消费者欲求研究的基本工具。

这种方式具有鲜明的市场营销观念的特征，带有显著的人文关怀特点，往往更能引起消费者的共鸣和好感，企业和产品也可同时取得消费者的信赖。

2. 产品概念策划的规律性方法

长期的市场营销实践经验表明，任何产品的核心概念都不外乎两个基本点，就是从产品的自然属性和社会属性出发进行提炼。

（1）产品自然属性的提炼。从产品的自然属性出发，也就是从产品的原料、工艺、科技含量、用途、优点、特点、竞争对手策略等方面出发，进行研究，挖掘出别人没有表达过的并且消费者需要的核心利益。可以说从产品自然属性出发的诉求提炼意图含有明显的产品营销观念的特征，它是以产品本身的特性为基本点，向消费者需求靠近的一种思考方式。

（2）产品社会属性的提炼。从产品的社会属性出发来谋求产品诉求的方法，实际上就是以目标消费者的需求为基本点，向产品所能提供的价值靠近的一种思考方式。

（3）产品自然、社会属性的综合提炼。在实际操作过程中，单纯从产品自然（包含竞争品）属性出发或单纯从社会属性出发均可能导致更大的经营风险。一味以自然属性为出发点，会产生唯产品主义的谬误，导致忽视消费者购买产品的真正欲求；而一味以社会属性为出发点，则会导致唯消费者的谬误，使企业或产品失去自我。在提炼核心概念时，只有进行全面的、双向的思考提炼，最终将产品的独特点以消费者的语言表达出来，才是找出产品独特诉求的有效方式。

➡ 产品概念策划的要素

在实施产品概念策划时，企业要注意以下要素的控制和运用：

1. 产品的目标市场定位

企业要根据消费者需要、竞争对手等一系列情况，确定产品的真正消费群。有没有一个准确的市场定位，是能否提炼出恰当概念的重要基础。这就要在认真分析研究消费心理的基础上，审视、挖掘、整合产品的整体概念，并运用标准营销原理分析研究竞争对手，寻找出差异概念、突破点。

2. 消费者购买本产品的理由

例如，本产品给消费者提供的效用、利益所在，产品的品牌、质量、特色等，产品的服务、维修、保证等。

3. 消费者易接受的概念

要对消费者购买本产品的理由进行提炼，找到更容易让消费者接受的差异化的概念，并准确地以一种能迅速抓住消费者注意力的形式告知消费者，以引起消费者的关注、接受直至忠诚。

● 产品概念策划的技巧

企业在实施产品概念策划时，需要注意以下技巧：

1. 确有其实

产品要确确实实具有所宣传和承诺的功效或特征，能满足消费者的某种需求，也就是产品的核心价值必须真实可靠，不能欺骗消费者。

2. 确有其人

即所诉求的产品功效和卖点必须要有足够数量的受众，消费者或潜在消费者数量要足够庞大，否则很难有销量保证，盈利也可能相对狭小。

3. 确有其特

"特"指独特之处，即所提炼出来的产品核心诉求必须区别于同类产品和竞争者，要有自己的不同之处。随着科学的发展和技术的进步，产品同质化越来越严重，尤其在产品充分市场化的领域更为明显。在这种情况下，体现自己的独特之处就成为产品推广的必要步骤。

4. 确有其途

"途"指捷径，是指所提炼出的产品核心概念必须易于广泛传播，易于理解和记忆。产品核心概念的总结应该尽量避免使用拗口的学术用语，要让普通消费者听得清楚，容易记忆，任何烦琐、模糊的语言只会让企业花费大量的资金对产品作无谓的解释。同时，语言要生动、亲切，富于联想。

● 产品概念策划的发展趋势

产品概念策划存在以下几个发展趋势：

1. 高性能化

采用新科技开发有时代超前特征的新产品，实现产品的高性能化，引导消费新潮，是现代产品开发的一大趋势。2000 年美国通用汽车公司推出的一种"网络汽车"，就是一种高性能化的超前产品。人们可以在汽车中上网收发电子邮件，查询股市行情，了解天气情况，或收听新闻。这种汽车能声控上网，人们只要发出口令，无须动手或转向，即可实现上述功能。

2. 多功能化

多功能化就是增加产品功能，由单一功能产品发展成为多用途、多功能的产品。如把电视机改进为拥有收、录、看、唱多项功能的产品。

3. 微型化

产品微型化是指利用新技术、新材料、新工艺，简化产品结构，缩小产品体积，达到高性能、紧结构、小体积、轻重量。

4. 方便性

现在人们更看重产品使用的方便性。如手机、洗衣机等的发展正说明了这一点。

5. 节能化

由于能源紧张，节电、节煤、节油、节水、节气的节能型产品是产品开发的重要方向。

6. 多样性、系列化

以某一特征为主线，推出系列产品，是新产品开发的一种常用方法。这一方法对于培养消费群体、扩大销售具有积极的意义。例如，采用多样化的加工技术，开发多样化、系列化的蔬菜新品。除速冻蔬菜、罐头蔬菜、脱水蔬菜外，还有粉末蔬菜、汁液蔬菜、辣味蔬菜、美容蔬菜等。

7. 知识化、智慧化

"知识与智慧的价值"是日本学者堺屋太一在其著作《知识价值革命》一书中提出的概念。他认为：产品中包含两部分价值，一部分是由人的体力劳动创造的原材料价值和产品的加工费，另一部分是由人的脑力劳动创造的包含在产品的技术、样式和格调中的价值，这后一部分价值就是"知识与智慧的价值"。例如，许多传统产品采用高新技术后，成本只增加 $10\% \sim 25\%$，售价却提高了 $70\% \sim 150\%$。

8. 人性化、情感化

现在许多产品的开发十分重视个性化，以情动人，以情感人。例如，宝洁公司在中国市场推出的洗发水的诸品牌都被赋予了鲜明的个性：飘柔——使头发光滑柔顺；潘婷——为头发提供营养保健；海飞丝——头屑去无踪，秀发更出众，等等。诸品牌同时包含了一个东方女性的共性——自信。

营销透视

喜茶的产品设计

喜茶成立五年多来，从最初的不温不火，发展到风靡北上广深等一线城市，喜茶已经成为年轻人热捧的茶饮。

如何让自己的产品给用户留下极致的难忘体验？喜茶创始人聂云宸的经验是，换个角度设计体验，没准就会打开一扇门。

聂云宸刚做茶饮头一年，一直试图调出完美的味道，今天喝感觉奶味重了，于是调淡一点，明天给另一个人喝又觉得太淡了，改浓一点，来回折腾，却始终找不到芝士、奶盖与茶的黄金比例。

聂云宸反思自己是不是掉进了味道的坑里。消费者众口难调，今天浓点，明天淡点，最终结果只能是平庸。要让消费者有惊喜感，就要在口感上使力。

就这样在经历了比较长时间的摸索后，聂云宸的重心开始从"味道"转移到"口感"上来。

在他看来，每个人的口味都是不一样的，有的人喜欢甜，有的人不喜欢甜；有的人喜欢奶昔多一点，有的人觉得奶昔太稠了。

简单地说，就是众口难调。

但是，口感就不一样了。比如说肯德基，又或者像星巴克、哈根达斯，尽管你不一定形容出具体是什么口感，但是只要一品尝，就能够立马识别出。

聂云宸认为，茶饮的口感应该丰富、多层次，让人留下记忆点。

以金凤茶王为例，在口感上不仅比较清淡，没有苦涩的味道，而且更香、更有回味。在喜茶的菜单上，为了让消费者记住对茶最初的印象，每一款饮料的口味都是不一样的，绝不重复。

要想喝到相同的口感，那只能选择去喜茶，因为在其他奶茶店都买不到，堪称喜茶的独家生意。

这也是喜茶能够成功的关键：好喝。

4.3　产品包装策划

大多数物质产品在从生产领域流转到消费领域的过程中，都需要有适当的包装。包装工作是整个商品生产的一个重要组成部分。所谓包装，就是企业的某些人员对某种产品的容器或包装物的设计和制造活动。产品包装策划主要是从包装对促进销售的角度进行的策划，现代营销策划过程中的包装策划已经远远超出了包装作为容器保护产品的作用，而成为促进和扩大产品销售的重要因素之一。

产品包装的类型

市场营销学认为，产品包装一般包括以下三个部分：首要包装，即产品的直接包装，如牙膏皮、啤酒瓶都是这种包装；次要包装，即保护首要包装的包装物，如包装一定数量的牙膏的纸盒或纸板箱；装运包装，即便于储运、识别某些产品的外包装。

此外，在产品包装上还有标签，这是为了说明产品而贴在产品上的招贴或印在产品包装上的文字、图案等。在标签上一般都印有包装内容和产品所包含的主要成分、品牌标志、产品质量等级、生产厂家、生产日期和有效期、使用方法等，有些标签上还印有彩色图案或实物照片，以促进销售。

1. 产品外包装的类型

外包装是最直接与消费者接触的媒体，一个醒目、视觉冲击力极强的产品包装有助于促进终端的购买，如果能在陈列时达到生动化，它就是一个非常优秀的广告。好包装自己会说话，要达到在狭窄的空间里做到最大化传递有效信息，产品包装必须能在众多的产品当中"跳"出来。

一般情况下，产品外包装形状比较单一，主要是考虑运输过程中的堆放与终端展示中的堆头，尽管这样，消费品企业也没有忘记产品包装，在宝贵的外包装上抓住创新机会。

（1）方块式包装。大部分产品在进行包装时考虑堆放，都选择了方块式外包装。因此，终端市场上传统的方块式包装是市场的主流。

（2）圆筒式包装。圆筒式包装有很强烈的整体感与大度感，消费者携带也比较方便，而且中国消费者十分注重在包装中讨口彩，所以，圆筒式包装恰好满足了中国消费者圆圆满满的想法，因此，圆筒式包装也是对消费者颇具吸引力的一种外观形状。

（3）菱形外观包装。菱形外观包装其实是一种规则多边形外观包装的笼统说法。为了创造产品差异化，很多企业在新产品开发上选择了菱形外观包装，凸显产品个性与差异。

（4）异型外观包装。异型外观包装是企业为了显示产品品牌定位而采取一种局部不对称包装设计。这种包装外观对于产品与品牌价值吻合起到了很好的作用。例如，高炉家酒就采用了徽派民居作为产品上端包装形状，较好地传递了高炉家酒定位于"家"概念的品牌理念。

2. 产品内包装的类型

在产品内部包装中，不同的形状也会给产品许多惊喜，特别是传统消费品领域。

（1）塔台式内包装。这是目前白酒企业最广泛的一种包装形式，以五粮液为主的白酒企业主要采用这种塔台式内包装。五粮液将塔台式包装做成楼体，已成为自己企业文化的重要组成部分。

（2）圆筒式内包装。这种内包装比较简单，容易被消费者接受与携带。

（3）方块式包装。这种包装棱角分明，锐气十足。

（4）窈窕状内包装。以口子窖为例，口子窖选择了一个窈窕女人作为代言人，因此该包装凸显了品牌定位与核心价值。

（5）异型包装。以深圳金帝集团公司的金帝巧克力的异型包装为例，可爱的小熊造型包装、独创的透明靴子装、经济实惠的透明方形罐和独特的六角加透明窗口设计显得特别而夺人眼球。

⊙ 产品包装策划的策略

产品包装策划的具体策略主要有以下几类：

1. 与产品要素相适应的包装策略

（1）类似包装策略。类似包装策略是指对企业生产的各种产品，在包装上采用相似的图案、颜色，以体现共同的特征。其优点在于能节约设计和印刷成本，便于消费者辨认，树立企业形象，有利于新产品的推销。但此策略仅适用于同样质量水平的产品，若产品质量相差悬殊，会因个别产品质量下降影响其他产品的销路。

（2）等级包装策略。等级包装策略是指对同一种产品采用不同等级的包装，以适应不同的购买力水平，或者按产品的不同质量等级，采用不同的包装，如优质产品采用高档包装，一般产品采用普通包装。

（3）配套包装策略。配套包装策略是指将多种相互关联的产品配套放在一个包装物内销售。例如，化妆盒里的配套化妆品，口红、粉饼、小镜子、眉笔等。

（4）绿色包装策略。绿色包装策略又叫生态包装策略，指使用可再生、循环包装材料，包装的废弃物容易处理及对生态环境有益的包装。采用这种包装策略易于被消费者认同，有利于环境保护和与国际接轨，从而产生促销效果。

（5）差异包装策略。企业的各种产品均有自己独特的包装，差异包装策略就是在设计上采用不同的风格、色调和材料。这种策略能避免因个别产品销售失败而对其他产品的销售产生不利影响，但会相应地增加包装设计和新产品促销的费用。

（6）复用包装策略。复用包装策略是指包装内产品使用完后，包装物本身可以回收再用或做其他用途。如啤酒瓶可回收重复使用，装糖果的盒子可用做杂物盒等。此策略的目的在于通过给顾客额外的利益扩大销售。

（7）适度包装策略。适度包装策略指成本体现在从包装实施到废弃物处理的各个阶段，包装的适度即考虑包装的整个过程，对包装进行科学设计，实施标准化。此策略的目的是谋求包装恰如其分的作用，并使其作用、效益和包装的诸项成本处于协调、平稳的状态。

（8）改进包装策略。改进包装策略指企业改进产品质量的同时，改变包装的形式，以新的产品形象出现在市场。

2. 与促销要素相适应的包装策略

（1）方便包装策略。方便包装策略指包装易携带（如提袋式、拎包式、皮箱式、背包式等），易开启（如拉环式、按钮式、卷开式、撕开式等）。此策略的目的是令产品便于携带和存放，便于开启和重新密封。

（2）附赠品包装策略。附赠品包装策略在包装内附赠奖券或实物，以吸引顾客购买。如在儿童食品中附赠小玩具。此策略能刺激消费者的购物欲望。

（3）改变包装策略。改变包装策略是指当某种产品销路不畅或长期使用一种包装时，企业可以改变包装设计、包装材料，通过使用新的包装，使顾客产生新鲜感，达到扩大销路的目的。

3. 与地点要素相适应的包装策略

根据销售地点的不同，因地制宜设计悬挂式包装、堆叠式包装、展开式包装、透明式包装等不同形式，灵活机动地展示和宣传产品，从而促进产品的销售。

4. 与价格要素相适应的包装策略

在分析市场营销组合时，先开发产品，再寻找销售地点，进而促销，最后根据市场预期反应和生产成本高低来确定价格。所以，与产品要素、促销要素和地点要素相适应的各种包装策略，都要与价格要素相适应。同类商品，价格不同，包装也应不同，使包装和价格保持一致，这样有利于消费者认可和接受该产品及其价格。

➡ 产品包装策划的内容

产品包装策划的具体内容主要包括以下几方面：

1. 包装的外观策划

在确定包装的结构、形状和尺寸时，策划者不仅要考虑产品的特点，还要考虑消费者在选购、携带、储存、使用中的需求。

2. 包装的图案策划

对产品的主要对象及衬托主要对象的配物、配料、配色等，应作如实的描绘。

一般来说，包装策划中的图案设计主要有以下几种形式：

（1）摄影图案。既可以对产品实物进行逼真的拍摄，以突出和表现产品；又可以拍摄产品产地的风景及风土人情，以间接表现、宣传产品；还可以将产品实物摄影与抽象设计相结合，来强化包装宣传效果。

（2）绘画图案。根据消费者的爱好和生产者对产品宣传的需要，进行艺术加工和适当组合，使画面更集中、更鲜明，从而更好地宣传产品。

（3）抽象图案。以抽象图案为包装的策划设计注重形式感，讲究图案简洁、鲜明而富有个性，除了给消费者以美的感受外，还能正确表达包装的主题，引发人们对产品的联想。

3. 包装的文字策划

文字是产品包装画面的重要组成部分之一。它不仅在画面中起装饰作用，更重要的是达到宣传产品、介绍产品的目的。现在有不少包装策划设计是以文字的组合与变化来组成画面的。这种包装的表现手法没有图案形象或实物照片，仅运用一些文字的构成与组合，根据产品的特点和销售意图，采用艺术手法，力求画面美观、文字醒目，从而达到宣传的效果。

表现商标和品牌的文字对宣传产品有重要的作用。文字必须简练、鲜明，位置突出，让消费者易于识别，便于记忆。

4. 包装的色彩策划

色彩运用得当，能起到宣传、美化产品的作用，从而增强包装作为"无声推销员"的魅力。在运用色彩时，既要考虑习惯色，又要有所创新，以奇取胜。

5. 包装的标签策划

包装标签是指附着在包装上的文字、图形、雕刻及印刷说明，用以标明制造者或销售者的名称和地址、产品成分、品质特点、包装内数量、使用说明、生产日期、有效期限、产品编号等内容。成功的标签设计策划，可以提高产品自身的竞争力，增进消费者对产品的好感和信任，促进销售。

▼ 营销透视

屈臣氏推出 28 款坚持瓶

关于"要不要坚持"这回事，屈臣氏蒸馏水在这个季度推出了 28 款坚持瓶，作为品牌的载体与消费者对话讨论。瓶身写上了不同的标语。比如："今天坚持吃素了吗？是的，整个人都绿了。""今天坚持搬砖了吗？没有，去追诗与远方了。"

这个"说人话"的坚持瓶，给"买水"这件事带来了一点新意。消费者不仅能拍瓶子晒到朋友圈自嘲，还能送给朋友，火力全开黑他们。同时，每个主题都有"是的"和"没有"两个选择，但并不是每家店都同时具备两个款式，怪不得有强迫症的网友在吐槽——"看不全不开心！"屈臣氏推出的坚持瓶对话式的文案令瓶身拟人化，消费者拿起瓶子就像是在跟品牌直接对话，这种设计给包装带来了新思路。对瓶身改造的小尝试，打破了屈臣氏蒸馏水在消费者心目中的高冷形象，使品牌变得更加有亲和力。

资料来源：28 支治愈懒癌患者的神器，要吗？.（2016 - 01 - 15）. https：//socialbeta.com/t/98230.

▶▶ 重点名词

产品	产品上市	产品整体概念	产品概念策划
产品包装策划			

▶▶ 思考题

1. 产品上市推广策划的实施应注意哪些问题？
2. 产品构思有哪些来源？
3. 产品核心概念提炼有哪些路径？
4. 简述产品上市推广的常用方法。
5. 简述产品上市推广策划的操作要点。
6. 产品内外包装各有哪些类型？
7. 简述产品包装策划的策略和产品包装策划的内容。

▶▶ 案例分析

我知道今年夏天你喝了什么——沁柠水上市

每年夏天，各种饮料品牌都会对黄金货架展开争夺。新品从味道到包装尽力区别于市场上已有的产品。饮料行业进入了前所未有的频繁迭代期，各公司急于找到下一个有可能在消费者市场站得住脚的产品。

三得利抢在了所有对手的前面。沁柠水和沁桃水是三得利卖得最好的产品。它的第一款新品设定为柠檬口味也是为了尽可能快地笼络全国范围内的消费者——柠檬是可接受度最高的口味，之后又推出了沁桃水。不过，因为整体口味偏淡，消费者其实很难尝出沁柠水和沁桃水在味道上的差异。瓶身设计倒是能带来更直观的品牌印象：简单的圆柱形透明瓶身，色彩淡而清新的外包装，配上透明无色的水，是这两款产品的鲜明特征。

　　事实上，在新品开发的过程中，大规模的消费者测试在一定程度上降低了新产品上市的风险，但在大多数情况下，消费者并不清楚自己要什么。盲测能给饮料厂商的唯一灵感是不要添加不健康的成分。沁柠水最终的口味和甜度方案，其实是根据李凤起个人的口感决定的。"一个优秀的新产品绝对不是市场调查出来的。"虽然三得利也照例做了一部分消费者盲测。

　　此外，三得利在推出新品前会确保以下环节是清晰的：当形成一个新品概念后，明确这个概念的诉求是什么，要给消费者讲什么，消费者的核心诉求是什么，这个需求会转化为多少实际销量。

　　三得利在把沁柠水的设计工作外包给日本电通公司时，提出了明确的要求："你要想清楚到底要给消费者什么。"从跟消费者产生关联的"Why"，而不是"What"来建立品牌，是这个产业一个明显的进步。配合近水饮料的体验感，三得利总经理李凤起要求"文字这种杂七杂八的东西越少越好"。最终沁柠水的包装只用了蓝、黄、黑三种颜色，在柠檬片的图案上添加了一些水滴，而推出的沁桃水则连水滴都没有。

　　在适合的地方让消费者看见，对于大品牌来说，才是最终的决战。"便利店在选择产品时目的性非常强，就看你的动态销售快不快，而不是看你的公司品牌。"李凤起跟某市场部负责人打了一个"赌"——如果 3 个月以后货卖不掉就加 1 元钱收回来，最终让沁柠水顺利上架。现在，广州便利店渠道沁柠水的月销量都在 2 万箱左右。

　　利用好渠道的关键还在于，"给渠道商留出足够的利润空间"。与同等价位的产品竞争时留出更多利润，控制成本是重要手段。类似美汁源"手雷"状的非标准瓶身设计会在一定程度上推高物流成本，圆柱形的沁柠水则避免了这样的问题。

　　资料来源：我知道今年夏天你喝了什么：沁柠水上市．第一财经周刊，2015（26）．

　　问题

　　请你根据所学的知识和所给案例信息，分析三得利沁柠水的产品概念并提炼沁柠水上市策划的过程。

▶▶ **实训练习**

　　妈咪之星童装为打造活泼可爱、个性鲜明的儿童形象，以时尚、环保、健康、快乐、童趣为品牌文化，期望在 2016 春夏新品会上迈上一个新高度，让消费者重新认识妈咪之星童装，重新审视其时尚的一面。

　　孩子最是眷念家的温暖、家的味道，居家的着装风格在每一季都不会被遗忘。2015 年秋冬，妈咪之星童装依旧把家作为最重要的部分，精心打造舒适、柔软、休闲的居家系列新装，而这一季，妈咪之星童装挑选了浪漫的丁香紫和珊瑚绒面料，视觉上给人温暖的感觉，触感上更是柔软舒适。妈咪之星童装这一季选择珊瑚绒打造居家风秋装：紫色套头珊瑚绒上衣，胸前金色的椭圆雕花画框中是生动绽放的花朵；黑色条纹镶边的棒球风外套，在左胸点缀 M 字母；丁香紫的背心，胸前一枝招展的树枝上，停驻着几只俏丽的鸟儿，生动可爱；紫色的针织开衫，点缀黑色、绿色、黄色的桃心，跳跃着愉悦的心情；紫色波点的棉服，口袋边缘镶嵌着羊羔绒，领口内衬巧妙设计的蝴蝶结。

　　请你根据妈咪之星的经营理念，为 2015 年秋冬这套紫色系列产品设计上市策划案。

第 **5** 章

品牌策划

📎**学习目标**

- 了解品牌的作用、品牌定位的含义；
- 掌握品牌定位的方法和品牌命名的原则；
- 理解品牌设计和品牌表达的要求。

📎**引　例**

　　"真功夫"原名"双种子"，是广东东莞长安镇的一家餐饮企业，以做中式快餐为主。它的做法是将所有的主料、配料都准备好，需要时只蒸 3～5 分钟就可以食用了。这种做法发扬了粤菜爱蒸的特点，很好地保持了营养，而且卫生、快捷，适合中式快餐连锁经营。

　　双种子有这么好的做法，这么美味营养的快餐，可生意就是不好，在东莞地区开的几家连锁店都很不景气，面临倒闭，这让创始人蔡老板想不通，不就是名字有点土嘛。于是他北上北京，找到中国最炙手可热的营销策划人叶茂中。叶茂中果然身手不凡，一出手就将店名"双种子"更名为"真功夫"，取谐音"蒸的功夫"，突出产品特点，开展连锁经营；又绘制了一个中国功夫人的形象图案，作为品牌标志，便于传播、识别又暗示真的有功夫。此标志让人产生功夫联想，令人印象深刻、难忘，也增加了顾客的亲近感和认同感。"真功夫"凭借这一策划得以快速扩张，连锁店开到国内外很多地方，生意非常火爆。

　　启示："真功夫"巧傍了中国的功夫文化，让消费者自觉地将他们对李小龙的感情投射到这个餐饮品牌上来，强化了消费者的品牌认知和认同，从某种意义上透露出企业的野心，即通过"真功夫"打造全球华人餐饮品牌。

　　品牌是一种名称、术语、标记、符号或图案，或是它们的组合，用以识别某个销售者或某群销售者的产品或服务，使之与竞争对手的产品或服务相区别。企业形象是企业内外对企业的整体感觉、印象和认知，是企业状况的综合反映。本章将对品牌的特征、种类、作用进行详细分析，围绕如何进行品牌设计、品牌表达、企业形象设计和企业形象导入的实务性操作展开，培养初步的品牌与企业形象策划能力。

5.1　品牌策划概述

　　一般意义上，品牌是一个名称、名词、符号或设计，或者是它们的组合，其目的是识别某个销售者或某群销售者的产品或服务，使之同竞争对手的产品或服务区别开来。品牌是一个集合概念，包括品牌名称和品牌标志两部分。品牌名称是指品牌中可以用语言称呼的部分，也称"品名"，如小天鹅、迪士尼等；品牌标志，也称"品标"，是指品牌中可以被认出、易于记忆但不能用言语称呼的部分，通常由图案、符号或特殊颜色等构成，如一只展翅的天鹅的图案是小天鹅洗衣机的品牌标志。

　　作为战略开发的品牌，是通过以上这些要素和一系列市场活动表现出来的结果所形成的一种形象认知度、感觉、品质认知，以及通过这些表现出来的客户忠诚度，总体来讲它属于一种无形资产，是企业、产品与消费者建立的一种关系。知名品牌是企业中最有价值的资产。

◐ 品牌的类型

1. 根据品牌知名度的辐射区域划分

　　根据品牌知名度的辐射区域可以将品牌分为地区品牌、国内品牌、国际品牌。

　　（1）地区品牌。地区品牌是指在一个较小的区域内生产、销售的品牌。例如，地区性生产、销售的特色产品。这些产品一般在一定范围内生产、销售，产品辐射范围不大，主要是受产品特性、地理条件及某些文化特性影响，如地方戏种川剧主要在巴蜀，黄梅戏主要在安徽。

　　（2）国内品牌。国内品牌是指国内知名度较高，产品辐射全国的品牌。例如，红塔山香烟、娃哈哈矿泉水。

　　（3）国际品牌。国际品牌是指在国际市场上知名度、美誉度较高，产品辐射全球的品牌。例如，可口可乐、麦当劳、万宝路、奔驰等。

2. 根据产品生产经营的不同环节划分

根据产品生产经营的所属环节可以将品牌分为制造商品牌和经营商品牌。制造商品牌是指制造商为自己生产制造的产品设计的品牌。经销商品牌是指经销商根据自身的需求和对市场的了解，结合企业发展需要创立的品牌。

3. 根据品牌来源划分

根据品牌来源可以将品牌分为自有品牌、外来品牌和嫁接品牌。自有品牌是指企业依据自身需要创立的，如本田、东风、摩托罗拉、全聚德等。外来品牌是指企业通过特许经营、兼并、收购或其他形式取得的品牌，例如联合利华收购的北京"京华"品牌。嫁接品牌主要指通过合资、合作方式形成的带有双方品牌的新产品，如琴岛-利勃海尔。

4. 根据品牌的生命周期长短划分

根据品牌的生命周期长短可以将品牌分为短期品牌、长期品牌。短期品牌是指品牌生命周期较短的品牌，由于某种原因在市场竞争中昙花一现。长期品牌是指品牌生命周期随着产品生命周期的更替，仍能经久不衰、永葆青春的品牌，如全聚德。也有些是经过长久发展形成的世界知名品牌，如雀巢、奔驰等。

5. 根据品牌的所属行业划分

根据品牌的所属行业可将品牌划分为家电业品牌、食品饮料业品牌、日用化工业品牌、汽车机械业品牌、商业品牌、服务业品牌、网络信息业品牌等几大类。

6. 根据品牌的原创性与延伸性划分

根据品牌的原创性与延伸性可将品牌划分为主品牌、副品牌、副副品牌，或母品牌、子品牌、孙品牌。

7. 根据品牌的本体特征划分

根据品牌的本体特征可将品牌划分为个人品牌、企业品牌、城市品牌、国家品牌、国际品牌等。如王力宏、宋慧乔等属于个人品牌；哈尔滨冰雪节、宁波国际服装节等属于城市品牌；万里长城、埃菲尔铁塔、自由女神像等属于国家品牌；联合国、奥运会、国际红十字会等属于世界品牌。

◉ 品牌的作用

品牌的作用主要体现在以下几个方面：

1. 是产品或企业核心价值的体现

企业不仅要将产品销售给目标消费者，而且要使消费者通过使用对产品产生好感，形成品牌忠诚，使消费者重复购买。消费者通过品牌，通过对品牌产品的使用，形成满意，就会围绕品牌形成消费经验，存储在记忆中，为将来的消费决策形成依据。一些企业更为自己的品牌树立了良好的形象，赋予了美好的情感，或代表了一定的文化，使品牌及品牌产品在消费者心目中形成了美好的记忆，如星巴克品牌的浪漫文化。

2. 是识别产品的分辨器

品牌的建立是由于竞争的需要，用来识别某个销售者的产品或服务的。同时，互不相同的品牌各自代表着不同形式、不同质量、不同服务的产品，可为消费者购买、使用提供借鉴。消费者通过品牌认知产品，并依据品牌选择购买。

3. 是质量和信誉的保证

创名牌是企业在市场竞争的条件下逐渐达成的共识，人们希望通过品牌对产品、对企业形成区别，通过品牌形成品牌追随，通过品牌扩展市场。特别是名牌的出现，使用户形成了一定的忠诚度、信任度、追随度，由此使企业在与对手竞争中拥有了后盾。品牌还可以利用其市场扩展的能力，带动企业进入新市场，带动新产品打入市场；利用品牌资本运营的能力，通过一定的形式如特许经营、合同管理等进行企业的扩张。

❯ 品牌策划的相关概念

品牌策划就是对品牌战略和策略的规划，是品牌决策的形成过程，通过在品牌上对竞争对手的否定以及与竞争对手的差异、距离来引导目标群体的选择。品牌策划注重意识形态和心理描述，即对消费者的心理市场进行规划、引导和激发。品牌策划本身并非一个无中生有的过程，而是把人们对品牌的模糊认识清晰化的过程。在品牌策划过程中常用到的与品牌相关的概念主要有以下几个：

1. 品牌推广

品牌推广是指企业通过塑造自身及产品品牌形象，使消费者广泛认同的系列活动过程。品牌推广有两个重要任务：一是树立良好的企业和产品形象，提高品牌知名度、美誉度和特色度；二是最终要将有相应品牌名称的产品销售出去。品牌推广是品牌树立、维护过程中的重要环节，包括传播计划及执行、品牌跟踪与评估等。品牌创意再好，没有强有力的推广执行作支撑也不能成为强势品牌，而且品牌推广强调一致性，执行过程中的各个细节都要统一。

2. 品牌资产

品牌资产是与品牌、品牌名称和标志相联系的能够增加或减少企业所销售产品或服务价值的一系列资产与负债。主要包括五个方面：品牌忠诚度、品牌认知度、品牌感知质量、品牌联想和其他专有资产（如商标、专利、渠道关系等），这些资产通过多种方式向消费者和企业提供价值。

3. 品牌识别

品牌识别是品牌策划者希望创造和保持的，能引起人们对品牌的美好印象的联想物。这些联想物暗示着企业对消费者的某种承诺。品牌识别将指导品牌创建及传播的整个过程，因此必须具有一定的深度和广度。

4. 品牌符号

品牌符号是用来区别产品或服务的基本手段，包括名称、标志、基本色、口号、象征物、代言人、包装等。这些识别元素形成一个有机结构，对消费者施加影响。它是形成品牌概念的基础，成功的品牌符号是公司的重要资产，在品牌与消费者的互动中发挥作用。

5. 品牌个性

品牌个性是指特定品牌拥有的一系列人性特色，即品牌所呈现出的人格品质。它是品牌识别的重要组成部分，可以使没有生命的产品或服务人性化。品牌个性能带来强大而独特的品牌联想，丰富品牌的内涵。

6. 品牌定位

品牌定位是在综合分析目标市场与竞争情况的前提下建立一个符合原始产品的独特品牌形象，并对品牌的整体形象进行设计、传播，从而在目标消费者心中占据独具价值地位的过程或行动。品牌定位的着眼点是目标消费者的心理感受，途径是对品牌整体形象进行设计，实质是依据目标消费者的特征，设计产品属性并传播品牌价值，从而在目标消费者心中形成该品牌的独特位置。

7. 品牌形象

品牌形象是指消费者基于能接触到的品牌信息，经过自己的选择与加工，在大脑中形成的有关品牌的印象总和。品牌形象与品牌识别既有区别又有联系。二者的区别在于，品牌识别是指品牌战略者希望人们如何看待品牌，而品牌形象指现实中人们如何看待品牌；二者的联系在于，品牌识别是品牌形象形成的来源和依据，品牌形象在某种程度上是执行品牌识别的结果。

8. 品牌文化

品牌文化是指品牌在经营中逐步形成的文化积淀，代表企业和消费者的利益认知、情感归属，是品牌与传统文化以及企业个性形象的总和。与企业文化的内部凝聚作用不同，品牌文化突出了企业外在的宣传、整合优势，将企业品牌理念有效地传递给消费者，进而占领消费者的心智。品牌文化是凝结在品牌上的企业精华。

9. 品牌延伸

品牌延伸是指在已有相当知名度与市场影响力的品牌的基础上，将成名品牌运用到新产品和服务上，以期减少新产品进入市场风险的一种策略。它可以增加新产品的可接受性，减少消费行为的风险性，提高促销性开支使用效率，以及满足消费者多样性需要。

10. 品牌结构

品牌结构是指一个企业不同产品品牌的组合，它具体规定了品牌的作用、各品牌之间的关系，以及各自在品牌体系中扮演的不同角色。合理的品牌结构有助于寻找共性以产生协同作用，条理清晰地管理多个品牌，减少对品牌识别的损害，快速高效地作出调整，更加合理地在各品牌中分配资源。

11. 品牌效果

品牌效果是指企业塑造品牌后为企业带来的效益。品牌效果需要用一些指标来衡量，从消费者的角度对品牌效果进行衡量的指标包括品牌认知度、品牌美誉度、品牌忠诚度和品牌偏好度。品牌认知度是品牌资产的重要组成部分，它是衡量消费者对品牌内涵及价值的认知和理解度的标准。品牌美誉度是品牌力的组成部分之一，它是市场中人们对某一品牌的好感和信任程度。品牌忠诚度是指由于品牌技能、品牌精神、品牌行为文化等多种因素，使消费者对某一品牌情有独钟，形成偏好并长期购买这一品牌商品的行为。品牌偏好度是品牌力的重要组成部分，指某一市场中消费者对该品牌的喜好程度，是对消费者的品牌选择意愿的了解。

品牌策划的推广

根据品牌使用的先后，可以将品牌推广过程划分为导入期、成长期、全盛期和衰落期四个阶段，不同阶段的品牌推广重点不同，推广的具体策略也会有所不同。

1. 品牌导入期的推广策略

品牌导入期是指企业刚刚引入品牌经营理念，企业品牌第一次面对顾客或第一次参与竞争的阶段。在此时期，目标顾客出于对新品牌缺乏认知而谨慎选择；竞争对手此时正在观察和企图获取企业的市场意图，且尚未建立阻击计划；媒体或其他利益相关者可能也在密切注视品牌的推广过程和结果。因此，在品牌导入期，有如下策略：

（1）制定推广计划。一个新品牌面市，目标顾客会有不同反应：漠视、关注、尝试和充当传播者。企业在品牌的推广前必须着眼于长期并适用于目标顾客的生活方式和习惯，制定一套有连续性和针对性的推广步骤。为打动持漠视态度的顾客群，一是品牌定位要准确；二是广告和宣传要连续；三是要使产品具有差异性和功能的适应性；四是渠道布局要合乎顾客的最高期望。

（2）迷惑竞争对手。竞争者对新品牌面市的态度虽然会因企业的市场动作而存在较大差别，但总会密切关注和企图探寻企业的市场图谋。因此，企业有必要故意露一些假象给竞争者以拖延其阻击计划的实现，让企业争取更多时间来获得使竞争者深感意外的市场空间和品牌知名度。具体方法是：利用媒体的传播作用或企业宣传向潜在竞争者传递虚假的方向性举措，以迷惑对方；在传播和推广投入上故意示弱，以麻痹对方；先精心耕耘局部或区域市场以积蓄能量，让对方措手不及；营销注重游击性，让传播成本始终低于对方；完善具有差别利益的服务体系，以备攻其软肋。

（3）了解并满足媒体的需要。媒体对一个新品牌的面市有一定的兴趣，它们一般视企业的市场作为给予不同程度的关注。媒体进行报道的目的无非是吸引读者，那么企业应了解媒体的真实意图，并满足它们的需要，方能使其为己所用。因此，营造焦点或新闻效应是企业品牌推广的重头戏。比如，构建品牌初期在企业内部导入品牌经营理念时，采用一些诸如发布会、演示和推广会等非常规的做法，以吸引媒体的注意；利用企业有关技术、产品、服务等的创新举措，邀请媒体给予报道；推广和传播时挖掘与品牌有关的社区、企业和员工的新闻题材，借媒体之力扬品牌之名。

值得注意的是，品牌在导入期的推广因不同产品及其不同的市场表现而没有一成不变的推广模式，这要求企业针对具体的产品、目标市场、市场状况来设定一些具有优势并适合自己的推广模式，照搬很可能会弄巧成拙。

2. 品牌成长期的推广策略

在品牌成长期企业必须对品牌要素进行重新审视并调整，以适应顾客或超越竞争者。从实际状况来看，顾客反馈的信息具有一定的普遍性，企业应该就品牌产品的技术、外观、包装、品质和服务等产品成分，参考顾客反馈的信息和要求进行适应性或超前性调整。一要重新审视品牌的目标市场定位，看是否定得过宽或过窄，抑或在某区域市场留有空白；二要反思品牌的竞争个性是否与企业的经营能力和技术现状匹配，是否适应品牌的内涵定位，是否独特和具有差异性；三要检讨品牌的内涵定位中的属性、价值、利益、个性、文化和使用者特征等要素的不足，看是否有针对性和准确性。

▼ 营销透视

美特斯邦威在品牌策划和形象提升上，运用品牌形象代言人和极具创意的品牌推广公关活动及全方位品牌形象广告投放，再结合开设大型品牌形象店铺的策划，迅速地提升了品牌知名度和美誉度。美特斯邦威在品牌系统建立过程中经历了"休闲生活概念包装"营销、"形象代言人的时尚娱乐宣传"营销、"针对消费者和VIP贵宾的关系"营销，采用了层层推进的方式。

例如：自从由郭富城代言以后，美特斯邦威就充分利用各类社会公共活动为品牌创造新闻热点，使郭富城的青春、激情、个性张扬的形象与美特斯邦威的广告主题有机地联系在一起。在品牌跨越式的发展期，美特斯邦威又选择了深受新新人类拥戴、追捧的音乐奇才，最具市场人气的周杰伦做新的形象代言人，强化了追求自我个性解放的品牌个性。在15～25岁的青少年消费人群中，美特斯邦威已经成为时尚、自我解放、不走寻常路的代名词。

赞助营销曾经是市场营销中难以归类的灰色区域，但现在已经成为众多机构宣传组合的一部分，与广告、人员推销、公共关系一样，成为一个或多个目标群体为达到特定目的而进行沟通的方式之一。配合"营销工具箱"里更加传统的方法（广告、促销），赞助营销已经越来越多地用于以达到特定组织目标为目的的宣传活动中。

例如：美特斯邦威"加油！好男儿"活动，由美特斯邦威、东方卫视合作举行新闻发布会。发布会宣布"加油！好男儿"活动将面向全球征集好男儿。遍布全国的1 800家美特斯邦威品牌形象店，将成为节目与观众最直观及近距离接触互动的平台，也作为重要的终端资源全面推动《加油！好男儿》节目的全过程。同时，美特斯邦威还将整合其所拥有的明星代言人资源，全力支持旗下的代言人周杰伦、张韶涵，使他们成为第二季《加油！好男儿》的评委或表演嘉宾。作为国内服装行业的领导品牌，美特斯邦威以其年轻、个性、时尚的独特风格走在潮流前面，这与活动传达出的年轻、活力、原创的精神相契合。

赞助营销运用成功，无论是对产品的知名度还是产品的销售量，都有很大的提升。此类营销可以达到以下几个目标：进入特定目标市场，树立企业品牌形象，与分销商建立关系，展示产品的特性，获得销售机会。赞助营销和事件营销作为品牌提升、市场推广的一条捷径，在短时间内对品牌知名度、美誉度、市场销量的迅速提升，威力巨大，优势不容置疑。

内容营销指的是以图片、文字、动画等介质传达有关企业的相关内容来给客户信心，促进销售。比起其他载体，在网络中，内容营销可以在动画、文字、视频、声音等各种介质中呈现出来。美特斯邦威的营销一直强调活在当下。同年轻人沟通，根据年轻人的关注，从大趋势、大环境上推导品牌策划。优酷、腾讯视频、爱奇艺等视频网站不断崛起，吐槽文化开始兴起，大众的文化底线、价值观底线在不断被突破，大家更喜欢看有趣、真实、好玩的东西，内容营销走上舞台。

例如：2014年，美特斯邦威做了一个《会唱歌的内裤》节目，讲些有趣的网络段子。还和网易云音乐做了一个"会唱歌的内裤"，每条内裤印有一个二维码，扫这个二维码可以听歌。这个活动推出后，美特斯邦威在店里做了内衣秀，在网上做了内容营销，得到的反馈超乎想象。紧接着《奇葩说》开播，美特斯邦威看中其"不走寻常路"的宣传语，迎合品牌的口号，与其联手开始做内容营销。《奇葩说》的气质是真实、有趣，采用花式口播挑明产品调性，在内容方面合作，产品、行动以及气质方面融合，把真实和有趣贯穿到每一个营销行动中，让美特斯邦威的气质与《奇葩说》气质一致，更好地做好年轻人的品牌。

内容营销对于目标客户更具有吸引力，但是"言之无文，行而不远"。品牌不应追求短期或立即性、不理性、直接的行为改变，而应追求理性、倾向长期的内容教育。内容营销可帮助企业塑造"思想领导"的角色，扎实地提高品牌的忠诚度、黏度。信息来源的愈来愈多样化也促使人们一定要上网找遍信息内容，货比三家，这也显示出内容营销的重要性。

资料来源：孙跃兰. 美特斯邦威品牌战略研究. 中国商贸，2010（9）.

3. 品牌全盛期的推广策略

在品牌的全盛期，企业的品牌工作目标是谋求市场地位，塑造品牌个性，确立核心利益，持续提高知名度、美誉度和忠诚度，这是给企业带来长久收益的一种必需投入。运营层面的安全和媒体公关等工作是企业品牌全盛时期的重中之重。

（1）改进产品，迎合顾客期望。处在全盛时期的品牌产品，技术水平成熟。此时，企业应就产品的技术、功能组合、包装、产品线、服务、附加利益，进行适应性和适当超前性的改进，让产品始终符合顾客期望。

（2）查漏补缺，加强供应链管理。进入全盛期的品牌在竞争者的密切关注下，有许多可以攻击的软肋，如品牌的核心优势、市场地位、顾客忠诚等，因此，品牌进入全盛时期，企业应全方位地自我审视，扩大优势，修补劣势，维持上游忠诚供应商和开辟第二供应源是品牌全盛时期供应链管理的重点。

（3）投其所好，与媒体保持良好关系。投其所好，挖掘所有媒体感兴趣的有关品牌和企业的正面新闻题材或焦点效应，进一步让媒体为品牌助力。同时，使媒体保持高度关注和报道正面的品牌信息，而针对那些不可避免的危机，应事先及时与媒体沟通，取得谅解和力求使媒体留情，并尽量将危机消灭在萌芽状态，不扩散危机，让企业和品牌始终在正面的舆论引导下成长，规避危机引发的风险。

针对媒体，企业还要主动供稿、邀请媒体参加活动，与关键人物建立私人关系，适当支持媒体发展等，做好企业媒体公关的维护性工作。与权威媒体建立一种长久的关系，这样做可以使企业和品牌在面临危机时得到一定程度的保护。

4. 品牌衰落期的推广策略

品牌竞争个性定位的某些不合理之处是导致品牌衰落的原因，在品牌衰落期，对症下药是关键。如果是危机引发衰落，那么应当在排除危机后继续全盛期的定位。如果是竞争者因素引发衰落，则要分析竞争者采取了什么举措。如果是竞争者实力强于自己使品牌衰落，那么应适当修正全盛期的定位以规避正面的恶性竞争；如果是竞争者采用了更加适应市场的竞争个性定位，那么企业应认真审视自己的定位有何不当之处，或者朝接近竞争者的定位方向修正，加大推广投入，以期重回全盛期，或者主动与竞争者的定位错开，另辟蹊径。

绝大多数品牌走向衰落是由危机引起的，因此，正确处理危机是挽救品牌颓势的主要工作。在品牌衰落期，在没有很好地解决危机之前继续推广品牌，只会进一步放大危机。从普遍情况来分析，危机具有突发性、扩散性和相对可控性等特点，同时还具有机遇性。

5.2 品牌定位

品牌定位是指企业为自己的品牌在市场上树立一个明确的有别于竞争对手品牌且符合消费者需要的形象，其目的是在消费者心目中占领一个有利的位置。一旦某种需要产生，人们立即就会想到某一品牌。准确的品牌定位是品牌策划的首要任务，是品牌建设的基础，是品牌策划成功的前提。品牌定位在品牌策划中有着不可估量的作用和深远的意义。

◯ 品牌定位的标准

品牌定位要突出品牌个性，但并非可以随心所欲地定位。决定品牌定位时应依据一定的标准，否则会适得其反。具体而言，有定位时应遵循以下标准：

1. 从消费者出发

定位必须是消费者能切身感受到的，否则便失去了定位的意义。定位应把品牌和消费者的想象、感觉联系起来，如果消费者根本无法理解该品牌所传达的信息，定位就是失败的。

2. 体现产品优点

定位一定要以产品的真正优点为基础。产品是品牌的基础和依托，品牌的竞争优势是产品特点的延伸，名不副实的宣传定位会导致消费者不信任，从而导致企业的失败。

3. 凸显竞争优势

定位一定要凸显竞争优势。"以己之长攻敌之短"是我国古代用兵的谋略，现代商战中也是如此，以自己的竞争优势占领市场是企业不变的法宝。

4. 清晰、明确

定位要清晰、明确，不宜太过复杂。比如 IBM 很少强调其产品质量，而是以自己是一家服务性公司为诉求点，因此大多数消费者都认为 IBM 能为非专业电脑操作人员提供保障。

▶ 品牌定位的误区

1. 定位过低

品牌定位过低会使消费者认为某种品牌是低档产品，不符合产品使用的环境和质量属性，因而对之不屑一顾。如果某高科技产品或技术含量较高的产品品牌定位过低，则可能引起消费者的质疑而没有市场。

2. 定位过高

品牌定位过高会在消费者心目中造成不敢轻易购买的形象，从而失去一部分有能力购买而被品牌定位过高吓跑的消费者。如我国一些企业盲目推出不受欢迎的高档商品。浙江海德绅服饰公司曾为海德绅西服促销策划了一次"50 万元能买几套海德绅西服"的公关宣传活动：该公司采用日本工艺精制了 10 套总价值近 50 万元的西服，款式豪华，售价分为 6.8 万元、4.8 万元、2 万元三档，据称是当时国内服装市场上最高售价，结果这批西服在专卖店一亮相就遭到非议。又如，北京某商城曾推出每瓶 3 200 元的铜马西凤酒，结果是无人问津。前几年全国各地兴建豪华商厦，各大商场纷纷刮起装修风，商场内外装修得富丽堂皇、美轮美奂。旧貌变新颜后，各种精品屋、贵族廊充斥其间，商品价格自然居高不下，令不少消费者望而兴叹，其结果是消费者被吓走了，许多大商场也关门了。

3. 定位不清

定位不清晰导致消费者难以清楚识别品牌。品牌定位关键是抓住消费者的心，如何做到这一点呢？首先是必须带给消费者实际利益，满足他们某种切实的需要。但做到这一点并不意味着品牌就能受到青睐，因为市场上还有许多企业生产同样的产品，也能给顾客带来同样的利益。市场上每种类型、每个品种、每个甚小的市场区域，都有众多的产品在涌入。企业品牌要脱颖而出必须塑造差异性，只有与众不同的特点才容易吸引人的注意力。

而许多企业的广告宣传很难让人了解品牌间的差异。例如，"长城电扇，电扇长城""永远的绿地，永远的秦池""活力 28，沙市日化""维维豆奶，欢乐开怀"。再如，国产洗衣粉品牌都强调去污力强等等。在强大的广告攻势下，虽然消费者能记住其品牌名称，却不能分辨它们之间的区别，于是，在同一产品有多种品牌可供选择的情况下，消费者经常无所适从。

4. 定位不准

企业总希望将品牌的所有好处都告诉消费者，似乎不如此便无法打动消费者。一些异想天开的经营者，喜欢吹嘘自己的产品无所不能，就像百宝箱，消费者需要什么都可以从中找到，认为这样的产品才是最受欢迎的。姑且不论这种产品有没有存在的可能，单是品牌功能的"多而全"，已不能适应现代消费"少而精"的趋势。

◆ 品牌定位策略

企业常用的品牌定位策略有以下五种：

1. 首席定位

即追求品牌成为本行业中领导者的市场定位。如广告宣传中使用"正宗""第一家""市场占有率第一"等口号，就是首席定位策略的运用。首席定位的依据是人们对"第一"印象最深刻的心理规律。例如我国第一个进入太空的航天员杨利伟，第一个恋人的名字，第一次成功或失败，等等。尤其是在现今信息爆炸的社会里，消费者会对大多数信息毫无记忆。据调查，一般消费者只能回想起同类产品中的七个品牌，而名列第二的品牌销量往往只是名列第一的一半。因此，首席定位能使消费者在短时间内记住该品牌，并为以后的销售奠定基础。

但是，在每个行业、每一产品类别里，"第一"只有一个，而厂商、品牌众多，并不是所有企业都有实力运用首席定位策略，只有那些规模大、实力雄厚的企业才有能力运作。对大多数厂商而言，重要的是发现本企业产品在某些有价值的属性方面的竞争优势，并取得第一的定位，而不必非在规模上最大。如七喜汽水是非可乐型饮料的第一，黛亚（Dial）香皂是除臭香皂的第一，等等。采用这种定位策略，能使品牌深深印在消费者的脑海中。

2. 加强定位

即在消费者心目中加强自己现有形象的定位。品牌是设计出来的，当企业在竞争中处于劣势且对手实力强大不易被打败时，品牌经营者可以另辟蹊径，避免正面冲突，以期获得竞争的胜利。如美国安飞士公司强调"我们是老二，所以我们更努力"，而七喜汽水的广告语是"七喜非可乐"；我国亚都公司恒温换气机告诉消费者"我不是空调"，它们都是这样的定位。

3. 空当定位

即寻找为众多消费者所重视但尚未被开发的市场空间。任何企业的产品都不可能占领同类产品的全部市场，也不可能拥有同类产品所有竞争优势。市场中机会无限，就看企业是否善于发掘机会。谁寻找和发现市场空当的能力强，谁就可能成为后起之秀。例如，美国玛氏公司生产的巧克力，其广告语为"只溶在口，不溶在手"，给消费者留下了深刻的印象；露露集团开发的杏仁味饮料具有醇香、降血脂、降血压、补充蛋白质等功效，因而其定位"露露一到，众口不再难调"，同样是成功的空当定位。

4. 对比定位

即通过与竞争品牌的客观比较，来确定自己的市场地位。在市场发达地区，产品、品牌成千上万，企业要发现市场空当不是一件容易的事情。此时，企业要让自己的品牌在消费者心目中占有一席之地，只有设法改变竞争者品牌在消费者心目中现有的形象，找出其缺点或弱点，并用自己的品牌进行对比。例如，泰诺在广告中说："有千百万人是不应当服用阿司匹林的。如果你容易反胃……或者有溃疡……或者你患有哮喘、过敏或缺铁性贫血，在服用阿司匹林前有必要咨询医生。阿司匹林可能引发哮喘或过敏反应，并引起微量胃肠道出血。幸运的是有了泰诺……"以此广告，泰诺一举击败了先前的市场第一，成为止痛药市场的领导者。

5. 高级俱乐部定位

即企业强调自己是某个具有良好声誉的小集团的成员之一。当企业不能取得第一位和某种有价值的独特属性时，将自己和某一名牌划归同一范围不失为一种有效的定位策略。美国克莱斯勒汽车公司宣布自己是美国"三大汽车公司之一"，这使消费者感到克莱斯勒和第一、第二一样都是知名轿车，从而缩小了三大汽车公司之间的距离。

▼ 营销透视

林清轩聚焦山茶花修复产品

2018 年"双十一"当日，林清轩全渠道销售额超过 5 000 万元，线上客单价约 500 元，线下客单价达 780 元，与诸多一线大牌不相上下。其中，林清轩的明星产品——定价 597 元的山茶花润肤油，当日全渠道销量超过 5 万瓶，在经过天猫大数据论证、50 家媒体评审团推荐产生的 11 月 10 日天猫"潮流精华液榜"中，山茶花润肤油位居第一，就国产品牌而言这还是第一次。

这是一场始于四五年前的变革带来的结果。不同于自带互联网基因的新创品牌，林清轩的转型是一个传统零售品牌升级成为中高端新零售品牌的艰难过程。

聚焦单一品类，打造"专家级"品牌

林清轩品牌升级的核心举措之一是聚焦力量开发单一品类——山茶花修复

系列。

在此之前，林清轩有 10 多个系列的产品，很多消费者搞不清林清轩具体是卖什么的，只是模糊地感觉是手工香皂、天然护肤品之类的产品。品牌升级前，林清轩针对国内数十个化妆品品牌作调研，99％的顾客都知道这些品牌，但这些品牌哪一个产品好，大部分人说不出来。但是他们知道 SK-Ⅱ 的神仙水、雅诗兰黛的小棕瓶、兰蔻的小黑瓶、资生堂的红腰子。

这表明，林清轩必须聚焦单一品类，在此基础上打造极致单品，成为"专家级"品牌，以占据消费者的心智。在做极致单品时，林清轩不跟国际大牌正面交手，而是选择更换一条赛道，开创一个独有的品类，将其做到极致，进行品类及功效上的差异化竞争。这样，国际大牌也很难与林清轩正面竞争。

当林清轩品牌创始人孙来春决定这么做时，没人相信他可以成功。孙来春观察海外高端品牌发现，80％以上的品牌都采取过类似的打法。比如，服装行业的博柏利，如果它毫无重点地推出服装、领带和包包，根本竞争不过其他奢侈品牌，后来它选择聚焦风衣系列，风衣系列火了以后，其他产品的销售也都连带着火爆起来。这坚定了孙来春的决心。

从聚焦单一品类到聚焦单一功能

在聚焦单一品类的基础上，林清轩进一步做减法，只聚焦一个核心功效。

即便只做单一的山茶花系列，可做的功能也很多，如补水、保湿、美白、抗皱等，但这些功能基本已被先行者强势占位，红海一片。选择哪一种功能作为破局点很关键。

孙来春认为在消费者的心智中，不同功能的化妆品，价格天然有差异。比如，防止皮肤皲裂的化妆品仅卖 10 元，保湿、补水类产品能卖到两三百元，而天然修复类产品的起价往往就是 500 元以上。考虑到山茶花具有修复肌肤的功效，加上国内主打修复功效的护肤品市场还没有绝对的主导品牌，孙来春认为林清轩有机会通过这个品类完成品牌升级并占据第一。

林清轩团队将对山茶花系列产品的研究聚焦在一个核心功能——修复皮肤上面，系列里的所有产品都围绕这个基础扩展，以便将林清轩打造成山茶花焕肤修复的专家级品牌。

90 倍于国际大牌的研发人员投入

一旦确定定位，就需要针对性地加强产品研发，用能够匹配定位的系列产品作为品牌定位强有力的支撑。

林清轩要做"山茶花焕肤修复专家"，必须进行大量的技术攻关。林清轩在产品上投入的研发人员相当于国际品牌的 90 倍。此外，林清轩借助日本和法国的化妆品研究所做功效测评，将日本和法国先进的成熟技术为己所用，虽然前期成本较高，却保障了林清轩的高端品质。

在原材料的选择上，林清轩也不依靠雅诗兰黛、兰蔻等大牌的原料商。林清轩在安吉自建了 380 亩种植基地，在浙江有 28 000 亩的合作基地，自己种植山茶花，而且只种最好的品种，同时由自己的研发团队进行加工、提取。

事实证明，2014 年 2 月上市的明星产品"山茶花润肤油"大获成功，跻身中高端护肤品行列。2017 年，林清轩的山茶花润肤油卖了 35 万瓶，复购率达到 40%。从销售额上看，这款润肤油占了全年业绩的 40%，山茶花系列产品整体占 70%。

资料来源：重构零售实验室．林清轩曾告阿里 7 次，如今成新零售经典"案例"．（2019 - 02 - 20）．http：//news. winshang. com/html/065/3634. html.

5.3 品牌命名

在品牌的诸要素中，品牌名称是品牌的核心要素，是形成品牌概念的基础。著名品牌大师艾·里斯说："实际上被灌输到顾客心目中的根本不是产品，而是产品名称，它成了潜在顾客亲近产品的纽带。"在现代市场竞争日趋激烈的条件下，对一个企业来说，给企业和产品起一个响亮的名字，对企业参与市场竞争，尤其是打开国际市场大有好处。然而，要起好名字却大有学问。

在国内市场很有名气的"金利来"产品及商标，最初的名字叫"金狮"。一次，金利来（远东）有限公司的董事长曾宪梓先生，将两条上等的金狮领带送给一个亲戚。结果人家不高兴地说："我才不戴你的领带呢，尽输，尽输，什么都输掉了。"原来，香港话中"狮"与"输"读音相同。于是，曾先生彻夜不眠，绞尽脑汁想出一个万全之策。将"金狮"的英文"Goldlion"用音译与意译相结合的方法，演变成新的名字，即把"Gold"意译为"金"，"lion"音译为"利来"，合称为"金利来"。这样，"尽输"变成了"金利来"，既符合中国人的文化心理，又保持了名称的稳定性，曾先生以"金利来"这个吉祥的名字创造了一个"男人的世界"。

反观内地一些企业，由于不注意自己的名字和商标，结果给企业参与市场竞争，尤其是走向国际市场造成了麻烦。如南京长江机械厂生产的"蝙蝠"牌电扇，虽然在国内叫得很响，但是在进入国际市场时，不得不改为"美佳乐"，因蝙蝠在许多国家被视为邪恶和不洁的同义词。国内著名的"大象"牌电池，在欧美却遭到了冷落，其原因并不在于产品的质量，而仅仅是因为欧美人常把大象看做蠢笨的化身。即使像"狗不理"这样在北方久负盛名的老字号，也因为习俗不同而没能被港澳同胞所接受——狗都不理，人还能理吗？所以只得忍痛将"狗不理"改成"喜盈门"。在营销实践中，这样的例子不胜枚举。所以，作为一个企业家，不但要懂得生产经营，也要好好研究一下起名字的学问。

⊙ 品牌命名的原则

在当今产品日益丰富的市场上，商品种类繁多，品牌名称纷繁复杂，而消费者对不同品牌名称的心理反应是截然不同的。美国一家著名的调查机构曾以品牌名称与效果的关系为主题，对全美大大小小的商品品牌作了一次深入研究。结果表明，有12％的名称对消费者产生积极影响，有36％的名称对消费者产生消极影响，而未能给消费者留下印象的占到52％。导致上述差异的主要原因在于商品品牌名称与消费者心理要求的吻合程度。为使品牌名称对消费者购买心理产生积极影响，在命名时必须遵守一定的原则。

根据美国品牌专家凯文·凯勒教授的观察，品牌命名应遵循以下五个原则：可记忆性原则、有意义性原则、可转换性原则、可适应性原则和可保护性原则。

1. 可记忆性原则

企业创立品牌的最终目的是要使顾客对品牌有较高的认知度，为了达到这个目的，就要求企业在为品牌命名时，要遵循可记忆性原则。那么，如何使品牌名称让消费者容易记住呢？至少应做到以下几点：

（1）简洁。品牌命名应力求以最简洁的语言文字，高度概括出产品的实体特征。为了便于消费者记忆，使用的名称字数不宜过多，一般以三个字为宜。一些著名的世界性品牌，名称绝大多数都非常简洁，如BMW（宝马）、Apple（苹果）等。

（2）独特。品牌是用于表达产品的独特性质，并与竞争者产品相区别的主要标志。为使消费者能从纷繁多样的同类产品中迅速找到自己偏爱的品牌，品牌名称应具备独特的个性，突出特色，力戒雷同，明显区别于其他同类产品品牌。例如，江苏红豆制衣集团以"红豆"作为品牌名称，突出了中国源远流长的传统文化，体现了睹物思人、情谊深重的浓厚感情色彩，从而在众多的服装产品中脱颖而出，一举成名，并引起同属东方文化的日本、东南亚等国消费者的强烈共鸣，成功地打入了国外市场。

（3）新颖。这是指品牌名称要有新鲜感，符合时代潮流，创造新概念。如Ko-dak（柯达）一词在英文字典里根本查不到，本身也没有任何含义，但从语言学来讲，"K"的发音如同"P"的发音一样，能够给人留下深刻印象；同时，"K"字的图案标志新颖独特，进一步加深了消费者对Kodak的记忆。

（4）响亮。这是指品牌名称要易于上口，难发音或音韵不好的字不宜用作名称。可口可乐风靡全球，与其响亮的发音有直接关系。

2. 有意义性原则

这是指品牌名称本身应具有含义，而这种含义可以直接或间接地传递产品的某种信息，如关于产品的特点、性能以及使用它可以给消费者带来的利益。麦肯锡公司的高级咨询人员曾一针见血地指出："一个名称，只有顾客将它与他们能从产品或服务上得到的有形和无形的利益联系在一起的时候，才真正成为品牌。"例如，"宝马"意味着速度，"奔驰"与舒适相关，"沃尔沃"代表着安全可靠。除了有形利益之外，消费者还将品牌与一些无形利益联系在一起。如"奔驰"带给人们许多心理上的满足，成为身份和地位的象征；法国"香奈儿"香水使女人在心理上感到更加富有魅力。

顾客一旦将品牌名称与其能得到的有形和无形利益紧密联系在一起，就会自觉购买，对品牌忠诚，而且愿意为此支付较高的价格。同样的原料、工序制造出同样的商品，但是其中一个冠以有良好含义的品牌名称，另一个没有品牌名称，此时顾客更愿意购买有品牌名称的商品，而且宁愿为此支付较高的价格。因此，企业在为品牌命名时，一定要遵循有意义的原则，使品牌名称与商品结合在一起，有较好的意义。例如：美加净牙膏意味着能使牙齿健美洁净；精工手表传递着精心制作、工艺精良的信息；万里皮鞋意味着足下生风，行程万里。这些品牌名称可以加深对消费者的刺激，激发消费者的购买欲望。

3. 可转换性原则

这主要是指品牌名称是否能延伸扩展到其他产品品种上，是否能扩展到不同的国家或市场上。在很大程度上，它取决于品牌名称的文化内涵和语言特点。例如，一个无意义的品牌名称就具有比较强的可转化性，因为它可以翻译成其他语言而不带消极含义。

4. 可适应性原则

这主要是指品牌命名时要考虑名称在品牌的发展过程中应该具有适应性，能够适应时代的变化、市场的变化，更具体地说要适应市场上消费者的文化价值观念，适应潜在市场的文化价值观念。文化价值观念是一种综合性的观念，包括风俗习惯、宗教信仰、价值观念、民族文化、语言习惯、民间禁忌等。不同的地区具有不同的文化价值观念。因此，品牌经营者要想使品牌进入新市场，首先必须入乡随俗，起个适应当地市场文化环境并被消费者认可的名称。

不同的国家和地区，在文化上具有很大的差异。同样的植物或动物，具有不同的象征意义。例如，熊猫在我国乃至多数国家和地区均受欢迎，是和平、友谊的象征，但在信奉伊斯兰教的地区，消费者则非常忌讳熊猫。仙鹤在我国与日本都被视为长寿的象征，而在印度则被看成伪善者的代表。拉丁美洲的一些国家只有在送葬时才会用菊花；法国人也认为菊花是不吉利的象征。我国菊花牌电风扇如果出口到这些国家，销售前景必然黯淡。

品牌经营者应本着适应性原则，在为品牌命名时，要把眼光放远一点，给产品一个走遍世界都叫得响的名字，这样才有利于品牌的发展。

5. 可保护性原则

这主要指品牌名称应具有保护性，不但在法律意义上能够得到保护（能注册，并且可以在全球注册），而且在市场竞争上也能够得到保护。要使品牌名称受到法律保护，必须注意以下两点：

（1）品牌名称是否有侵权行为。品牌经营者要通过有关部门，查询是否已有相同或相近的品牌被注册。如果有，则必须重新命名。美国"伊丽莎白·泰勒热情香水"投入市场后，销售非常好，但其连锁店发展到第55家时，被迫停卖。因为它的一家竞争者的产品叫"热情香水"，对方向法院起诉"伊丽莎白·泰勒热情香水"。最后"伊丽莎白·泰勒热情香水"不得不重新命名，原先的广告促销成果也付之东流。

（2）品牌名称是否在允许注册的范围。有的品牌名称虽然不构成侵权行为，但却无法注册，难以得到法律的有效保护。品牌经营者应向有关部门或专家咨询，询问该品牌名称是否在商标法许可注册的范围内，以便采取相应的对策。例如，在北京市场有一定知名度的华灯牌北京醇就有过类似的经历。产品研制出来以后，企业以"北京醇"为侧重点进行注册，广告宣传活动也重点突出"北京醇"三个字。产品得到消费者认可后，市场竞争加剧，一时间冒出了七八个不同产地的北京醇。而根据我国《商标法》的规定，县级以上行政区划的地名或者公众知晓的外国地名，不得作为商标。这时，企业才如梦初醒，在广告宣告中改为突出"华灯牌"名称，但市场已经被冲击得七零八落了。

◯ 品牌命名的策略

品牌命名的策略和方法多种多样，大致可以归纳为以下几种：

1. 以企业的名称命名

这种方法是指借用企业或公司的名称为品牌命名。企业式名称又可分为全称式和缩写式两种。全称式如飞利浦电器公司的飞利浦电器、海尔集团的海尔电器等。缩写式名称使用企业名称的缩写来为品牌命名。基本做法是将企业名称每个单词的第一个字母组合起来。其特点是简单、易记，如IBM。

2. 以产品的主要效用命名

这种命名方法是直接用产品的属性或功能作为名称。一般在药品行业应用普遍，如感冒清、胃康灵等。这种命名方式除制药行业外，在其他行业很少运用。

3. 以数字命名

这种方法是指品牌名称完全是由数字或数字与文字联合组成的。数字品牌名称便于品牌的推广，因为阿拉伯数字是世界通用的。较著名的数字品牌有 555 香烟、999 胃泰、三星电子、4711 香水、七喜汽水、香奈儿 5 号香水等。

早些时候，有些国家规定，数字不能成为正式的商标，纯数字内容的商标不予登记注册。例如，4711 香水中的 4711 原是发明人德国银行家威廉·缪兰兹先生的门牌号码。1792 年威廉·缪兰兹发明了这种香水，1915 年 4711 香水才登记注册，这期间，德国的商标法有明文规定：仅有数字内容的商标不予登记注册。

4. 以产品的产地命名

这种命名方法是以产品的出产地和所在地的山川湖泊的名字作为品牌的名称。如勃朗峰牌金笔、青岛啤酒、万宝路香烟、桑塔纳汽车等都是地名或地名的演变。

这种方法又可以分为国产式名称和外来语式名称两种。国产式名称是指国内产品的中文名称。这是一种最常见的命名方式，如六必居酱菜、云南白药、金华火腿、北京烤鸭、汾酒、云烟、苏绣等。在产品名称前冠以产地，以突出该产品的地方风情，使其独具魅力。

外来语式名称，即出口产品在进口国的名称。可以分为音译和意译两种。音译名称是指根据外国品牌名称的发音翻译而得的名字，如耐克（Nike）以及路易威登（Louis Vuitton，LV）等。意译的名称，即根据外文品牌的原意而得到的中文译名。例如，花花公子（PlayBoy）、红牛（RedCow）等。除音译名称和意译名称外，还有一种音译与意译结合的名称，如可口可乐。

以地名命名时，要注意地名必须有特色，要有一定的知名度，要有利于产品品牌的推广。以地名命名的品牌有的已被注册，如法国香槟、科涅克（干邑）白兰地等，而有的已被人们视为品牌，但没有正式注册，如意大利皮鞋、瑞士手表、巴黎时装、荷兰奶酪等。

5. 以人名命名

这种命名方式是直接以人物的名字作为品牌的名称，借助名称使特定的人与特定的产品联系起来，使消费者睹物思人，引发丰富的联想以及追忆和敬慕之情，从而使品牌在消费者心目中留下深刻印象。同时，这种命名方法还可以给消费者以历史悠久、工艺精良、正宗独特、质量上乘等印象，诱发消费者的购买欲望。这种命名方式有可能用历史名人的名字，如"中山装""东坡肘子"；也有可能用创业者、设计者的名字，如福特、奔驰、麦当劳、罗尔斯·罗伊斯、李宁等。

6. 以动物的名称命名

这种命名方法是以动物的名称为品牌命名。动物式品牌名称常能给消费者留下深刻的印象，如 Puma（彪马）、鳄鱼、熊猫等。由于不同民族有不同的风俗习惯，同一动物在不同民族中的象征意义也不同。例如，在中国人眼里，山羊象征着快捷与灵敏，而在英国，"goat"（山羊）这个词则是人见人烦，因为它被喻为"不正经的男人""恶人"等，正是由于上述差异性，动物式品牌名称的使用范围有一定的局限性。大多数情况下，它可用来作为地域型品牌的名称，用于开拓区域市场。

7. 以植物的名称命名

这种命名方法是以植物的名字作为品牌的名称，如两面针牌牙膏、苹果牌电脑、牡丹牌电视机、菊花牌电扇、梅花牌香皂、葵花牌胃康灵等。

在全球性品牌中，以植物的名字命名的品牌并不多见。植物的生长环境有限，人们对植物的熟悉程度有差异，同时，不同地区的居民对植物的偏爱也不同，因此，植物的名称不宜作为全球性品牌的名称。当然也有例外，如苹果，迄今为止，还没有发现哪个民族不喜欢甜美芬芳的苹果。又如可口可乐，在英文里，Coca 和 Cola 是两种不多见的植物，对大多数人而言，也就无所谓禁忌或不禁忌了。

8. 以时间命名

这种命名方法是以时间概念作为品牌的名称，如明日牌食品、昨日牌啤酒等。这种品牌名称的特色不够鲜明，只能用于地区性或地方性品牌，不宜用于世界性品牌。

9. 以美好形象替代原有名称的命名方法

这种方法在中药的命名中极为常见。中国中草药常以一些动物、植物为原料，而原有的动物、植物名称会令患者产生畏惧心理。为避免产生不良的心理作用，中医常以另外的名称来替代原有的名称。例如，"地龙"原指蚯蚓；"天龙"原指壁虎；而"夜明砂"是指蝙蝠的粪便。将这种巧妙的掩饰运用到一般产品的品牌命名上，可以拉近消费者与产品的距离。

10. 以色彩命名

这种命名方法多用于食品类。例如"黑五类"，原指黑芝麻、黑豆等五种原料，"黑"字突出原料的色泽，强调黑色食品对人体的保养功效。又如"金丝蜜枣"，表示此枣色泽金黄，蜜丝不断，引起人们的食欲。以色彩命名可以突出视觉感受，使消费者对产品留下深刻印象。

需要指出的是，企业无论采用何种命名策略和方法，都必须注意使品牌名称与产品实体保持某种内在联系。唯有如此，才能达到以名称吸引、诱导消费者的目的。

5.4 品牌设计与表达

品牌设计就是对一个企业或产品进行命名、标志设计、平面设计、包装设计、展示设计、广告设计及推广、文化理念的提炼等，从而使其区别于其他企业或产品的个性塑造过程。品牌设计是在企业自身正确定位的基础之上，基于正确品牌定义下的视觉沟通，它是一个协助企业发展的形象实体，不仅协助企业正确地把握品牌方向，而且能够使人们正确、快速地对企业形象进行有效深刻的记忆。如何对品牌进行设计是营销策划人员的一项重要工作。

品牌设计之后，企业还要用具体的表达要素将品牌所要传达的东西表达出来，形成一种社会象征，成为各种社会关系和人类情感的代言人，每一个品牌都在诉说着一段真实的生活。如何真诚地面对消费者，把品牌表达出来，是营销策划工作的难点。

品牌设计的原则

品牌设计的基础是品牌理念，品牌理念是整个品牌从企划到运作过程中的行动指南，它是渗透到各个方面的品牌经营思想，设计理念是品牌理念的具体落实，是其中的一部分。相对来说，品牌理念更宏伟，具有战略意义，设计理念较为微观，具有战术意义，两者必须同时具备。

企业进行品牌设计的目的是将品牌个性化为品牌形象，为了更好地实现这一目标，在进行品牌方案设计和实施时，应遵循下列原则：

1. 全面兼顾的原则

企业导入品牌战略，会涉及企业的方方面面，因此，品牌设计必须从企业内外环境、内容结构、组织实施、传播媒介等方面综合考虑，以利于全面地贯彻落实。具体而言，就是说品牌设计要适应企业内外环境，符合企业的长远发展战略，在实施时具体措施要配套合理，以免因为某一环节的失误影响到全局。

2. 以消费者为中心的原则

品牌设计的目的是表现品牌形象，只有为公众所接受和认可，设计才是成功的，否则，即便说得天花乱坠也没有意义。要坚持以消费者为中心，企业就需要做到：（1）进行准确的市场定位，对目标市场不了解，品牌设计就是无的放矢；（2）努力满足消费者的需要，消费者的需要是企业一切活动包括品牌设计的出发点和归宿；（3）尊重消费者的习俗，习俗是一种已形成的定式，它既是企业品牌设计的障碍，也是企业品牌设计的机会；（4）正确引导消费者的观念，以消费者为中心并不表示一切都迎合消费者的需要，企业坚持自我原则科学合理地引导消费者的观念，是品牌设计的一大功能。

3. 实事求是的原则

品牌设计要立足于企业的现实条件，按照品牌定位的目标市场和品牌形象的传播要求来进行。品牌设计要对外展示企业的竞争优势，坚持实事求是的原则，不隐瞒问题、不回避矛盾，努力把真实的企业形态展现给公众，不但不会降低企业的声誉，反而更有利于树立起真实可靠的企业形象。

4. 求异创新的原则

求异创新就是要塑造独特的企业文化和个性鲜明的企业形象。为此，品牌设计必须有创新，发掘企业独特的文化观念，设计不同凡响的视觉标志，运用新颖别致的实施手段。

5. 经济效益和社会效益兼顾的原则

企业作为社会经济组织，在追求经济效益的同时，也要努力实现良好的社会效益，做到两者兼顾，这是一切企业活动必须坚持的原则，也是品牌设计中要充分体现的原则。

▶ 品牌设计的要点

企业进行品牌设计时要注意以下操作要点：

1. 品牌设计定位

品牌设计定位是进行品牌设计的出发点，只有在准确定位的前提下，企业开展的品牌设计活动才是有效的。企业品牌设计定位包括：消费对象定位，消费对象是指品牌所瞄准的准购买者；产品风格定位，就是产品所表现出来的设计理念和流行趣味；品牌元素定位，指在设计理念驱使下，对设计元素的选择；品牌风格定位，品牌形象具体表现为卖场的装修形象，同时也包括服务形象和宣传形象等；品牌目标定位，指品牌发展的方向定位。

2. 品牌符号

企业形象的视觉识别系统（VI）核心是标志，而品牌形象的视觉识别系统的核心元素是品牌符号，这是品牌 VI 设计与企业 VI 设计在设计表达上的不同。

3. 品牌颜色

色彩的兴奋与沉静、暖与冷、活泼与忧郁、华丽与朴素等的产生，通常是与有关色彩的联想分不开。不同的人面对一定的颜色，虽可能产生各有特色的联想，但也会有着明显的共同性。对于追求规模效益的品牌，最好不要刻意去创造与众不同的颜色。追求另类只会把自己打进小众市场，甚至掉进陷阱。

4. 品牌徽标

品牌徽标的表达需要从冲击发展为连接。品牌徽标可以表达深厚的情感内涵，策划人员要善于创造和发现消费者的心灵空缺。那些具有情感故事、能够带来丰富联想的人性化品牌,才会具有巨大的感召力,才能多维度、多角度地与目标受众取得联系,建立深厚情感。为了品牌的快速成长,营销策划人员需要对品牌徽标的设计思路和目的有新的认识与理解,遵循的设计法则包括:一是简练明朗、易懂易传;二是新颖独特、富有个性;三是符合美学、融会贯通;四是与时俱进、传承历史。

云烟的徽标就是上乘之作。"云烟"二字,是书圣王羲之的字帖精选,映衬出云烟的高雅气质;"如意"标识是中国传统文化的审美代表,体现出对中国文化的传承。历经锤炼,云烟品牌以庄重、醇厚、祥和的风韵,逐渐形成了"吉祥如意"的文化理念诉求,在成就云烟品牌尊贵典雅气度的同时,也牢牢占据了消费者"植于骨髓、流于血脉"的中国文化心智资源。

5. 品牌图案

包装设计中的图案应用和配置要能推销品牌,因为包装图案对顾客的刺激有时较之品牌名称更具体、更强烈、更有说服力,往往起到刺激购买行为的作用。设计时应遵循形式与内容统一,具体鲜明,一目了然,充分展示商品的属性和特征等原则。通常采取的方式包括:一是用形象逼真的彩色照片真实地再现商品;二是直接展示商品本身,如全透明包装、开天窗包装,在食品、纺织品、轻工产品中非常流行;三是通过图案展示产品的原料、配制、功效、使用和养护等的具体说明。

6. 品牌文字

个性化的字体可以用来表达品牌的特定内涵,因为字体的个性同样传递着另一个关于个性的信息,即一个品牌的个性。进行个性化字体设计的目的,是要使文字既具有充分传达信息的功能,又与产品形式、产品功能以及消费者的审美观念达到和谐统一。在进行品牌文字设计时要注意:字体的种类、大小、结构、表现技巧和艺术风格要服从总体设计,要加强文字和产品总体效果的统一与和谐;选用字体种类不能过多;字体应具有时代感,能反映一定的年代,若能与产品内容协调,会加深对产品的理解和联想;要结合产品特点,不仅应有感染力,而且要能引起联想,并使这种联想与产品形式和内容取得协调,产生统一的美感;字体排列多样化可使构图新颖、富于变化;要具有较强的视觉吸引力,包括艺术性和易读性。

总之,经过精心设计的个性字体,蕴藏着丰富的品牌情感内涵,是品牌塑造中一个非常重要的视觉元素。

7. 品牌外形

形态可以表现出一定的性格,消费者在使用产品的过程中,会经由产品的形态得到种种信息,产生不同的情感。因此,品牌的设计要非常重视品牌外形的设计和选材,让消费者在视觉与触觉中得到完美体验。

总之,品牌设计应具有独特性,有鲜明的个性特征,品牌的图案、文字等要与竞争对手有所区别，代表本企业的特点。

▼ 营销透视

新媒体环境下故宫品牌营销策略创新

一提到故宫，想必大家首先映入脑海的多是"红墙金瓦""雕梁画栋"这样的画面；而近年来，随着互联网技术的兴起，新媒体与电子商务颠覆了故宫以往的形象，故宫犹如一位超级"网红"活跃在网络上，凭着一股"软萌贱"的劲儿与年轻人打成一片，不仅俘获了大众的眼球，更俘获了粉丝们的钱包，一边为大众传播着历史文化，一边愉快地赚钱，简直成了文创品牌营销案例的典范。

新媒体环境下故宫品牌营销策略

从营销的角度来看，能让消费者有效区分品牌与品牌之间差异，激发消费者购买欲望，最终说服消费者采取购买行为的营销方式叫做品牌产品卖点，而故宫最大的卖点就在于它本身。故宫自身就是一个世界级的超级 IP，它作为世界上独一无二的品牌，如何去经营自身成为一个具有挑战性的问题，故宫这些年依托新媒体的环境做了很多尝试。

试水电商——打造网红爆款

实际上，北京故宫文化服务中心很早便开设了"故宫淘宝"网店，主要销售故宫主题的文化创意产品，以期通过电子商务的形式宣传推广故宫文化，让更多人爱上传统文化；然而这家店并没有引起人们的关注，直到 2013 年开始涉足新媒体，"故宫淘宝"才正式进入大众视线。如今，拥有超过 248 万淘宝粉丝的"故宫淘宝"早已成为盛产爆款的金牌网红店。打开"故宫淘宝"首页犹如打开新世界的大门，各种新奇精巧、紧跟潮流的周边产品让人眼花缭乱——"冷宫"冰箱贴、"朕亦甚想你"折扇、"微服私访"行李牌……这些创意产品的灵感都是出自北京故宫博物院馆藏文物、故宫建筑、历代著名人物和古代宫廷生活。店内 260 多件商品共分七个类别，包括故宫娃娃、生活潮品、文房书籍、手账周边、宫廷饰品、包袋服饰以及特价宝贝，囊括了生活的方方面面。有些产品看起来很简单，没有太高的技术含量，但一经推出便成爆款，店铺促销时，曾创下一小时内售罄 1 500 个手机座的记录，店铺营业额也是直线攀升，2015 年就破了 10 亿元大关。除了"故宫淘宝"，为了追求差异化经营，故宫还在电商领域尝试了新的布局。2016 年 6 月上线的故宫博物院文创旗舰店不同于"故宫淘宝"活泼可爱的"萌萌哒"风格，这家天猫旗舰店以"把'紫禁城生活美学'融入当代生活"为主旨，主要销售文化礼品、创意生活用品等故宫周边文创精品，同时还很敬业地在专题界面普及各个系列商品的仿制工艺以及历史来源知识。故宫博物院文创旗舰店还增加了"故宫出版"和"故宫票务"部分，分别由故宫博物院出版旗舰店和飞猪上的故宫博物院门票旗舰店承担运营。

玩转新媒体——认真卖萌

故宫充分利用新媒体对北京故宫博物院景区以及自家的网店进行宣传。目前故宫在微博与微信均设有官方宣传平台。@故宫博物院是故宫博物院的官方微博，截至 2018 年 7 月 5 日，粉丝数达 565 万，热门微博的点赞或转载量均破千。不论是展示气势恢宏的故宫建筑、馆藏文物，还是预告近期的文物展览或文化讲座，紫禁城里的一砖一瓦一草一木甚至"皇家猫"都是官方微博推荐的对象，精致大气的文案更是吸粉无数。@故宫淘宝和@故宫博物院官方旗舰店则是故宫网店在微博上的推广营销平台，风格活泼可爱，文案紧跟热点，非常符合年轻受众的口味，同时，还积极与粉丝进行互动，尤其@故宫淘宝为自身塑造了一个傲娇的"公公"人设，与粉丝搭讪卖萌起来毫无压力，通过给粉丝的买家秀点赞和评论以及做抽奖活动，帮助其淘宝网店成功俘获了一大批潜在消费者。故宫博物院唯一的官方微信账号叫做"微故宫"，主要进行博物馆文化推广与公共服务，通过"看一看""逛一逛""聚一聚"三个功能菜单，受众可以第一时间了解故宫的展览和活动信息，开放时间、导览地图等关于故宫的资讯和服务也能方便获得。此外，公众号为了将流量变现，设置了故宫微店入口，主要销售各种故宫周边产品。除了"微故宫"之外，"故宫淘宝"也创建了专门服务于淘宝店的微信号。在运营中，"故宫淘宝"不仅仅是简单地发布广告，更注重每期推送的趣味性与互动性。这些文章大都生动活泼地讲述了明清皇帝的典故，运用时下流行的"吐槽文化"来推销商品，迅速获得了不少年轻受众的好感。

进军文艺界——荧屏上的一股清流

故宫这个超级文化 IP 在文艺界从来不缺少热度，从 2005 年全部由电影镜头完成的纪录片《故宫》，到 2012 年另一部建构了故宫全息建筑影像的纪录片《故宫 100》，再到 2017 年故宫博物院独立出品的纪录片《故宫新事》，以故宫为题材的作品总会带给人们强烈的震撼与共鸣。而近两年，随着故宫走上"网红"之路，从前高冷范儿的故宫似乎更接地气了，凭借着《我在故宫修文物》和《国家宝藏》两部爆款吸粉无数。2016 年，一部小成本制作的纪录片《我在故宫修文物》突然在 B 站爆红，点击量轻松破了百万，豆瓣上的评分更是高达 9.4，一举超过《舌尖上的中国》登顶纪录片榜首。这部纪录片主要讲述了一群故宫文物修复工作者的日常工作与生活，展现的虽然都是日常小事，却深深地吸引了一大批年轻人。被称为 2017 年最强综艺的《国家宝藏》以高格调以及强大的明星阵容，让故宫又火了一把。它上线的一周里，不仅话题成了热搜，还被央视从深夜档挪到了周六黄金档。故宫博物院领衔 9 家国家级重点博物馆与"国宝守护人"一起探寻国家宝藏背后的"前世传奇"和"今生故事"。通过真人演绎的方式，原本冷冰冰的国宝在节目中"活"了过来，不仅惊艳了荧幕前的观众，更拉近了故宫与大众的距离。

拥抱数字技术

穿越时空的新体验数字技术正在帮助故宫博物院成为立体、多元、生动的"数字故宫"，同时古老的传统文化也变得更时尚、更接地气。故宫与凤凰卫视联合研发的高科技互动艺术展演《清明上河图 3.0》通过挖掘原作的艺术神韵、文化内涵与历史风貌，融合 8K 超高清数字互动技术、4D 动感影像等多种高科技互动艺术，构筑出真人与虚拟交织、人在画中的沉浸体验。自从 2013 年起，故宫就开始推陈出新各类 App，频率之高，让网友们咋舌。因为没有一个景区能如此高产，而且推出的每一款 App 都是广受好评的佳作。目前"故宫出品"系列 App 包括"紫禁城祥瑞""故宫社区""故宫展览""每日故宫""清代皇帝服饰""故宫陶瓷馆""韩载锡夜宴图""皇帝的一天""胤禛美人图"。除了一系列精品 App，故宫还和腾讯地图携手打造了"玩转故宫"小程序，将真实的建筑和各项服务设施还原到手机地图上，根据人群和环境的变化为参观故宫的游客智能定制路线，满足游客在游览时的各种需求。此外，故宫一款名为"见大臣"的 AI 智能聊天机器人通过微信小程序上线，微信用户可以随时与它谈心聊天。

资料来源：吴迪，林刚. 新媒体环境下故宫品牌营销策略的创新及启示. 文化与传播，2018 (4)：31 - 36.

品牌表达的元素

品牌表达的内容非常丰富，包括感官上的，如视觉上的文字、标志、图案，也包括理念上的，如品牌所倡导或在消费过程中所形成的理念，还包括公司形象上的。这些品牌内容的表达需要借助各种元素，常用的品牌表达的元素主要有：

1. 品名

即品牌名称，是指品牌中可以用语言称呼的部分。如可口可乐、娃哈哈。

2. 标记

即品牌标记，是指品牌中可以被识别，但不能用语言简洁而准确地称呼的部分。如符号、标志、图案和颜色等。

3. 品类

是指品牌所涵盖的产品类别，即该品牌具有哪些类别的产品。海尔是家电，乐百氏是饮料，摩托罗拉是通信，这就是品牌所具有的产品品类概念。

4. 品质

是指反映品牌所涵盖的产品的耐用性、可靠性、精确性等价值属性的一个综合尺度。品质是反映品牌形象的一个公认的重要元素。

5. 品位

是指品牌所涵盖的产品的科技含量、文化底蕴、审美情趣以及品牌传播所形成的品牌形象与品牌个性。

6. 品德

是指品牌宣传中所倡导的企业文化、价值观念与经营理念。如 TCL 所倡导的经营理念是"为顾客创造价值、为员工创造机会、为社会创造效益"。

7. 品行

是指企业的管理行为、广告宣传行为、公共关系行为、销售行为、服务行为等企业组织行为和员工个人行为给公众留下的印象，给品牌留下的积累。

◆ 品牌表达的要点

在进行品牌表达时，企业要注意以下操作要点：

1. 提升品牌承载力

品牌承载力需要积淀，超越价值的浮华包装只会让品牌陨落，夯实品牌的价值基础，才能真实地提升品牌承载力。品牌价值基于企业的核心竞争力，企业要从价值点突破，进行优势定位。对于企业而言，赋予品牌鲜明的、实在的价值基础是打造品牌承载力的基础。

沟通能力是品牌承载力的重要部分。品牌价值的表达需要技巧，但首先还是需要摆正态度，真诚地面对消费者，更多地用心意而不是所谓的创意去和消费者沟通。用更加生活化的语言将价值传递给消费者。

2. 让品牌表达更容易

在进行品牌表达时，要进行主动传播，就是让受众主动传播广告信息，大致可分为情境式主动传播和理念式主动传播。情境式主动传播是指通过广告的情境营造和示范演示，让受众在生活中遇到类似的情形时就会联想起广告信息并主动地去传播。关键在于找准广告信息与真实生活的结合点，让人情不自禁、不由自主。所谓理念式主动传播是指将品牌的思想内涵和价值主张提炼成一个传播点，通过宣传推广得到受众的认可，进而形成主动传播，常表现为品牌语的形式。品牌语言简意赅，有深厚的哲理韵味，而且与目标受众的价值观、人生观高度吻合，因此往往能得到受众的认同、引用。

3. 突破品牌疲劳

品牌的表达与运营需要综合衡量品牌形象的连贯性和创新性，在品牌运营过程中适时地有限创新，从而达到品牌传播的无限更新，成功避免品牌疲劳。具体操作时，一方面通过保持品牌形象的连贯性来延续受众认知，如更新传播形象和活动；另一方面通过品牌形象表达的创新来维持受众的新鲜感，如品牌语的延伸和阐释推广。

4. 创建品牌的万有引力

创建品牌的万有引力，需要讲究传播策略，在最短的时间内以最小的投入将品牌传播效果发挥到最大。首先，企业需要让品牌符号化、鲜明化，形成深刻的消费者记忆点，从商品的海洋里跳出来。其次，企业需要构建一个符合目标顾客人生观、价值观的品牌空间，给消费者一个属于自己的世界和自我实现的空间。最后，企业需要保证品牌所承载的品质、服务等功能方面的承诺，打造卓越的品牌基因。

5. 保证品牌的安全运营

为不断延伸的品牌设立安全隔离，在延伸领域与公司核心品牌之间构建隔离缓冲的区域，这样即使延伸过程出现纰漏，由于有隔离带的缓冲，亦不至于直接伤害到公司核心品牌。操作办法有：

（1）独立子品牌。独立子品牌是最安全、最彻底的隔离，但在新领域打造独立品牌的投入和风险相对较大，需要公司具有很强的品牌运营能力。

（2）主副品牌。主副品牌就是通过"主品牌＋拓展名"的形式进行品牌的延伸扩张。主副品牌并列出现，主品牌的影响力就能充分嫁接到副品牌。副品牌虽然没有绝对独立，但也能形成良好的品牌隔离，是对独立子品牌的一种折中。主副品牌有很多种表现形式，如项目品牌、型号品牌等，既丰富了品牌的内涵，也能产生有效的品牌隔离。

（3）第三方品牌。企业在品牌运营公关活动中，可以考虑以第三方品牌的名义进行运作，以增加品牌运营的安全系数。第三方品牌指独立于企业之外的单独存在、独立运营的品牌机构或活动组织，大体上可以分为活动品牌、公益品牌和公信力品牌等。

◥ **营销透视** ....

屈臣氏是全球第三大保健及美容产品零售集团，在亚洲和欧洲拥有3 300多家零售店。同一般品牌战略一样，创立企业自有品牌也需要选择目标市场。屈臣氏经过多年的敏锐观察，分析市场动向，完善内部管理，调整发展战略，最终发现锁定目标客户群是至关重要的。屈臣氏经过调研发现，中国内地的女性平均在每个店逗留的时间是 20 分钟，而欧洲女性平均在每个店逗留的时间只有 5 分钟左右。这种差异，让屈臣氏最终将中国内地的主要目标市场锁定在 18～35 岁的时尚女性。屈臣氏采用的是集中化市场策略，就是在细分后的市场，选择两个或少数几个作为目标市场，实行专业化生产和销售，在个别市场上发挥优势，提高市场占有率。

品牌价值是品牌管理要素中最为核心的部分，也是品牌区别于同类竞争品牌的重要标志。屈臣氏以"个人护理专家"为市场定位，围绕"健康、美态、快乐"三大理念，来传达积极美好的生活理念，旨在协助热爱生活、注重品质的人们塑造自己内在美与外在美的统一。

在屈臣氏自有品牌创立的过程中，顾客服务占有重要位置。从理论上讲，顾客服务创造了服务价值，从而增加了顾客受让价值，规模效益在此充分体现出来。另外，顾客服务所塑造的良好的企业形象又带来了产品价值的增加。

屈臣氏自有品牌的服务价值，主要表现在以下几个方面：

（1）特色化服务。每家屈臣氏个人护理店均清楚地划分为不同的售货区；在店内陈列信息快递《护肤易》等各种个人护理资料手册，免费提供各种皮肤护理咨询；药品柜台的"健康知己"资料展架提供各种保健营养配方和疾病预防治疗方法；积极推行电子化计划，提高订货与发货的效率。

（2）专业化指导。为了体现个人护理专家理念，屈臣氏拥有一支强大的健康顾问队伍，他们均受过专业的培训，为顾客免费提供保持健康生活的咨询和建议。

（3）便利化终端。为了方便顾客，屈臣氏将货架的高度从 1.65 米降低到 1.4 米，将走道的宽度适当增大，增加顾客选择的时间和舒适度。店面颜色更多使用浅色，让顾客更容易兴奋。商品分门别类，摆放整齐，便于顾客挑选。

资料来源：冯丹. 屈臣氏自有品牌营销策略分析. 市场研究，2010（4）.

▶▶ **重点名词**

品牌　　　　品牌设计　　　　品牌表达　　　　品牌定位
品牌命名　　品牌推广

▶▶ **思考题**

1. 品牌有何作用？如何进行分类？
2. 品牌有哪些不同发展时期？分别应采取什么策略？
3. 如何进行品牌定位？

4. 品牌设计有哪些要点？

5. 试述品牌表达的操作要点。

▶▶ 案例分析

阿迪达斯：用 "跑步" 追赶对手

阿迪达斯借跑步绝地反击

2010 年，高嘉礼担任阿迪达斯大中华区高级副总裁。此时阿迪达斯在中国的市场份额滑落到第四，除了老竞争对手耐克，中国品牌李宁和安踏也在其前面。就在 2008 年，阿迪达斯和耐克在中国的市场份额相差不到 1%，而一年之后的 2009 年，阿迪达斯的市场份额就下跌约 4%。品牌风云突变，高嘉礼用"风头渐失"来形容当时的处境。

背水一战，阿迪达斯制定了五年的长期规划"通往 2015 之路"，意在开启变革和转型之路。规划中，2011—2012 年整个公司将致力于转型，2012—2013 年致力于恢复并加快收入增长，2014—2015 年重新获得市场领导者地位。简单而言，就是到 2015 年成为大中华区领先的运动品牌。同时，"通往 2015 之路"还设计了 15 个模块，其中有 5 个是业务增长模块，7 个是内部能力增长模块，还有 3 个是针对客户即经销商的能力增长模块。

阿迪达斯在三方面同时行动：

一是品类出击。通过品类组合更快地获得市场提升。

二是拓展新兴的中小型城市。高嘉礼更愿意把它们称为"未来城市"，即消费者增长最快的地区。"中国是全球最大且最多元化的市场之一，'一刀切'的策略在这里是行不通的。"高嘉礼说。如今，阿迪达斯过半数的新店面落户于新兴城市，预计 2/3 的增长机遇将发生在四线至七线城市，"新兴市场不断壮大的中产阶层将为我们创造更多的发展机会"。

三是零售店铺的细分化。此前阿迪达斯开出的是有关品牌的运动店，现在则有专门针对女性的专卖店，如 NEO "TheStage"、阿迪达斯运动经典系列旗舰店、户外专营店等等，这也是在中国市场消费者成熟之后，细分需求出现的趋势下进行的战略调整。

为了提高售罄率，阿迪达斯改变此前经销商自己选择产品的方式，根据从全国门店获得的销售数据精准地帮助经销商订购产品。虽然这一做法暂时无法覆盖到全国，但有 5%~20% 的大型经销商的订单由公司进行采购，打包送至仓库，同时告诉经销商不要开包装，直接送到某个城市的某个地方，以特定的形式提供精准供货。未来针对某个特定门店设计的特定产品也将采用精准发送的方式。

基础架构的转型为公司发展奠定了良好的基础，同时，阿迪达斯在精细化管理的基础上向一些快速崛起的品类发力，跑步是其中最大的品类之一。

"1%的进步"能带来什么

跑步市场的崛起可以说是城镇化的伴生物。要赢得跑步族，一双优质的跑鞋是关键。在像虎扑之类的运动装备论坛，一双跑鞋的技术性能往往被意见领袖拆分成细节，技术控们用各种方法来比拼鞋的性能。

作为阿迪达斯集团跑步品类总经理，阿德里安·利克（Adrian Leek）坦承跑鞋开发是所有鞋类中较难的，运动鞋类的技术进步往往从跑步类别开始，"如果你可以在跑鞋上证明某项技术，接下来这一技术就可能拓展到篮球鞋或是足球鞋品类"。

最初，巴斯夫拿着新材料去找一些特定的开发者、设计师以及工程师，问他们是否可以把这个材料用到鞋子上。阿迪达斯的工程师试了一下，发现材料的性能并不稳定，但是有两个特性却足以带来跑步体验的革命性变化，一是良好的缓震性能，二是回弹性能。回弹力能让跑步更有效率，但是在以往的材料中，这两种特性天然相悖。如果能够进一步优化性能，这仍是令人兴奋的材料。2010 年，阿迪达斯工程师和科学家组成的创新团队与巴斯夫合作，在 2013 年 2 月推出兼具上述两种性能的 Boost 跑鞋。

当 Boost 推出后，门店调查结果发现，消费者在试鞋时的转换率（从原先的品牌转投阿迪达斯 Boost）高达 50%。这其实是消费者在选择不同的跑鞋技术，EVA，Gel，Air……如今又有了 Boost 加入战团。作为曾经的英国 15 公里公路赛纪录保持者，阿德里安的体会是，"让一个消费者放弃熟悉的鞋型，换一双新鞋并不容易，尤其是在跑步品类中，这种转换尤为困难。50% 的转换率已经可以证明成功了"。

试鞋时的脚感所带来的转换率还需要在比赛中加以夯实。阿迪达斯对跑鞋品类提出 "1% 的进步" 的战略目标。这是因为对于 2 个多小时的马拉松赛而言，1% 的提高意味着跑者的时间能够缩短 26 秒，4 个小时的马拉松赛就意味着缩短 2~2.5 分钟。这对那些希望提升比赛成绩的选手而言，在体能超负荷的情况下，缩短 1 分钟也是巨大的考验。正所谓"工欲善其事，必先利其器"，根本性的产品优势很重要，跑者会选择用脚投票。

由于跑鞋技术的制高点一直是兵家必争之地，在某一时刻领先的厂商也不能保证拥有持久的优势。"我们有一个未来研究站，对跑鞋技术做大量的投入，以保证我们的竞争优势。"阿德里安对此颇有信心。

酷跑下的新商机

20 世纪 80 年代西方出现跑步潮，阿德里安也是跑者之一。那时普遍追求的是速度，热衷于参加 3 小时的马拉松赛，很多人因此而受伤。但是现在跑步的风潮已经不再强调速度，而是享受过程，特别是和志同道合的朋友一起享受跑步的快乐。"我认为目前跑步受欢迎是因为有跑步社区，人们喜欢聚在一起寻求彼此的共性，跑完后一起去喝杯咖啡。这在欧美是一种普遍的社交现象，比以前更健康。"

相比于欧美，中国的跑步市场并不算成熟，主要差别在于消费者对于跑步的认识。"我们要做的是让消费者了解正确的训练方式和营养补充，选择适合自己的跑步类产品。"因此，建立社区（酷跑团）、打造跑步基地、赞助马拉松赛事是阿迪达斯在这一领域建立影响力的重要手段。

1. 用酷跑团丰富跑步知识

从 2011 年开始，阿迪达斯陆续在中国赞助建立了酷跑团，以加深中国普通民众对跑步运动的热爱。阿迪达斯酷跑团三里屯旗舰店约跑活动引来无数的跑者。人们不仅在这里分享个人跑步的收获，还以此为集合点每周定期夜跑，并且通过集体性的跑步训练活动来备战北马、广马、上马。酷跑团中还配有专业体能教练提供指导，很多业余选手和爱好者在这里学到了正确的跑步知识，有效避免运动损伤，更重要的是，一起上赛场时，在比拼耐力和意志时可以相互激励，跑者之间建立了亲密的归属感。

当然，酷跑团也是产品接触目标消费者的机会。跑友们在聚会时可以体验阿迪达斯最新的跑步装备，感受线上线下全方位的跑步体验，还有专门设备测试脚型和运动鞋的适配情况。

2. 用跑步基地打造互动基地

如今，来自中国 8 个城市的酷跑团已经积累了 8 万余名跑步者，有初级选手，也有专业的马拉松运动员，年龄从 18 岁到 70 岁不等。为了深化核心城市的影响力，作为全球计划的一部分，阿迪达斯启动了 Runbase 跑步基地项目，这与旗舰店不同，主要面向公众提供专业的跑步设施，包括户外跑道、练习场地、跑步机以及包括每周跑步项目和训练课程等在内的各项服务，由纯销售的店铺向社区化、服务化的形式转化，与目标消费者互动、沟通、建立信任，让人们了解跑步文化，所以这不仅仅是 Runbase（跑步基地），更是 Trustbase（信任基地）。

3. 赞助马拉松赛事形成品牌影响力

那些在阿迪达斯跑步社区的成员可以体会到会员的便利。2015 年 4 月，阿迪达斯宣布与上海半程马拉松赛合作，成为该赛事的官方合作伙伴及唯一指定运动装备供应商。2015 年，阿迪达斯与北京马拉松赛续签了 2015—2019 年的为期 5 年的合作协议，而 2014 年北京马拉松赛是阿迪达斯跑步品类的重要里程碑，标志着阿迪达斯已连续 5 年赞助该项赛事。成为会员的好处是，跑者们有更多的机会参与到马拉松比赛中。

此外，阿迪达斯还赞助了波士顿马拉松、柏林马拉松、伦敦马拉松这三大国际主要赛事。"这些赛事有助于展示赞助商的产品和品牌，赢得消费者的信任，让他们有一个非常好的体验。"阿德里安说，"但是作为赞助商不仅仅是在比赛的那一天与消费者沟通，比赛之前的训练阶段和比赛之后的持续沟通都很重要。"

在一系列的变革举措下，阿迪达斯跑步品类的销售有望在 2020 年翻番，Boost 和其升级版 UltraBoost 仅 2014 年就贡献了 110 万双的销售量，跑步品类在过去 4 年内呈两位数增长。高嘉礼实现了他的 2015 年目标，正在往下一个雄心勃勃的目标进发。

资料来源：钱丽娜. 阿迪达斯：用"跑步"追赶对手. (2015 - 11 - 17). bmr. cb. com. cn/shgyean-li/2015 _ 1117/1153543. html.

问题

请分析案例中进行品牌策划时主要考虑了哪些因素，采取了哪些举措。

▶▶ 实训练习

在国际国内双重竞争压力下，李宁品牌在 2010 年进行了品牌重塑。在用"Make The Change"取代"一切皆有可能"成为李宁公司的品牌口号 5 年后，该公司创始人、执行主席兼代理行政总裁李宁在 2015 年 8 月 8 日宣布重启"一切皆有可能"的品牌口号。

请你根据李宁品牌的理念与历史，为李宁品牌进行全方位的品牌策划。

分销渠道策划

📎 学习目标

- 了解分销渠道的特点、分销渠道的功能；
- 掌握选择中间商的方法；
- 理解渠道成员激励的办法、渠道冲突化解的办法、渠道整合的途径。

📎 引 例

　　美国许多百货企业面临破产倒闭的危险，逐渐成为在线零售商的陈列室，梅西百货却逆势而上。5 年前，梅西百货只是一家区域性的连锁商场，集中在美国经济发达的东海岸和西海岸。5 年后梅西百货成功转型，在美国 45 个州共有 800 家店，稳坐美国连锁百货头把交椅。这跟梅西百货推行全渠道融合战略有重大关系。

　　梅西百货是最早实行全渠道融合战略的百货零售企业。全渠道融合（omnichannel）战略，指的是整合实体店、互联网、移动设备、社交媒体、家庭传统媒介、音乐会、促销活动等，为顾客提供各种消费服务。梅西希望通过这一战略，使消费者无论通过哪种渠道都能找到梅西。

　　梅西的多渠道营销包括：（1）实体店销售。这是梅西最为传统的销售渠道，目前实体店总数已超过 800 家。（2）互联网销售。梅西从 1996 年开始进行互联网营销，近年来，梅西旗下两大购物网站销售额实现快速增长（2009 年同比增长 20%，2010 年增长 29%，2011 年增长 40%，2012 年前 10 个月增长 40.4%）。（3）电视网络销售。从 1994 年开始梅西就和 HSN 电视购物频道合作，24 小时播出，覆盖全美。此外，梅西还组建了专门的邮购目录公司、电话销售公司等，实现多渠道营销策略。

　　除跨渠道营销外，梅西还强调多渠道整合，尤其是线上线下的融合。梅西希望通过技术变革，让顾客在实体店体验到线上的咨询和比价，在线上能够轻松选购合适的商品和尺码。在线下，梅西为实体店配备了可以查询网上顾客评论、在社交媒体上分享购物清单以及一站式购买和付款的自助设备；POS 机上可以下电子订单，价格查询机还能够给顾客推荐其他商品；未来，虚拟模特将可以展示店铺内销售的各种服装，并且只需一个按钮就能更换服饰，让消费者看到所有的店内商品；通过手机给到店顾客发送电子优惠券、进行移动支付；等等。这些优秀的网络购物体验被引到了线下。通过整合后台库存系统，实体门店也成为线上购物最好的配送中心，而网上商城则通过折扣销售的方式，帮助门店消化库存。

资料来源：杜航 . 梅西百货独属的全渠道 O2O. 时代经贸，2014（7）.

启示： 随着网购的发展，消费者有了更多的购买渠道，线上与线下的融合丰富了消费者的消费方式。对于国内企业而言，只有打破传统思维，尊重消费者消费方式多样化这一现实，同时制定相应的多渠道融合战略，全方位地贴近消费者，才能在激烈的市场竞争中立于不败之地。

在现代市场体系中，生产者与消费者之间在时间、地点、数量、品种、信息、产品所有权等方面存在着诸多差异和矛盾。大部分生产者不直接向最终消费者出售产品，而是通过一定的分销渠道，借助中间商实现对最终消费者的销售。也就是说只有通过一定的市场分销渠道，企业才能在适当的时间、地点，以适当的价格把产品供应给消费者或用户，从而克服生产者与消费者之间的差异和矛盾，满足市场需求，实现企业的市场营销目标。由此，分销渠道就成为生产者实现产品或服务销售的关键。本章将详细介绍分销渠道策划的一般知识，重点介绍分销渠道选择策划、分销渠道整合策划。

6.1 分销渠道选择策划

分销渠道又称渠道，是指配合生产、分销和消费某种生产者的产品或服务的所有企业和个人。由于产品或服务从生产领域到消费领域的过程是由一系列的执行中介职能的企业和个人完成的，所以，分销渠道实质上是指参与产品或服务从生产者到消费者或用户过程的相互依存的所有企业和个人。

分销渠道策划就是规划分销渠道的基本结构，为分销渠道的组建提供方向性指导，在这一指导下，企业要对自己的分销渠道进行选择。

◉ 中间商的选择

建立分销渠道，要选择合作伙伴，有的企业是由总部直接在各地区挑选中间商作为合作伙伴，有的则是由派往各地区的基层组织挑选合作伙伴。选择中间商建立分销渠道是需要长期维持的经济行为，任何经济行为要想长期良好地维持下去，除了相互友好支持外，更重要的是相互约束、监督、控制，越是追求长期合作，越应加强约束、加强监督、加强控制。

1. 选择中间商应考虑的因素

（1）市场覆盖范围。市场是选择中间商最关键的因素。首先，要考虑所选中间商的经营范围所包括的地区与企业产品的预期销售地区是否一致。其次，中间商的销售对象是否是企业希望的潜在顾客。这是最基本的条件，因为生产企业都希望所选的中间商能打入自己选定的目标市场，并最终说服消费者购买自己的产品。

（2）声誉。在目前市场游戏规则不甚完善的情况下，中间商的信誉显得尤其重要。它不仅直接影响回款情况，还直接关系到市场的网络支持。一旦中间商中途有变，企业就会欲进无力，欲退不能，不得不放弃已经开发出来的市场。而重新开发往往需要付出双倍的代价。

（3）中间商的历史经验。许多企业在决定某中间商是否可以承担中间商的重任时，往往会考察中间商的一贯表现和盈利记录。若中间商以往经营状况不佳，将其纳入分销渠道的风险就会较大。而且，经营某种商品的历史和成功经验，是中间商自身优势的另一个来源。首先，长期从事某种商品的经营，通常会积累比较丰富的专业知识和经验，在行情变动中，能够掌握经营主动权，保持销售稳定或乘机扩大销售量。其次，经营历史较长的中间商早已为周围的顾客或消费者熟悉，拥有一定的市场影响和一批忠实的顾客，大多成为周围顾客或消费者光顾购物的首选之地。

（4）合作意愿。中间商与企业合作得好会积极主动地推销企业的产品，这对双方都有利。有些中间商希望生产企业也参与促销，以扩大市场需求，它们认为这样会获得更高的利润。因此，生产企业应根据产品销售的需要，确定与中间商合作的具体方式，考察被选中间商对企业产品销售的重视程度和合作态度，然后再选择最理想的中间商进行合作。

（5）产品组合情况。在经销产品的组合关系中，一般认为，如果中间商经销的产品与自己的产品是竞争产品，应避免选用；而实际情况是，如果其产品组合有空当（如缺中档），或者自己产品的竞争优势非常明显，也应选取。这需要区域市场经理进行细致、翔实的市场考察。

（6）中间商的财务状况。生产企业倾向于选择资金雄厚、财务状况良好的中间商，因为这样的中间商能保证及时付款，还可能在财务上向生产企业提供一些帮助，如分担一些销售费用，提供部分预付款或者直接向顾客提供某些资金融通，如允许顾客分期付款等，从而有助于扩大产品销路和生产发展。反之，若中间商财务状况不佳，则往往会拖欠货款。

（7）中间商的区位优势。区位优势即位置优势。理想的中间商的位置应该是顾客流量较大的地点。批发中间商的选择则要考虑其所处的位置是否利于产品的批量储存与运输，通常以交通枢纽为宜。

（8）中间商的促销能力。中间商推销产品的方式及运用促销手段的能力，直接影响其销售规模。有些产品广告促销比较合适，有些产品则适合通过销售人员推销；有些产品需要有效地储存，而有些产品则应快速地运输。要考虑到中间商是否愿意承担一定的促销费用，有没有必要的物资、技术基础及相应的人才。选择中间商之前，必须对其所能完成某种产品销售的市场营销政策和技术的现实可能程度作全面的评价。

▼ 营销透视

"养乐多妈妈"：解决最后一公里问题

如何解决最后一公里问题，一直让很多快消品头疼。而养乐多就很好地解决了这个问题。

1963 年，养乐多在日本首创了"家庭配送"服务模式，配送员是一群和蔼可亲的家庭主妇，她们被尊称为"养乐多妈妈"。

"养乐多妈妈"是养乐多至关重要的销售主力军，除去商场、超市和零售店等传统渠道，在全世界每天销售的 2 800 万瓶养乐多当中，"养乐多妈妈"的销售业绩接近 2/3。

为了增加"养乐多妈妈"的收入，养乐多规定一个区域只交付一位"养乐多妈妈"管理，每个月除了保底的薪资外，养乐多还将 50% 左右的利润奖励给"养乐多妈妈"。

这种以人为连接点的配送方式有许多好处。

首先，无论掌握多少客户，"养乐多妈妈"都记得清清楚楚。虽然配送中心为"养乐多妈妈"配备了统一的电子设备，用于记录每个客户的信息，但她们几乎不需要打开电子设备就了然于心。

其次，来自社会普通大众的"养乐多妈妈"更熟悉与消费者的交流方式，面对面给消费者传递肠胃膳食观念，她们所向披靡。一个普通人每天只能完成70 瓶销售任务，但和蔼可亲的"养乐多妈妈"却能发掘 150 多家订户。

一瓶养乐多卖了几十年，每天销售 2 800 万瓶，它有什么秘诀？

蒙牛、伊利和光明都是养乐多在中国本土的竞争对手，这些对手在渠道上有一个共同的特点：强烈依赖传统的商超渠道，商超渠道又依赖于代理商。在中国的快消品市场，代理商有时可以理解为一台赚钱的机器，他们因为掌握着众多的品牌，奉行"铺市永无止境"的策略，单一品牌很难与消费者产生直接的互动。而养乐多很好地避免了这种掣肘。"养乐多妈妈"承担了城市经理和业务代表两种角色，她们是产品从工厂到消费者的桥梁。在由"养乐多妈妈"构成的渠道线上，没有中间商，没有复杂的促销、铺货和品项任务。

这种销售模式让养乐多尝到了甜头，养乐多在全球招募了8万多名"养乐多妈妈"，在中国28个城市的33个配送中心，同样有着1 500多名"养乐多妈妈"。如果你看电视，在养乐多广告结束那一刻，镜头中总是会出现经典的"养乐多妈妈"形象。

资料来源：养乐多妈妈：解决最后一公里问题．(2017-09-01)．食品饮料招商网．

2. 选择中间商的方法

选择中间商的方法很多，这里重点介绍企业经常采用的一种方法：评分法。评分法就是对拟选择作为合作伙伴的每个中间商，就其从事产品分销的能力和条件进行打分评价。根据不同因素对分销渠道功能建设的重要程度的差异，分别赋予一定的权数。然后计算每个中间商的总得分，选择得分较高者。评分法主要适用于在一个较小范围的市场上，为了建立精选的渠道网络而选择理想的中间商。

一家公司决定在某地区采用精选的一级分销渠道模式（厂家把自己的产品销售给零售商，再由零售商销售给消费者）。经过考察，初步选出三家比较合适的候选者。公司希望选取的零售商具有理想的市场覆盖范围、良好的声誉、较好的区位优势、较强的促销能力，并且愿意与生产厂商积极协作，主动进行信息沟通，财务状况良好。各个候选者在这些方面中的某些方面都有一定优势，但是没有一个在各方面均名列前茅。因此，公司采用评分法对三个候选者进行评价（如表6-1所示）。

表6-1 评价中间商的方法

评价因素	权数	候选者1		候选者2		候选者3	
		打分	加权分	打分	加权分	打分	加权分
1. 市场覆盖范围	0.20	85	17	70	14	80	16
2. 声誉	0.15	70	10.5	80	12	85	12.75
3. 历史经验	0.10	90	9	85	8.5	90	9
4. 合作意愿	0.10	75	7.5	80	8	75	7.5
5. 产品组合情况	0.15	80	12	90	13.5	75	11.25
6. 财务状况	0.15	80	12	60	9	75	11.25
7. 区位优势	0.10	65	6.5	75	7.5	60	6
8. 促销能力	0.05	70	3.5	80	4	70	3.5
总分	1.00	615	78	620	76.5	610	77.25

从表6-1的总分栏可以看出，第一个候选者得到最高的加权总分，该公司应当考虑选择它作为当地的中间商。

◉ 分销渠道类型改进

对中间商评估完成后，制造商应该马上采取适当的措施对渠道进行改进。对于协议完成情况好的中间商给予一定的奖励。对于业绩不佳的中间商则给予建议，重新培训或激励。如果还不行，企业就应当考虑终止关系。总之，赏罚要分明，以充分调动中间商的积极性。

根据实际情况的不同，渠道改进策略也不同，制造商必须做到因地制宜，有的放矢。

1. 渠道成员功能调整

渠道成员功能调整是指重新分配分销成员所应执行的功能，使之能最大限度地发挥自身潜力，从而达到整个分销渠道效率的提高。随着渠道中间利润越来越薄，大多数厂商都提出了渠道扁平化策略，将渠道中导致利润流失的中间环节去掉。它们中的大多数采取了从上往下的裁减方式，首先取消总代理，进而取消中间商，更有甚者由厂商直接面对消费者。少数厂商采取了自下而上的策略，积极鼓励中间商转变角色。

2. 渠道成员素质调整

渠道成员素质调整是指通过提高分销渠道成员的素质和能力来提高分销渠道的效率。可以用培训的方法永久地提高分销渠道成员的素质水平，或帮助其暂时提高分销渠道成员的素质水平。

我国现有的中间商队伍有四点不足：一是市场开发能力不足；二是促销能力不足；三是管理能力不足；四是自我提高能力不足。厂家对渠道的激励措施已不再仅仅是给中间商送"红包"，而是让中间商掌握赚钱的方法，对中间商进行培训。

3. 渠道成员数量调整

渠道成员数量调整是指增减分销渠道成员的数量以提高分销渠道的效率。美国通用汽车公司在对汽车行业市场调研的过程中发现，渠道是该行业最不受重视的领域之一。主要表现为每一个市场上代理商数量过多。这些代理商相互竞争，经营积极性较低，责任心较差，结果顾客不满意，汽车成本也不断增加。有的汽车公司或许已发现了这个问题，但由于种种原因而不愿改变这种现状。这无疑给通用汽车公司提供了一个极佳的市场机会。通用汽车公司首先精选代理商，然后不惜花费时间、人力、物力对这些代理商进行培养，定期考察，对经营业绩好的代理商进行鼓励。这些举措大大调动了代理商的积极性。这些代理商积极为顾客提供满意的服务，促进了汽车的销售。而代理商数量减少，也为公司节省了成本。

4. 个别分销渠道调整

制造商常常要考虑所使用的分销渠道能否一直有效且适用于产品的目标市场。

这是因为，企业分销渠道静止不变时，某一重要地区的购买类型、市场形势往往处于迅速变化中，企业可针对这种情况，借助分析，确定增加或减少某些分销渠道。这是分销渠道调整的较高层次。具体可采用两种方法：一是某个中间商渠道的目标市场重新定位。现有分销渠道不能将企业产品有效送至目标市场时，首先考虑的不是将这个中间商渠道剔除，而是能否将之用于其他目标市场。二是某个目标市场的分销渠道重新选定。在目前已有的分销渠道不能很好地连接目标市场时，应考虑选择新的分销渠道占领目标市场。

▼ 营销透视

华润雪花啤酒以高达 1 172 万千升的年销量连续 9 年蝉联国内啤酒企业销量第一，2012 年雪花啤酒销量以 1 062 万千升保持第一，华润雪花突破"双千万千升"，创下中国啤酒销量新纪录，并成为世界上第一个单品销量过千万千升的啤酒企业。华润雪花啤酒长年保持竞争优势，有哪些可以借鉴的营销理念和做法？

事实上，啤酒很难通过技术壁垒获取竞争优势，因此渠道建设成为制胜关键。华润雪花啤酒长年保持销量第一，其独特而高效的分销体系功不可没。2002 年，华润雪花开始进行渠道改革，建立了立体化的分销渠道。

1. 分区划片，严控产品流向

在产品流向控制上，逐步梳理物流关系，在全区域实现"以区域划分为主，网络划分为辅"的方式，对所有渠道（含承运商）的销售区域和终端网络进行100％的界定，实现雪花啤酒产品的流量流向可控，同时加强对营销费用投入的重点终端进行销售数据分月跟踪。通过区域化运营，合理布局销售终端，保障经销商利润，使经销商的黏性增强，充分实现通过渠道推动销售的战略目标。

2. 纵深优化，强化终端控制

华润雪花对已有的渠道商进行精细化分类。按照渠道中间商的业态形式分为四大类：第一类是传统的流通渠道，主要指分销商、直销商和零售商等；第二类是餐饮的终端渠道，主要指中高低档餐饮终端等；第三类是零售终端，主要指重点客户大卖场在内的现代零售终端和传统零售中含有销售终端的便利店等；第四类是夜场，主要指酒吧等娱乐场所。同时根据这些渠道商的经营状况与未来发展前景分成支持类经销商、维持类经销商、调整类经销商和淘汰类经销商。

渠道优化的整体方向是减少渠道层级和数量、强化零售终端控制，以零售终端为导向，通过掌控零售终端来协同经销商构建渠道壁垒，努力实现一个市场所有零售终端由华润雪花啤酒的支持类一级经销商直接供货，且直供的零售终端是产品专场，所专销的产品符合华润雪花的盈利要求。通过终端普查、渠道普查掌握的数据进一步减少渠道密度和层级，以获得长期的、持续的竞争优势。优化提升实施后，渠道数量大大减少，渠道层级也减少了，既留住了核心经销商，又提高了对经销商和终端的掌控能力。同时，加强华润雪花啤酒业务人员对零售终端线路拜访；不断动态调整渠道成员的数量和质量，保证华润雪花始终掌控市场上的优秀经销商，并扩大经销商对零售终端的掌控数量和质量，进一步提高消费者对华润雪花产品的认知度，从而建立起坚固的渠道壁垒。

3. 画龙点睛，大客户管理制

华润雪花不仅建立了区域化与深度分销的立体化渠道管理体系，还对沃尔玛、家乐福这样的连锁超市实施大客户管理。为大客户提供优秀的产品/解决方案，建立和维护可持续的客户关系，确保竞争优势。同时，通过大客户管理，解决采用何种方法将有限的资源（人、时间、费用）充分投放到大客户上，从而进一步提高华润雪花在每一领域的市场份额和项目签约成功率，改善整体利润结构。华润雪花由公司总部营销中心负责与大客户进行合作，直管直供，既增加了谈判能力，也有助于提升合作效率，降低管理成本。

4. 一一对应，产品与渠道有效对接

雪花啤酒凭借对啤酒行业多年的经验以及对主要竞争对手的深入分析，选择性放弃了部分低端产品市场，集中开发以中高档甚至超高档的脸谱、纯生、原汁麦为主的产品系列。脸谱、纯生、零点、晶尊等品牌主要面向高档酒店、宾馆、酒吧、大型超市，同时买断部分酒店；中档的"勇闯天涯"、精制酒等主要进入即饮场所的餐饮终端酒店、酒吧和非即饮场所的便民店、超市等；低档的雪花特制、雪花环标等进入便民店、小超市、食杂店、副食店和某些小型餐饮店、大排档、小吃店。

资料来源：刘凤军，史俊敏，李敬强. 华润雪花的整合魔方. 企业管理，2014（3）.

6.2 分销渠道整合策划

建立好渠道之后，企业分销渠道策划的重点就转移到了渠道管理上，不断优化和组合渠道系统，让渠道系统发挥应有的作用是渠道管理的首要任务。一般来说，分销渠道整合策划的内容主要包括：分销渠道成员激励；分销渠道冲突化解；分销渠道系统整合。

⏩ 分销渠道成员激励

美国哈佛大学的心理学家威廉·詹姆士在《行为管理学》一书中指出，合同关系仅仅能使人的潜力发挥 20％～30％，而如果受到充分激励，人的潜力可发挥至 80％～90％，这是因为激励活动可以调动人的积极性。所以，激励渠道成员是渠道管理中不可缺少的一环。激励渠道成员是指制造商激发渠道成员的动机，使其产生内在动力，朝着所期望的目标前进的活动过程，目的是调动渠道成员的积极性。

对于制造商而言，其目标无非就是希望中间商多提货、早回款，希望现有的渠道增加抵御风险的能力等。因此，了解中间商需求是激励的第一步，然后应该做的是采取有效的激励措施。

激励中间商的形式多种多样，大体上可以分为两种：直接激励和间接激励。

1. 直接激励

直接激励指的是通过给中间商物质、金钱的奖励来激发中间商的积极性，从而实现公司销售目标。为了应战格兰仕掀起的新一轮微波炉价格大战，美的一改往常的做法，将眼睛盯在了中间商身上。美的一掷千金，投资 3 000 万元，购买了奔驰、宝马、奥迪 A6 等 83 辆汽车用做奖励，并承诺送 120 家优秀中间商出国学习。美的投入力度连中间商都颇感意外。一位奥迪 A6 的得主说："谁也没想到会有这份奖励，当初的合同中并没有。不用说美的的销售量还会攀升。"

直接激励主要有以下几种形式：

（1）返利政策。制定返利政策时要考虑如下因素：

1）返利的标准。要分清品种、数量、等级、返利额度。制定返利政策时，一要参考竞争对手的情况；二要考虑现实性；三要防止抛售、窜货等。

2）返利的形式。要注明是现价返，还是以货物返，抑或二者结合；还要注明，如用货物返是否作为下月任务数。

3）返利的时间。是月返、季返还是年返，应根据产品特性、货物流转周期而定。要在返利兑现的时间内完成返利的结算，否则时间一长，搞成一团糊涂账，对双方都不利。

4）返利的附属条件。为了使返利促进销售，而不是相反（如窜货），一定要加上一些附属条件，比如严禁跨区域销售、严禁擅自降价、严禁拖欠货款等，一经发现，取消返利。

现实中会遇到这种情况，返利标准制定得比较宽松，失去返利刺激销售的效果，或者返利太大造成价格下滑或窜货，等等。在执行中，一是在政策的制定上就要考虑周全；二是执行起来要严格，不可拖泥带水。

（2）价格折扣。价格折扣包括：数量折扣、等级折扣、现金折扣、季节折扣。

（3）开展促销活动。一般而言，生产者促销措施很受中间商的欢迎。促销费用一般可由制造商负担，亦可要求中间商合理分担。生产者还应经常派人前往主要的中间商那里，协助安排商品陈列，举办产品展览和操作表演，训练推销人员，或根据中间商的推销业绩给予相应的激励。

与别的企业直接针对终端消费者不同，娃哈哈的促销重点是中间商，公司会根据一定阶段内的市场变动、竞争对手的变动以及自身产品的配备，推出各种各样的促销政策。针对中间商的促销政策，既可以激发其积极性，又保证了各层销售商的利润，因而可以做到促进销售而不扰乱整个市场的价格体系。相反，依赖直接让利于消费者的促销，则造成中间商无利可图而缺乏动力，最终竞相降价，可能把零售价格打乱。

娃哈哈认为，生产商推出任何一项促销活动或政策，首先应该考虑的便是设计一套层次分明、分配合理的价差体系。价差指的是产品从生产商到消费者手中经过的所有批零渠道。就饮料、家电等产品而言，一般有三四个环节的利益分配。高价的产品如果没有诱人的价差分配，就无法调动中间商的积极性，而低价产品如果价差控制得当，仍然可以因量大而为中间商带来利润。有序地分配各级经销层次的利益空间，不但是生产商的责任，更是其控制市场的关键。很多企业在营销中，喜欢以低价轰炸市场，以为只要价格比别家的低，肯定卖得就比别人的火，其实未必。没有考虑价差的低价，会让中间商无利可图，中间商不用力吆喝，不把你的产品摆在柜台上，企业的目标就无法达到。

2. 间接激励

间接激励是指通过帮助中间商获得更好的管理、销售的方法，从而提高销售绩效。在市场机制日益成熟的今天，直接激励的作用在不断削弱。一方面，企业每天都向市场推出成熟或不成熟的新产品，各种形式的招商广告铺天盖地，各种各样的承诺一个比一个诱人。另一方面，大量的中间商在经历了账面资金不断缩水后，面对五花八门充满诱惑的招商广告常常无动于衷，导致企业大量的招商广告只赚眼球无法变现。经历了代理、经销、买断等厂商合作方式，演绎过降价、打折、买一送一等促销手段后，中间商面对生产商抛出的橄榄枝，比任何一个时期都来得冷静、理智。面对这种冷静与理智，一大批缺乏营销创意的企业，在市场竞争中渐渐落败，继而被淘汰出局。显而易见，在当前竞争白热化、残酷性日益凸显的市场上，营销方法正在超越产品力、超越品牌走向营销首席。因为理智的中间商对真正独特且行之有效的营销方法的渴望，已经远远高于他们对所营销产品的利润空间和厂家广告费的追逐。他们深知，没有一套行之有效的营销方法将产品卖出去，再大的利润空间，再多的广告投入都不行。所以，制造商们越来越意识到间接激励的重要性。

间接激励通常的做法有以下几种形式：

（1）提供帮助。企业帮助中间商建立进销存报表，做安全库存数和先进先出库存管理。进销存报表的建立，可以帮助中间商了解某一周期的实际销售数量和利润；安全库存数的建立，可以帮助中间商合理安排进货；先进先出的库存管理，可以减少即期品（即将过期的商品）。

（2）管理终端。企业帮助零售商进行零售终端管理。终端管理的内容包括铺货和商品陈列等。通过定期拜访，帮助零售商整理货架，设计商品陈列形式。

（3）管理客户。企业帮助中间商管理其客户网来加强中间商的销售管理工作。帮助中间商建立客户档案，包括客户的店名、地址、电话，并根据客户的销售量分级，并据此告诉中间商对待不同等级的客户应采用不同的支持方式，从而更好地服务于不同性质的客户，提高客户的忠诚度。

（4）建立伙伴关系。从长远看，企业应该实施伙伴关系管理，也就是制造商和中间商结成合作伙伴，风险共担，利益共享。近年来，分销渠道的作用逐渐增强，渠道合作、中间商合作、商业合伙、战略联盟日益普遍。合作关系或战略联盟表述了一种在制造商和其渠道成员间的持续的相互支持关系，包括努力提供一个高效团队、网络或渠道伙伴联盟。通用电气前董事会主席兼首席执行官杰克·韦尔奇就公司致力于发展上述关系陈述如下："我们的目标是使公司无界限，我们将拆除隔离彼此的围墙，且让我们的主要赞助商走进来……和我们携手并进，为了一个共同的目标——顾客满意。"

● 分销渠道冲突化解

渠道冲突的管理是分销渠道管理的一项非常重要的内容，也是让营销管理人员非常头痛的一个问题。渠道成员之间的合作程度、协调程度，将直接影响到整个渠道的分销效率和效益。

1. 渠道冲突的表现形式

渠道冲突是指分销渠道中一方成员将另一方视为对手，且对其进行伤害或在损害该成员的基础上获得稀缺资源的情形。我们必须对渠道冲突加以重视，防止渠道关系恶化，甚至是整个渠道体系的崩溃。渠道冲突分为三种：水平渠道冲突、垂直渠道冲突和多渠道冲突。

（1）水平渠道冲突。水平渠道冲突是指某渠道内同一层次的成员之间的冲突。如同级批发商或同级零售商之间的冲突，表现形式为跨区域销售、压价销售、不按规定提供售后服务或提供促销等。

（2）垂直渠道冲突。垂直渠道冲突指同一条渠道中不同层次之间的冲突。如制造商与分销商之间、总代理与批发商之间、批发商与零售商之间的冲突，表现形式为信贷条件的不同、进货价格的差异、提供服务（如广告支持）的差异等。

一直以来，制造商相对于零售商拥有较强的市场力量。这是因为制造商推出大量广告以建立消费者的品牌偏好，结果使零售商被迫经营它们的品牌。但是，现在零售商对制造商的力量已经发生了某些转移。零售商力量的日益增长使它们可以向制造商收取新产品进店时的货位费，弥补货架成本的陈列费，用于晚交货或交货不齐的罚金，以及制造商要求停止销售商品时的退场费等。

（3）多渠道冲突。多渠道冲突（也称为交叉冲突）是指两个或两个以上渠道之间的成员发生的冲突。当制造商在同一市场或区域建立两个或两个以上的渠道时，就会产生此类冲突。如直接渠道与间接渠道形式中成员之间的冲突，代理分销与经销分销形式中渠道成员之间的冲突。表现形式为销售网络紊乱、区域划分不清、价格不同等。可口可乐原来的销售渠道不是零售，后来开始采用售货机，终端售货机实际上就是一个细分渠道，一开始零售商非常不乐意，因为这个终端售货机面向最终消费者，但可口可乐解决了冲突问题。看似定位相同的用户，还是有办法再进行细分。

2. 渠道冲突的起因

渠道成员之间冲突的起因很多，大致可以归纳为以下几点：

（1）角色失称。当一个渠道成员的行为超出另一个渠道成员对其行为角色的期望范围时，角色失称就会发生。有些情况下，角色失称也发生在当一个渠道成员不能确定哪些行为可以接受时。为了避免角色失称，渠道成员需要了解其他成员的具体期望是什么，他需要承担什么责任，以及对方对他的行为绩效如何评价。

（2）感知偏差。渠道成员如何对其所处的形势进行解释，或如何对不同的刺激作出反应。例如，一个零售商如果认为50%的毛利率是合理的，那么他就可能认为制造商规定的40%的加成率太低。渠道成员应通过加强相互间的理解来减轻甚至消除这种感知差异。

（3）决策主导权分歧。这是指一个渠道成员认为其他渠道成员的行为侵害了自己的决策权。例如，零售商或制造商是否有权制定最终零售价格，制造商是否有权对分销商的存货水平作出要求。

（4）目标不相容。这是指成员间的目标不相容。例如，光明牛奶公司希望为它的新品酸奶获得额外的展示货架空间以提高市场份额，而分销商则关心这种新产品是否会创造更多利润，通常情况下这两者是相互矛盾的。目标不相容还可以在分销商和制造商"如何使利润最大化"的分歧上体现出来。分销商为使利润最大化通常希望提高毛利率，加快存货周转速度，降低成本并获得较高的制造商津贴，而制造商为了提高销量通常倾向于降低零售毛利率，增加分销商库存，提高促销费用并减少津贴。

（5）沟通困难。也就是信息在渠道成员间的传递缓慢或不准确。为了克服沟通困难，许多大的零售商都要求它们的供应商就订单、发票以及装运通知单等方面与其进行充分的交流。实际上，沟通困难也是造成感知偏差的原因之一。

（6）资源缺乏。争夺稀缺的资源是渠道冲突产生的一个重要原因。例如，对客户资源的争夺使许多实施多重分销策略的公司与分销商产生摩擦。

3. 化解渠道冲突的对策

渠道冲突的存在是一个客观事实，不能消灭，不能根除，只能辩证分析，区别对待。并非所有的冲突都会降低渠道效率。低水平的渠道冲突可能对分销效率无任何影响，中等水平的渠道冲突有可能会提高渠道的分销效率，而只有高水平的渠道冲突才会降低渠道的分销效率。适当冲突的存在会增强渠道成员的忧患意识，刺激渠道成员的创新。

（1）销售促进激励。为减少渠道成员的冲突，有时成员组织的领导者不得不对其政策、计划进行折中，对以前的游戏规则进行修改。这些折中和修改，是为了对成员的激励，以物质利益刺激他们求大同，存小异，大事化小，小事化了。如价格折扣、数量折扣、付款信贷、按业绩的奖励制度、分销商成员的培训、成员的会议旅游等。

（2）进行协商谈判。协商谈判是为实现解决冲突的目标进行的讨论沟通。成功的、富有艺术的协商谈判能够将原本可能中断的渠道关系引向新的成功之路。协商谈判是分销渠道管理中常有之事。有效的谈判技巧非常有用，它是渠道成员自我保护和提高自己地位的手段。如果掌握了这一技巧，在面临冲突时保持良好关系的可能性就会大大增加，甚至对手间也会因一次成功的谈判而成为长久的合作伙伴。

（3）清理渠道成员。对于不遵守游戏规则、屡教不改的渠道成员，有可能是当初对其考察不慎，如确认其人格、资信、规模与经营手法都未达到成员的资格和标准，就应该重新审查，将不合格的成员清除出联盟。如对那些肆意跨地区销售、打压价格恶性竞争，或长时间未实现规定销售目标的分销商，都可以采取清理的方法。

（4）使用法律手段。法律手段是指渠道系统中存在冲突时，一方成员按照合同或协议的规定要求另一方成员行使既定行为的法律仲裁手段。比如在特许经营体系中，特许经营商认为特许总部不断新添的加盟商侵蚀了他们的利益，违反了加盟合同中的地理区域限定，这时就很可能要采用法律手段来解决这一问题。

法律手段应当是解决冲突的最后选择。因为一旦采用了法律手段，另一方可能会完全遵守诉讼方的意愿而改变自己的行为，但是会对诉讼方产生不满，结果是双方的冲突可能会增加而非减少。从长远来看，双方可能会不断卷入法律纠纷而使渠道关系继续恶化。

◗ 分销渠道系统整合

所谓渠道整合就是一个互动联盟，它能通过优势互补营造集成增势的效果，从而在纵深两方面强化渠道竞争能力。渠道整合中要特别注意以知识为核心的活性要素的作用，以此带动其他要素功能的改善，有利于形成现代的诚信理念、科学的营销理念、发展市场的理念、朴素的双赢理念、良好的沟通理念、相互学习的理念。

1. 渠道网络的隐患

渠道网络可能存在如下隐患：

（1）分销商素质低，经营意识落后。随着市场环境的变化，不少分销商不能及时转换功能，没有公司化的经营管理意识，没有品牌意识，只看到眼前利益，不做网络建设，不搞终端维护，缺乏科学的库存管理、数据管理、客户资料管理，更谈不上区域经营的战略计划。

（2）窜货问题。各级分销商由于受到唯销售量论的影响，为获取年终返利、争夺客户，只求薄利多销，只图眼前小利，不顾后果，竞相窜货。更有甚者，在自己区域内卖正常价，赚取薄利后贴钱低价争夺非责任区域内的客户，置厂家政策、区域内正常价差体系、竞争品牌状况于不顾。

（3）分销商忠诚度下降。从实际情况来看，各企业的渠道网络成员均有流失，这样不仅会泄露商业机密，还会给企业造成巨大的经济损失。

（4）生产商之间的信用度恶化。许多分销商不能按照生产商的规范操作，甚至货款也很难收回；而一些品牌生产商又不能以平等互利的原则对待分销商，双方签订的协议说改就改，失信于人；有些大型超市和旺铺"店大欺人"，产品的进店费、堆头费高得离谱。

（5）分销商不具备对品牌的运作能力和市场的控盘能力。分销商因受规模、实力、素质、管理水平、经营意识等因素的影响，没有能力做到整合营销、优势最大化、成本最低化等综合实力的组合。即使是全国名牌产品也无法做到使当地消费者认可，成为占有率较高的产品。虽然是在当地有一定销量的产品，但还是会出现断货和乱价的情况，没有能力控制局面。

（6）分销渠道的经营模式复杂、混乱。目前各企业的分销渠道非常复杂，有直销的，有靠渠道网络经营的，有网络加平台的，还有既有网络经销商又有生产商出大批业务员跑单，经销商只要送进货就可以的。为了加强对终端的控制，生产商不惜代价却又无所适从。分销渠道经营模式复杂、混乱，使渠道网络的作用明显下降。

总之，目前的渠道网络是脆弱的，整个物流配送体系处于落后、凌乱、缺乏整合的状态。与国际市场营销方式接轨，进行渠道整合势在必行。

2. 渠道整合途径

管理大师彼得·德鲁克说过："现代企业无非两大职能——营销和创新，而市场分销渠道便是两大职能的后勤。"随着信息时代的来临，几乎所有的厂商和分销商都意识到渠道建设的重要性。分销渠道通常要占一个行业产品和服务价格的15%～40%，这个数字反映了企业通过改善经营渠道提高竞争力和利润率的潜力。科学设计的"渠道整合宝典"往往可以为企业带来更高的回报。分销渠道如今已成为企业间竞争的一个重要砝码。畅通的销售渠道意味着成本的降低、效率的提高和利润的增加。

（1）渠道扁平化。传统销售渠道的经典模式是：生产商—总经销商—二级批发商—三级批发商—零售店—消费者。然而这样的销售网络却存在先天不足，在许多产品可实现高利润、价格体系不透明、市场缺少规则的情况下，销售网络中普遍存在的灰色地带使许多经销商实现了所谓的超常发展。生产商也有养虎遗患之感，多层次的销售网络不仅进一步瓜分了渠道利润，而且经销商不规范的操作手段如竞相杀价、跨区销售等常常造成严重的网络冲突。更重要的是，经销商掌握的巨大市场资源，几乎成了生产商的心头之患——销售网络漂移，可控性差，成了说不定哪天就会掉下来的一把利剑。改革势在必行。

渠道扁平化就是以企业的利润最大化为目标，依据企业自身的条件，利用现代化的管理方法与高科技，最大限度地使生产者直接把商品出售（传递）给最终消费者以减少销售层级的分销渠道。其实质就是组织结构的模式尽量扁平，尽量减少流通环节，由此实现成本优势，减少中间环节过多导致的信息失真。渠道扁平化有利于更好地满足消费者的需求，了解市场真实信息。只有渠道扁平化，厂家在终端与消费者作直接、互动的沟通，做好售前、售中、售后服务，才能更好地了解并满足消费者的需求，利于企业更好地开发产品。渠道扁平化、强化终端有利于管理和服务经销商，也有利于控制和驾驭经销商。渠道的扁平化不是摒弃经销商，其核心是重视终端，操作的手法是通过对终端的精耕细作，更好地实现对经销商的服务和管理，同时也从根本上控制和驾驭了经销商。渠道扁平化有利于加大对消费者的宣传力度，开展终端促销活动，消化库存，建立品牌。

◥ **营销透视**

乐视与联通"生态"合作

我们先来看一组数据：乐视超级手机发布后的245天里总销量已经突破500万部，而联通渠道销量已经突破130万部，占总销量的1/4。

联通方面表示："乐视在联通取得了三个第一：销售提升速度第一（20天单日销量即破1万部），销售业绩第一（单日销量破2万部），合约贡献第一（12月联通合作品牌合约排名第一）。"

乐视在发布手机的245天里能够取得如此的成绩令人惊讶，尤其是在和联通签署的运营商渠道上取得佳绩，甚至把一些老牌的国产手机比下去了。

乐视与联通的合作方式不同于以往常规的走量销售，而是采用了"生态合作模式"。2015 年，乐 1 联通版首创"流量＋资费＋会员＋手机"的一站式服务。在联通官网，"1 899 元购买乐 1"的合约机方案上线，6 月 2 日，预约量超过 3 万部。该合约机提供 72GB 免费超大流量、1 年乐视全屏影视会员服务。如此强劲的合约项目就算 iPhone 也是无法实现的。乐视与联通将运营商的合作开启了一个新篇章。

乐视手机＋联通 4G 网络为用户带来了极速、自由、畅快的网络体验，乐视手机＋联通的流量为用户带来了无约束的流量使用体验，乐视手机＋联通的渠道为用户带来了身临其境的消费体验。联通乐视依托各自优势，打造全新的移动互联网生活，也为消费者带来了全新价值。

此外，联通各地的营业厅和合作厅全面导入乐视的生态产品，更多地进入"互联网＋"营销模式。乐视借道联通占领移动互联网入口，补齐了线下渠道短缺的不足，可谓一举两得。

乐视与联通紧密合作，推出强劲的生态手机，让消费者不仅享受到生态的乐趣还能够享受无忧的上网体验。

资料来源：传中国联通与乐视合作或联手打造 4G 生态．（2015 - 06 - 03）．http：//tech. sina. com. cn/t/4g/2015 - 06 - 03/doc-icrvvqrf3943561. shtml.

（2）渠道品牌化。品牌已经渗透到了我们生活中的各个领域，产品需要品牌，服务需要品牌，分销渠道同样需要品牌。专卖店作为渠道品牌化的一种重要方式正在迅速地扩张到各个行业。

专卖店一般具有以下优点：其一，它可以作为一个展示中心，充分展示产品，提升品牌形象，进而促进产品的销售。这种展示可以是常年的，不用特别的投入就能做得很好。其二，它可以作为一个推广中心，用户往往会被专卖店人员专业、热情的服务所打动，这样可以使用户对厂商的产品有更多的了解，留下较好的印象。其三，它可以作为一个培训中心。许多用户的产品知识并不是很专业，这就要求厂商能够提供及时的培训，让用户了解特定公司的产品。其四，它还是一个销售中心，人们可以根据自己的喜好和对产品的现场印象，作出逻辑推断，购买满意的产品。

专卖店的精髓就是渠道建设的品牌化、一体化、专业化。这样，企业就不再把销售仅仅视为一种商品的买卖，而是把销售行为上升为一种渠道品牌的经营。通过设立专卖店，企业可以建设统一的、个性化的、符合时尚的品牌文化，实现渠道增值。而统一规范的连锁经营一改过去厂商到用户之间的各级分销商、零售商的成本层层累加方式，很大程度上让利于消费者。

（3）渠道集成。目前，传统渠道和新兴渠道之间的矛盾越来越突出。传统渠道主要包括大商场、中小商场以及专卖店。新兴渠道可细分为：综合性连锁、品牌专卖店、集团采购、网上订购等。传统渠道和新兴渠道都有自己的竞争优势，并存于市场中，但是新兴渠道使传统渠道面临着越来越大的挑战。

随着互联网的发展和网民队伍的扩大，渠道的一个重要发展趋势是在线销售。亚马逊公司凭借网络在线销售图书，短短几年时间，就超过了全球最大的两家图书销售商的市价总和。此外，很多其他在线销售商都取得了巨大的成功，在传统营销模式前，在线产品销售显示出巨大的优势。

解决渠道冲突的最好办法就是渠道集成，即把传统渠道和新兴渠道完整地结合起来，充分利用各自的优势，共同创造一种全新的经营模式。当然，这种方法要求供应商能够对传统渠道施以足够的控制，操作难度较大。

（4）渠道关系伙伴化。通过渠道整合，建立伙伴型的渠道关系，各个代理商，不仅是利益共同体，而且是命运共同体，渠道本身就是一个战略联盟。其中，服务意识、服务内容、服务手段在联盟运转中起着关键的作用。这个服务的链条会使渠道联盟更加稳固，使企业、渠道商和用户之间的亲和度大大增强。

厂家与经销商合作的形式包括：

1）联合促销。厂家与经销商共同进行促销，例如：合作广告——经销商发布广告，厂家给予一定金额的补贴（从货款中扣除或凭单据报销）；陪同销售——厂家派销售人员协助经销商向其下级客户销售；销售工具——厂家为经销商提供样品、销售点广告等。

2）专门产品。厂家为经销商提供专门产品既可以增强销售网络凝聚力，也可以减少消费者购买时对价格的比较。如厂家为大的零售商专门生产某一产品，以及经销商买断某一品牌的经营等。

3）信息共享。厂家与经销商共享市场调查、竞争形势、消费者动向等方面的信息。

4）培训。厂家为经销商提供销售、产品、管理和营销等方面的培训活动，以提高经销商的销售和管理水平，等等。

▼ 营销透视

来自数据魔方的资料显示，2012年"双十一"，七匹狼男装实现了9 300万元的销售额，成交近41万件商品，位列男装排行榜第二。其业绩背后的战法让很多人颇感好奇。

2013年4月，七匹狼董事长周少雄在一个电子商务峰会上谈到电商行业全渠道的融合趋势越来越明显。走这条道路的自然也包括七匹狼。这不禁让人想要一探七匹狼电商全渠道融合策略的究竟。

2012 年"双十一"七匹狼成功完成了线上线下互补。不足的货从线下进行补充，除了总仓库的存货，其余的货可以从线下直营分公司调。线下直营分公司都有考核指标，销量、利润均要达到一定目标，因此七匹狼在利益分配上使电商渠道与线下直营分公司达成协议：同样的货品，通过电商渠道不仅能保证其线下毛利，还能迅速出货。"双十一"过后，线上出现退换货大潮。一时间不少商家的无条件退换货政策纷纷"失灵"，成为当时天猫广受诟病的大新闻。然而，七匹狼却成功地抓住了这一体现线上服务质量的良机：不仅保证能线上退换货，"双十一"的用户还可升级为线下渠道的 VIP 客户，享受就近在实体店进行退换货的服务。

这一举动让诸多纯电商企业徒唤奈何。而这一看似给线下实体店带去麻烦的做法，实则将线上的用户输送给了线下门店，用退换货的服务产生连带销售。如此，线下渠道又何乐而不为呢？这个一举两得的做法，既更好地服务了消费者，又为线下带去了实际利益。

此外，相比线下，线上消费者转移的成本更低。再加上互联网的信息透明性，线上服务对增加用户黏性尤为重要。与实体店不同，线上没有绚丽的灯光、微笑的服务员，也没有高档奢华的装修。在线上，尽管消费者可以将产品图片放大到极致，但对于他们来说，这些产品仍然是不可触摸、无法感知的。鉴于此，七匹狼开发了专门针对线上渠道的网络专供品。这些专供品多为基本款，其款式做得尽量简洁，几乎很少做细节化的处理。线下服装常见的暗纹和暗扣都不见了。对消费者而言，这些产品所见即为所得。消费者感知到的产品，就是他们买回家的东西。

实现线上线下融合，不仅表现为商品、价格、服务等方面的融合，更深层次讲，还包括组织架构的融合。既融合又独立，这是七匹狼确定的电商部门创业时期与集团公司的关系，也是其电商组织架构设计所遵循的原则。

2013 年上半年，七匹狼电子商务部门升级为独立的电子商务公司，包含完整的商品部、渠道部、运营部、市场部等部门。独立之后，七匹狼电商与其他事业部一样，实行独立核算。电商公司不仅要完成内部的工作量，同时还可以向外拓展业务。在电商精细化的趋势下，效率和经济意识的挂钩更加明显，权责也更加明晰。这不得不说是电商带来的由内而外的改变。

但这种独立并不意味着完全脱离集团公司。七匹狼电子商务公司的每个部门都对接集团公司的一个部门。集团公司的相应部门也会设置专人与电子商务公司进行对接，由各部门总监负责，电子商务公司总监负责协调。电子商务公司根据流程提出需求，统一并入集团公司开发及生产流程。

资料来源：王彩霞. 七匹狼触网全渠道融合策略奏效. 中国连锁，2014（3）.

▶▶ **重点名词**

分销渠道 　　　直接激励 　　　间接激励 　　　　渠道冲突

渠道整合

▶▶ **思考题**

1. 什么是分销渠道？分销渠道具有什么特点和功能？

2. 企业在选择中间商时应该考虑哪些因素？

3. 企业如何选择中间商？企业该怎样进行渠道改进？

4. 激励渠道成员的方法有哪些？

5. 什么是渠道冲突，表现形式有哪些？如何化解渠道冲突？

6. 渠道系统整合的方式有哪些？

▶▶ **案例分析**

还要不要开实体店

"帮帮侬家政"是率先在线上采用微博开展营销传播，线下设立办事处签单成交的家政服务企业。公司负责业务运营和市场推广的副总经理鞠坚刚从商学院MBA课堂上做分享嘉宾回来，他精心准备的帮帮侬家政临街实体店开设计划遭到了MBA学员的质疑。

从上海戏剧学院毕业的总经理柳原利用微博创业的故事，被一些媒体宣传为上海家政业的传奇。在这些媒体看来，天生丽质的柳原热衷于刷微博，并因此受到多位明星以及时尚杂志编辑的关注，几乎每天都能带来签约客户，一年利润额上百万元，销售额也从一二十万元增至如今的六七百万元。

不少风险投资公司慕名而来，希望投资入股，以助推公司业绩，并从中分一杯羹，鞠坚和柳原也都有在家政行业打拼出一片天地的愿望。但是，即便一直为公司最先利用微博传播家政服务而自豪，鞠坚仍觉得现在的情况不容乐观。数据显示，微博的整体活跃用户数量在下降，未来发展可能存在很大变数。更重要的是，微信、微电影、场景应用等新传播工具正在兴起，增加了家政营销传播的变数。虽然鞠坚等人很早就投入大量人力和物力运营帮帮侬的微信公众号，但是效果不如从前做微博时增速快。虽然帮帮侬和不少微博大号、明星都保持了良好的互动关系，可是随着步入微博营销大潮的家政公司越来越多，帮帮侬的客户被分流是迟早的事。

而在线下，帮帮侬也需要和上海其他大大小小的家政服务公司竞争。特别是上海市政府积极扶持的"吾爱家政"和"侬好家政"。2014年，这两家企业就新增家政服务店51家。

相比之下，除了高档写字楼里的办事处外，帮帮侬竟然没有开设一家临街实体店。公司乐观地预计 2015 年销售额能达到 1 000 万元左右，毛利与以往大致持平，约 20%～30%。对于这笔钱，鞠坚认为应该立刻用于开设 3～5 家临街实体店，以后每年以一定数量开下去。可开设专营店需要在消费者分布、商圈选址、店铺装修、形象设计、人员配备等方面下很大功夫，这必将产生大量成本，对于这笔钱的使用一旦行差踏错，帮帮侬家政就会无力翻身。

　　刚刚结束与投资人张式会面的柳原心里很笃定，那就是帮帮侬家政的客户来源主要是朋友推荐和网络这两种方式，要在原本已经做得不错的微博上去寻找更合适的推广方式，来推广帮帮侬品牌，此外还要深度思考如何在微信中进行匹配营销，以促进成交。张式建议柳原团队继续在微博和微信上聚焦发力，这也是她对帮帮侬家政感兴趣并愿意投资的最重要原因。

　　柳原开车赶回办公室与鞠坚会面，她看了看手表，时间还算充裕，但她又一次在心里推翻了和鞠坚谈话的腹稿。临街实体店的确是一个展示窗口，但她不清楚这笔资金投入真的有必要吗？

　　资料来源：王俊杰，刘博 . 还要不要开实体店 . 市场营销，2015（8）.

问题

　　请同学们分小组讨论一下帮帮侬家政是否应该开实体店。

▶▶ 实训练习

　　华为、酷派、魅族等厂商深度布局线下渠道的节奏正在加快。2015 年华为启动"千县计划"，向县城级线下渠道拓展，力求建成覆盖 1 000 个县城的实体店。酷派在 2014 年 11 月成立专门面向开放市场的子品牌 ivvi，至今已经有多款新品推出。而魅族除了 2015 年计划将专卖店增至 2 000 家之外，还准备向更深入的线下挖掘，扩展线下零售商资源。

　　国内手机市场的竞争环境，催生渠道格局发生变化，并在优胜劣汰中达到一种平衡。而站在手机厂商的角度，未来的竞争也将更多地从单一线上转至全渠道的模式。请搜索有关"一加"手机渠道建设的信息，走访"一加"的不同销售渠道，分析现有渠道的问题，并为"一加"重新设计渠道。

第 7 章

广告策划

学习目标

- 了解广告策划的诉求对象、广告目标的类型；
- 掌握广告策划的基本原理、广告策划的程序、确定广告预算的方法；
- 理解广告媒体的优缺点、广告媒体的评价指标、广告主题的类型。

引 例

　　在利用广告这一促销工具方面，宝洁公司做得相当出色，取得了良好的广告效果。早在"象牙"香皂问世时，公司就利用杂志封面刊登有母亲用"象牙"香皂为婴儿洗澡画面的广告，画面中婴儿身上洗到的地方和没有洗到的地方的黑白反差，生动而又鲜明地向人们展示了产品的魅力。在我国市场上推出的"海飞丝"洗发水，海蓝色的包装首先让人联想到蔚蓝色的大海，给人带来清新凉爽的视觉效果；"头屑去无踪，秀发更出众"的广告语，更进一步在消费者心目中树立起"海飞丝"去头屑的信念。"飘柔"从品牌名称上就让人明白了该产品使头发柔顺的特性，草绿色的包装给人以青春美的感受，"含丝质润发素，洗发护发一次完成，令头发飘逸柔顺"的广告语，再配以少女甩动丝般秀发的画面，更加深了消费者对"飘柔"飘逸柔顺效果的印象。"潘婷"用杏黄色的包装，首先给人以营养丰富的视觉效果，"瑞士维他命研究院认可，含丰富的维他命原 B5，能由发根渗透至发梢，补充养分，使头发健康、亮泽"的广告语，突出了"潘婷"的营养型特性。

　　启示： 在广告界普遍存在重创意而又缺失策略的现象，结果往往达不到预期的目标。宝洁的广告几乎都是在向消费者直接陈述产品的功能，每一个产品都牢牢把握策略的支撑然后进行传播，由此在全世界取得了巨大的成功。宝洁广告＝提出问题＋解决问题。通常是，指出你所面临的一个问题来吸引你的注意，紧接着告诉你适宜的解决方案，这就是宝洁广告的策略及其特有功效。不难看出，宝洁产品的市场之大、销量之高与其广告策划的成功密不可分。

在营销策划中，广告策划具有重要的地位，广告对于树立企业形象和产品品牌在消费者心目中的地位具有先声夺人、深入人心的作用。但是广告策划又是始于企业营销策划、止于企业营销策划的，也就是说，广告策划要依据企业营销策划的总体目标展开活动，又要以是否达到企业营销策划的总体目标的特定要求为最终鉴定标准。本章将对广告策划中的一些问题进行详细分析。

7.1 广告策划概述

广告策划的含义

广告策划是根据整体营销策略，按照一定的程序，对广告活动进行前瞻性的运筹规划活动。它以市场分析为基础，以广告定位、广告目标、广告表达、广告制作和使用为内容，以策划文本为直接结构，以效果评估为终结，追求广告活动进程合理化和效果最大化。

在理解广告策划时应该注意：广告策划取决于营销策略，服务于营销策划；广告策划必须依据一定的程序；广告策划必须以市场分析为依据；广告策划的核心内容是四大策略，创意是这四大策略的灵魂；广告策划的结果以文本方式表现；广告效果评估需要在策划中预先设定；广告策划的目的是广告活动合理化和效果最大化。

广告策划的内容

广告策划涉及广告总体策划、广告媒体策划、广告设计策划。其中，广告总体策划的内容包括广告目标、广告信息、广告预算等；广告媒体策划的内容包括广告媒体、各种媒体的优缺点、媒体选择考虑的因素、媒体评价的指标等；广告设计策划的内容包括广告主题、广告定位、广告表达等。后面几节将对这些内容逐一介绍。

▼ 营销透视

直取高端，尊领时尚——男装广告

妻子为丈夫整理夹克衫，一边整理一边温柔地说："今天晚上的十周年庆

典我就不去了。"这时候，丈夫用低沉还略微有点冷峻的语气说道："这十年多谢你。"丈夫说完，头也不回地走出去并做了一个"劲霸"的喻示王者的姿势，妻子看上去先是一愣，进而满足地望着丈夫远去的背影笑了……（画外音：劲霸男装，给你这样的男人）。这是劲霸男装在2008年奥运会期间推出的一则电视广告。在这次电视广告推广中，劲霸男装广告中的主人公都有双手举起、振臂鼓劲的动作，形象地传达了一个男人拼搏、进取、奋争、超越、胜利的精神世界。劲霸男装将自己的品牌价值传递给了受众，人们对于这么一个知名品牌有了更新的认识。在这则广告中，劲霸围绕自己的品牌作了巧妙的设计。整个广告让人觉得这个品牌是一个成功男人所必须选择的，如果不选择这个品牌，就会在某种程度上承认自己是不成功的，或者是失败的。广告中女人深情的目光，是对男人的注目礼。这从某种程度上也告诉人们，成功的男人本来就应当受到如此的礼遇。男人在社会上打拼，面临着各种苦难和坎坷。而妻子是男人在外打拼的避风港，更是男人成功后共同分享喜悦的伴侣。男人的那一句"这十年多谢你"，让无数铁汉动容。广告语并不长，却饱含深情，相信每一个成功人士看到这一幕，听到男人那深沉的话语，无不会心中震颤。面对女人，男人充分表现出了自己男性的尊贵和自信。女人笑了。那是满足的笑，也是自信的笑，更是对自己慧眼识珠的笑。广告在男人远去的背影中结束，留给人们的是无尽的遐想。

在这个广告中，劲霸男装完全突出了男性品牌的强劲有力。作为一个为成功男士所定制的品牌，毫无疑问要让人们一眼就认出这个品牌所具有的男性特征。男性特有的力量感如何在广告中体现出来，这才是品牌推广的难题。尤其是面对成功男士的时候，这些人往往具有超出一般人的眼光和判断力，也就决定了他们在选择自己的日用品时眼光往往比一般人更挑剔。因此，在进行广告宣传时，针对性要非常强。要让受众看了之后，在一瞬间就能产生共鸣，认为这个产品就是为自己服务的。

资料来源：许孙鑫. 给大忙人看的50个经典广告策划案例. 北京：机械工业出版社，2012.

广告策划的诉求对象

实际上从某种角度考察广告活动是一种信息的流动过程。广告策划者从广告主这一始端获取广告主体信息，进行加工、升华，设计制作成广告作品这种新的异于原信息且高于原信息的信息产品，然后，通过媒体流向终端——广告受众，即广告接收者。

广告诉求对象就是广告活动意欲传达广告信息，从而引起其购买兴趣和欲望，最终促使其完成购买行为的受众。因此，广告诉求对象的确定对于广告活动而言是牵一发而动全身的，广告诉求对象的确定"失之毫厘，谬以千里"。因此，广告诉求对象的确定要反复论证，慎之又慎。

但是，广告诉求对象与广告受众两者严格说来还是有区别的。广告受众具有一般性的意义，也即凡收听、收看能接触到广告作品的公众，这些人员未必能把广告信息转化为消费动机和行为。而广告诉求对象具有广告目标的针对性，是广告活动有意施以影响激发其消费欲望，促使其产生购买动机并完成购买行为的群体。

广告诉求对象一般与广告主的目标消费群体具有一致性。分析、定位正确的目标消费群体一般可以确定为广告诉求对象。

对于广告诉求对象的分析是广告策划的一个重要基础工作。这种分析应涉及其性别、年龄、经济收入、文化程度、职业特点等方面，并且要深入分析其对广告产品的消费心理与消费行为倾向以及其视听"兴奋点"，以此作为广告信息的切入口和发挥点。

广告不能以一般大众为信息终端，实施无差异化的广告策略，这一点显而易见。减肥产品应以追求苗条体形的女性为诉求对象，护发产品应以追求飘逸秀发的女性为诉求对象。

在确定广告诉求对象时，还有一种情况应该引起特别注意，即产品的直接消费者和产品的购买决策者或购买执行者存在相互分离的情况。这时广告诉求对象确定为产品的购买决策者和购买执行者是恰当的。如婴幼儿并不具有独立的行为，这些产品的广告与其说要获取婴幼儿的喜爱还不如说要博取家长的喜爱。因此在广告制作时，广告的内容不仅要符合婴幼儿的生理、心理特点，更应符合家长的心理特点，获得家长的赞同，从而促使其作出购买决策并付诸实施。

◉ 广告策划的基本原理

在进行广告策划时应该注意一些基本原理。

1. 塑造信息来源的可靠性

该原理表明一个开始就可信的来源，比如世界小姐宣称使用某一品牌的面膜，就比由一位不知名的家庭主妇作出同样的宣称更容易改变受众的想法。但是随着时间流逝，受众倾向于忘记来源或者否认来源与信息的联系。一些因为世界小姐的推荐而偏好某一品牌的消费者可能会恢复她们以前的选择，尽管一些人一开始并未接受家庭主妇的推荐，但后来却可能偏爱她推荐的产品。信息来源的重要性随时间而下降这一现象称为睡眠者效应。

从睡眠者效应可以得出几个结论：如果广告主正在尽可能地切断与广告的联系，尤其是受众认为制造商正在试图抛售时，该效应可能是有益的；当来源的可靠性很重要时，应该安排广告的播出时间，使来源再次出现以加强信息。

2. 优缺点的平衡

在广告策划时，我们常常面对这样一个问题：是应该只强调品牌的优秀和突出的特性，还是应该同时提及其缺点。传统的观点是"迈出你最好的那只脚"。换言之，信息应该仅仅强调产品的有利方面。传播领域的新近研究对不加选择地详述有利方面的实用性提出了质疑。该研究有以下发现：对于一开始就反对所陈述观点的人来说，列出问题的两个方面比只列出一个方面更有效；受教育水平较高的人更容易受到两方面陈述的影响，受教育水平较低的人更容易受到只给出支持理由的信息的影响；对于已经被所陈述观点说服的人，陈述两方面不如只列出有利于原来观点的信息；在已经被说服的受教育水平很低的人群中，陈述两方面的效果最差；遗漏有关论点在陈述两方面时比仅陈述有利方面更为引人注目和降低效用。

3. 信息重复

在广告策划时，同一信息应该不断重复吗？学习理论认为：随着时间的推移，来自多方位的反复加强可以提高学习效果。据说一句好口号永远不会消失，并且重复是传播信息最可靠的方法。但是一些人认为，虽然主题应该保持，但陈述的信息应该有所变化。

传播研究对大规模重复的价值提出了质疑。研究发现，重复可以使学习达到一定程度，之后，学习水平下降并且学习者有可能产生厌烦和失去注意力。因此广告主必须依据学习曲线的形状，在该曲线变缓时发展出新产品主题。

4. 理性吸引力与情感吸引力

对广告中的理性吸引力和情感吸引力的研究尚无定论。一些研究显示，情感吸引力肯定有正面作用。除非广告已经以理性说服目标受众产品将满足需要，否则激起情感反应不会有什么效果。只强调一种吸引力——理性的或情感的都是不够的。广告主必须在情感吸引和理性吸引之间找到平衡。例如，宝洁公司的佳洁士牙膏广告"佳洁士为美国牙医协会推荐"含有理性内容，但是其关于防止蛀牙的内容又能激起情感共鸣。

5. 比较广告

比较广告指通过明确指出竞争品牌的不同特点，将某品牌与一个或多个竞争品牌相比较。20世纪70年代早期比较广告在美国很流行，今天可以发现所有形式的产品和服务都使用比较广告。虽然比较广告和单独广告哪一个更有效尚无定论，但对此的有限研究显示，在某些情况下，比较广告更为有效。

7.2 广告总体策划

广告总体策划的内容包括：明确广告目标、确定广告预算、选择广告信息。

➲ 明确广告目标

企业的广告目标可以分为：信息性目标、说服性目标、提醒性目标。营销人员在确定某一广告方案的目标时，可以先明确某一目标的主要内容，然后尽量量化。

1. 信息性目标

即以向顾客提供有关产品的各种信息，以使顾客对该产品产生初步的需求为目标。这些信息可能是产品的名称、生产厂家、性能、用途、技术、质量特征、价格、服务等。这类目标的量化指标通常有：知名度、记忆率、理解度等。这类目标通常是广告上市初期应该完成的。

2. 说服性目标

即以说服顾客购买为目标。其具体内容如：培养品牌偏好、提高顾客的品牌忠诚度、改变顾客对产品的认识、说服顾客改用本企业的产品、说服顾客立即采取购买行动等。这类目标着重宣传产品特色或优点，使顾客相信本企业的产品好于其他产品，是企业在成长期和成熟期、市场竞争比较激烈时追求的目标。其量化指标包括市场占有率、品牌偏好度、广告前后的销售量等。

3. 提醒性目标

即以提醒老顾客继续购买产品或使之确信自己的选择十分正确为目标。其具体内容包括：维持较高知名度、再次唤起顾客的需求、强化满意度等。当一个企业的产品已经在市场上建立了良好的声誉或者处于成熟阶段时，大多数企业的广告往往追求提醒性目标。

最后应当指出的是，广告目标的选择应建立在透彻了解企业自身情况和市场状况的基础之上。企业不同的情况和市场状况应采取不同的广告目标。广告目标应当规定具体的指标和要求，如视听率、知名率、理解率、记忆率、偏爱率等，以作为检查广告效果的根据。

▼ 营销透视

百事可乐猴年纪念罐：和六小龄童一起突袭朋友圈

朋友圈里出现了一段关于猴王六小龄童的动态广告（百事可乐猴年广告微

电影完整版六分钟），讲述了从田间地头到电视荧幕，章家四代人坚持用猴戏把快乐带给千家万户的故事，鼓励年轻人都能化身乐猴王，在春节来临之际给身边的人带去快乐。加之微博热议"2016年春晚六小龄童节目被毙"，广告一发出便引起了不少网友的关注和议论，随之而来的是频频转发以表达对猴年春晚没有美猴王的抗议（借势营销）。

猴年将至，一切和猴相关的事物也逐渐成为人们的话题中心。紧跟时尚和话题热点的百事可乐当然不会错过这一机会。百事可乐作为首个在朋友圈投放动态广告的饮品品牌，凭借对猴王精神走心的传递，获得了广大受众的好评，可谓收获颇丰。

在即将到来的2016年，百事可乐力邀六小龄童、《大圣归来》原画作者齐帅、90后"守艺人"梁长乐共同参与推出了三部猴王情怀微电影，从章家四代对猴戏的坚持到年轻人心中的猴王形象，演绎他们各自把乐带回家的故事，也由此开启了"把乐带回家"活动的第五年。

➡ 确定广告预算

在企业的广告目标确定之后，企业即可制定广告预算，即确定在广告活动上应花费多少资金。但在实践中，确定广告预算是一件十分棘手的工作。造成这种困难的原因，一是广告促销效果的不确定性；二是选择预算制定方法比较困难，影响预算制定的因素比较复杂。这里着重说明制定广告预算时应考虑的一些因素。

1. 市场生命周期阶段

处于试销期的新产品，一般需大量重复的广告才能建立知名度和争取潜在顾客试用，因此，广告投入相对较高。

2. 市场占有率的高低

对于已获得较高市场占有率的产品，广告的目标是维持其现有的占有率，因此，广告费用在销售额中所占的百分比通常可以降低一些。而市场占有率不高的产品，要通过广告来大幅度提高市场占有率，所需广告费用相应增加。此外，广告对于高占有率产品的促销成本效应往往低于低占有率产品。

3. 产品替代性的强弱

替代性强的产品通常需要大量的广告宣传，以区别于其他产品，而替代性不强的产品，由于产品本身已经具有独特的性质，企业为树立品牌形象进行广告宣传的需要并不迫切，广告费用相对较低。

4. 对广告促销方式的依赖程度

在某些行业，如化妆品、软饮料等行业，企业大都以广告为主要促销手段，同类产品的广告既多又密；而在另外一些行业，如化工、机械行业，做广告的企业则较少。

⭕ 选择广告信息

广告信息决策，就是通过广告应向目标受众传达什么信息以及以怎样的形式表达这些信息。这项决策可以具体分为三个步骤：广告信息的内容、广告信息的选择、广告信息的表达。

1. 广告信息的内容

广告信息的内容直接影响广告的促销效果。营销人员必须首先发现各种可供传达的信息，然后才可能找出最应该传递的信息，即广告主题或广告诉求。发掘广告信息的方法和渠道多种多样，其中以向消费者、经销商、竞争企业收集信息的方法最受专家推崇。营销人员可以通过营销调研方法寻找、归纳、分析、推理，以获得有价值的广告信息。

2. 广告信息的选择

广告信息的选择就是从各种备选的广告信息中，找到最能引发大多数顾客需求的信息作为广告主题。广告信息一旦被选作广告的主题，则要进行较长时间的重复发布，改变信息的内容和表达方式需要相当高的成本。因此，必须对广告所要表达的信息进行审慎的选择。通常，同一广告不宜表达太多信息，好的广告往往集中表达某一主题。

3. 广告信息的表达

信息的效果不仅取决于内容，而且取决于表达形式。广告信息的表达是一个具有高度专业性的技术性问题，它常常涉及美术、文学、心理学、摄影等专业领域。而且，不同媒体的广告，其表达形式的侧重点也有很大差别。

7.3 广告媒体策划

企业营销策划人员必须评估各种主要媒体将信息送达特定目标沟通对象的能力，以便决定采用何种媒体。主要媒体有报纸、杂志、直邮广告、广播、户外广告等。这些媒体在到达率、频率和影响方面互有差异。例如，电视的到达率比杂志高，户外广告的频率比杂志高，而杂志的影响比报纸大。

➡ 大众广告媒体

大众广告媒体主要是指报纸、杂志、广播、电视、电影等媒体，特别是前四种，它们是广告传播活动中最常用的媒体，通常称为四大广告媒体。

1. 报纸广告

报纸是传播领域中最古老的手段之一，很多人现在依然保持着读报的习惯，报纸是他们生活中不可缺少的部分。按照发行区域的不同，报纸可以分为全国性报纸和地区性报纸。在全国范围内发行的报纸，称为全国性报纸；只在部分地区发行的报纸，称为地区性报纸。一般来说，全国性报纸的发行量要远远超过地区性报纸的发行量。地区性报纸的发行范围也有大有小，如《扬子晚报》有全省版和南京版之分。报纸的规格有对开大报和四开小报两种。对开大报如《中国经营报》；四开小报如《扬子晚报》。

报纸的出版频率最常见的有两种：一天和一周。前者称为日报，后者称为周报。日报有早报、晚报和全日三种形式。不管是日报还是周报，在发行范围上，有全国性的，也有地区性的。

2. 杂志广告

杂志广告和报纸广告一样都属于印刷类广告，但是相对于报纸广告而言，杂志广告的版面以及价格有较大的差异，那么在杂志与报纸之间广告主究竟该如何取舍呢？

（1）杂志广告的优点。1）读者对象明确，针对性强。杂志的读者，分类较细，专业性强，而且读者比较稳定，尤其是专业性杂志，表现更为突出。一般来说，订阅某种杂志的人，对该杂志刊登的内容会有一定的了解和兴趣，容易接受杂志刊登的东西，杂志广告能够把广告内容与受众的兴趣、爱好紧密联系在一起，这便于广告主做到有的放矢，有利于广告发挥作用。专家调查发现，买报纸的 80% 是男性，而买杂志的 76% 是女性。对于女性消费者而言，颇具影响力的时尚类杂志有《时尚》《世界时装之苑 ELLE》《瑞丽》等，而在《世界时装之苑 ELLE》广告名录上的都是国际一线品牌，如兰蔻、碧欧泉、香奈儿、欧米茄、卡地亚等。时尚类女性杂志的目标读者一般定位于 20～40 岁、受过高等教育、月收入在 5 000 元以上的都市白领女性，把读者市场细分得越具体明确，广告的针对性也就越强。2）印刷精美，表现力强。杂志广告纸质优良，印刷效果比报纸精美得多。有些杂志采用了四色彩印，纸张也脱胎换骨，从书写纸、新闻纸跨向了铜版纸时代，色彩鲜艳精致，容易引人注目，可以逼真地再现商品形象，充分体现出产品的品质，有较强的艺术感染力，给人以美的享受，能有效激发受众的购买欲望。不少受众习惯于将自己心仪的广告画面长期保存，特别是带有年历的广告图片，有人将其压在玻璃板下，时间长达一年之久，这样的杂志广告能反复与读者接触，产生高频次的视觉冲击，极易形成受众对产品的高度认同。3) 杂志媒体版面安排灵活。在版面位置安排上可分为封面、封底、封二、封三、扉页、内页、插页，颜色上可以是黑白，也可以是彩色，在版面大小上有全页、半页，也有 1/3, 2/3, 1/4, 1/6 页的区别，有时为了满足广告客户做大幅广告的要求，还可以做连页广告、多页广告。

（2）杂志广告的缺点。1) 灵活性不够。杂志是定期出版的，有周刊、半月刊、月刊、季刊、半年刊甚至年刊，周期较长。杂志的截稿期早，广告必须在出版日之前较早提交，广告主甚至被要求在一份月刊出版的前两个月就要把彩色广告的版画送到印刷厂。另外，杂志广告的预选版面时间较长，主要的版面，如封底和封二，可能早在几个月之前就售出了。因此，杂志媒体不适合做时效性强的广告，多用于形象类广告。2) 成本较高。受众对象较为特定，人数相对较少，千人成本高。而且，杂志广告也无法像报纸和电视媒体那样能够在较短的时间内实现铺天盖地的宣传效果。

3. 广播广告

报纸和杂志是纯视觉媒体，广播是利用电波向受众提供信息服务的纯听觉媒体。广播主要通过语言和音效，以及节目主持人的风格，紧紧抓住一部分受众。由于广播广告既不能留存，又看不见，只能是一听而过，所以在各种媒体并存特别是新媒体迅速发展的今天，广播广告受到了严峻的挑战。但是，广播广告也有其自身的传播优势，而且广播广告也逐渐融入了现代科学技术，依然活跃在广告大舞台上。

4. 电视广告

电视是一种兼有听觉和视觉，能综合运用声音、图像、色彩、文字等艺术表现手法，极具动感，有多种功能的大众传播媒体。虽然电视比广播出现得晚一些，但其播出形式视听兼备，声画统一，具有较强的感染力，已经成为最重要的广告媒体。2006 年尼尔森媒介研究常规监测的报纸、杂志和电视三大主流媒体广告市场达 3 866 亿元人民币，电视在三大主流媒体广告市场中的份额达到了 81%，电视依然是众多广告主投放广告的首选。

（1）电视广告的形式。1) 冠名广告。所谓冠名广告，就是指在节目前加上赞助商、广告主名称或者品牌名称，有时是几个要素的组合，其表现形式通常有开头结尾形式、舞台背景形式、角标形式等。由于冠名广告的位置为一个节目最抢眼的黄金位置（首条或末条），加上节目主持人的不断致谢，冠名广告在受众接受程度上要好于普通的品牌广告，与电视插播广告相比更易逃脱被遥控器"屏蔽"的命运。观众在看到节目时很容易注意到产品的广告，观众在成为节目忠实受众的同时，也自然而然地成为品牌长期宣传的对象。2) 插播广告。插播广告是在节目的间隙，通常是在节目的开头、中间关键节点处和最后（往往是下一个节目的开始）进行播放。但是，电视观众往往利用节目间隙离开电视机休息一下，很多时候，会出现广告时间等于"厕所时间"的情况。另外就是，电视观众在节目间隙换一个频道看看，广告之后，马上回来。这样就大大影响了广告播放效果。3）植入式广告。植入式广告（本书在此一并介绍电影植入式广告）也称为隐性广告，简单地说就是将节目内容和商品信息合二为一。与普通插播广告相比，植入式广告与所依附的电影作品或电视节目在时间和内容上有一定的关联性。植入式广告能够深入节目内涵，如果将植入式广告镜头从影片或节目当中剥离出来，影片的时间和空间逻辑便会丧失完整性而支离破碎。电影《天下无贼》中，男女主角在公路上发生争执，一辆车身印有"长城润滑油"的大卡车迎面而来，接下来的镜头则是男女主角争吵画面与这辆卡车疾驰的画面交叉剪接，大卡车要躲避宝马车，在闪转腾挪中，至少有13～15个镜头对长城润滑油的形象进行了表现，既有名字又有标识，还有大幅的中国石油的彩色画面。这组镜头虽然明显是为"长城润滑油"做隐性广告，但也满足了观众对惊险画面的渴求，渲染了男女主角内心的激烈冲突，引起女主角的离去，从而推动了情节发展。

（2）电视广告的优缺点。优点如：传播面广、冲击力强、影响深远。缺点如：费用高、干扰多、选择性差。

▼ 营销透视

浅析植入式营销技巧

"虎年春晚"引发了人们对"植入式营销"的空前关注。据业内人士估计，"虎年春晚"中的植入式广告收入已近亿元，如今在影视作品中进行"植入式营销"已经成为流行趋势，越来越多的企业选择"植入式营销"的方式来扩大品牌影响力。

尽管效果较好，但企业在采用"植入式营销"时还应当注意，只有遵循植入式广告的特点才能成功地实现植入，从而实现广告主和影视制片方的双赢。

首先，要充分考虑目标人群的匹配性。只有目标人群的高匹配度才能保证影视"植入式营销"的成功。如《疯狂的赛车》这部黑色喜剧电影中有黑帮、不法商贩、盗贼等比较另类的角色，主要观众群体是喜欢另类的年轻人。空中网正是抓住其目标受众同习惯手机上网的人群大致吻合的特性在影片中植入广告。影片播出之后的调查显示：多数观众认同空中网的植入手法并对空中网印象深刻。由此可见，目标人群匹配可以更好地发挥植入式广告的价值。

其次，要深入考虑品牌或产品自身的特点。影视"植入式营销"是一种较隐蔽的信息传播方式，比较适合有较高知名度的品牌或产品。受众需要在相当短的时间内准确识别出商品包装、品牌或产品外形。知名度不高的品牌或产品可能不会被观众注意到，很容易被复杂的故事情节所淹没。当品牌或产品处在其生命周期的中后期，植入式广告可以更好地巩固消费者对该品牌或产品的认知。

最后，影视"植入式营销"要坚持影视作品内容本位原则，植入式广告不能凌驾于影视作品内容之上。广告的出现要以影视作品内容的需要为前提，不符合情节的植入式广告会引起受众的反感。因为观众观赏影片是为了通过听觉、视觉等达到娱乐享受的目的。植入式广告要符合故事的发展，观众在深入剧情的同时，会不知不觉地对商品产生感情，品牌或商品在影片和观众间传递的效果才能大大提高。如果影片中出现明显的、不恰当的，或者与情节关联度低的植入式广告，就会打断这种愉悦的体验过程，让观众产生不快和反感，甚至将这种不快转嫁到植入的品牌和商品上。其实观众反感的并不是植入式广告本身，而是植入的广告内容、时机和方式。

资料来源：杨波. 来势迅猛的影视"植入式营销". 销售与市场，2010（9）.

⊙ 小众广告媒体

1. 户外广告

户外广告是最早的广告形式之一。户外广告的类别有绘画类、光源类、电子类、交通类、空中类等。户外广告的形式有射灯广告牌、霓虹灯广告牌、电子显示屏、单立柱、灯箱、候车亭广告牌、过街天桥广告牌、屋顶广告牌、墙体（身）广告、海报等。

（1）户外广告的优点。1）接触频度高。由于户外广告购买周期较长，少则 30 天，多则 1 年甚至更长，受众接触频度较高，重复暴露次数多。2）能够创立知名度。户外广告具有很强的冲击力（而且要求信息十分简洁）。户外广告通常形体很大，采用多种色彩印刷，能迅速建立和提升企业以及品牌形象。特别是在夜色的衬托下，射灯广告牌、霓虹灯广告牌、灯箱、电子显示屏等户外广告能够产生另外一种视觉效果，可以建立较高的知名度。3）成本低廉。与其他媒体相比，户外广告的千人成本非常具有竞争力。另外，户外广告的制作成本较低，制作的时间短，可以经常更换。4）覆盖范围广。户外广告可以出现在法律未禁止的任何场所，表现形式富于变化，能进入人们生活的各个领域。

（2）户外广告的缺点。1）可传递的信息有限。为了抓住一定空间范围内受众注意力，以及将诉求信息清晰完整地传播出去，广告文字内容不宜过多，广告画面宜简洁明了。这样就增加了户外广告设计的难度。2）广告效果评估困难。对户外广告的到达率、到达频率及其他效果的评估的精确性，技术上难以实现。

2. 销售点广告

销售点广告（POP），起源于美国超级市场和自助商店的店内广告，后来人们将研究的范畴从店内广告进一步拓宽至购物场所周围，泛指出现在销售场所起促销作用的各种广告。美国销售点广告协会公布的数据显示，有近 2/3 的购买决定是在店内作出的，有些产品类别甚至有 80% 的购买属于冲动性购买，这些结果大大激发了广告主对销售点广告的兴趣。

（1）销售点广告的类型。1）电子类媒体。是指借助于现代电子、声学等技术制作的，使销售点广告由传统的静态、固定、较消极的表现方式，走向动态、积极的表现方式的媒体，如电子显示屏、超大型 LED、闭路电视、广播等。2）印刷类媒体。如采用印刷工艺的含有文字和图画的海报、PVC 展板、手写 POP、各种产品手册、宣传折页、传单、旗帜、横幅等。3）实物类媒体。如若干商品形成的地堆、单个商品拆分故意露出内在部分、模特秀、龙门拱、空中舞人、商品模型等。

（2）销售点广告的优点：直接面向消费者，针对性强；营销造势效果明显。

（3）销售点广告的缺点：接触面局限于现场、要求有比较专业的设计人员、干扰因素多（竞争者效仿，抵消了广告的效果）。

3. 直邮广告

美国广告函件协会对直邮广告（DM）下的定义是："对广告主所选定的对象，将印就的印刷品用邮寄方法送达以传达广告主所要传达的信息的一种手段。"

（1）直邮广告的类型。1）商业信函。商业信函广告是指企业有针对性地选择目标客户群，以信函的方式寄发各种产品和服务信息资料的活动过程。商业信函包括：各类产品目录、征订单、宣传单、招商函、明信片、产品说明书、光盘、会议邀请函等。2）邮送广告。邮送广告是由商业信函广告演变而来的，只不过邮局改变了在其中扮演的角色，邮送广告的运作主体是邮局本身，邮局撇开了企业的参与，通过强大的邮政网络传递商业信息。具体方式有：随递送的报纸夹送（可多种报纸同时夹送），通过住宅小区的邮政信报箱进行投递或入户派送；沿街门面派送；通过邮政的行业名址信息库邮发商业信函等。3）新兴的直邮广告类广告。新兴的直邮广告主要有：手机短（彩）信广告，利用手机短信进行点对点或点对多的广告发送，确保"一对一"传递信息，强制性记忆；电子邮件广告，从收集的客户资料中，筛选出目标受众，通过电子邮件、专题网页进行点对多广告发送或投放，寄发电子杂志、产品信息、会议（展会、交流会、推介会）、通知、邀请函、免费试用品等。

（2）直邮广告的优点。1）广告主参与媒体。在直邮广告投放过程中，广告主也成为媒介的一分子，对媒体有建议权，对媒体对象有选择权。企业可以选择短期的促销对象，设计促销活动的内容和方式，立即发送或邮递，时效性强。有时，广告主依靠手机媒体，即发即送，即时收到，既快又准，覆盖面相对较宽，成本低廉。2）广告诉求直接，针对性极强。广告信息邮递给哪些群体，邮递什么信息，具有很强的选择性，能够实现点和面有效结合，不像其他媒体只能将广告信息笼统地传递给用户，而无法甄别用户是不是广告信息的目标对象。直邮广告就像"长翅膀的销售人员"直接飞向成千上万的家庭，很多大品牌企业将其作为大众媒体的补充，而一些中小企业，特别是做高端产品的中小公司多将其作为重点媒体工具。3）效果易测定。一张附有回执或者附送优惠券的商业信函，可以帮助企业找到目标客户和潜在用户，广告效果可以很快在未来的时期内直接反映出来。

（3）直邮广告的缺点。1）受到一定的约束。企业做报刊直邮广告，要经过工商局正式批准才能发行，而且必须标明广告字样，不得涉及时事、政治。2）传播范围较小。直邮广告优势的实现，要求广告主能够掌握受众的信息资料，对于消费者的习惯要有深入研究和清晰掌握。有些直邮广告还要对读者进行细分、建档，才能使目标投递更加精确。这些都要求企业能够建立丰富的客户资料库，否则直邮广告传播的范围难以扩大，广告效果也很难放大。

4. 交通广告

交通广告的主要受众是出行过程中的人群。交通广告媒体主要有各种交通工具、场站设施等，是一种极为常见的流动广告媒体。

（1）交通广告的类型。1）交通工具广告。人们出行过程中依赖的交通工具有很多，如公共汽车、出租车、货车、火车、地铁、飞机、船舶以及其他各种车辆。这些交通工具本身就是很好的信息载体，车身内、车身外以及车身内部空间都可以是各种信息的附着点，当出行者身处交通工具内部时，注意力更容易被吸引。现在，电子数字产品也被用在交通工具的内部空间，形式新颖，可以播出流动的广告信息，信息更换也比较容易。2）场站设施广告。场站设施涵盖面较广，如公共汽车站、地铁站、港口、码头、火车站、飞机场等，表现形式几乎包含了所有的户外广告形式，当然也有其自身的特点。

（2）交通广告的优点。1）传播效果较好，有利于帮助企业的产品建立和保持品牌认知。广告信息的到达率和暴露频率相对较高，随着交通工具的进步和人们生活与工作节奏的加快，出行的频次高，活动的空间范围也比以前大很多，成本也相对较低。2）可以填补其他媒体的空白。消费者在乘坐交通工具时，通常远离其他媒体，此时广告干扰因素少，可利用车内广告及时影响消费者。同时车内广告具有强制性，乘客的注意力没有太多的选择，一进入车厢，就被广告信息重重包围，哪怕是短短的几分钟时间，车内广告也足够将有关信息传递出去，往往能给人留下较深的印象。

（3）交通广告的缺点。1）受众对象相对固定，传播范围有局限性，特别是公交线路，乘坐的人群类型特征比较明显。2）传播的信息有限，不适于篇幅较长的广告，也不适合专业产品广告。

⊃ 新兴广告媒体

1. 楼宇广告

楼宇广告是最近几年发展起来的一种媒体，主要是针对高层建筑人口密度高、群体特征明显以及干扰因素少等特点，逐渐挖掘出来的一种价值媒体。高层建筑主要指两种：商业楼宇和社区公寓。媒体集中分布在三个方面：电梯、楼梯间、地下停车场等，表现形式有海报、框架、液晶显示屏等。楼宇电视等新兴媒体目前的投放热点有银行理财产品、体育赛事广告、旅游产品、通信产品等。

2. 手机广告

手机广告是指借助手机以及其他通信设备传递产品和服务信息的活动过程。手机广告有两种不同的做法：一是根据用户数据库做 WAPPUSH 广告，这是一种用户被动式的广告，对用户有强迫性，一定程度上会影响用户的生活，这是推的做法；二是基于免费 WAP 形式，通过手机上网，把互联网广告模式复制到手机广告中，其特点是强调为客户建立移动营销专区，再通过各种广告链接导入，这是拉的做法。

3. 网络广告

网络广告，又称在线广告、互联网广告等，主要是指利用电子计算机联结而形成的信息通信网络作为广告媒体，采用相关的多媒体技术设计制作，并通过电脑网络传播的广告形式。网络广告是基于计算机、通信等多种网络技术和多媒体技术的一种广告形式；网络广告通过数字技术对传播内容进行艺术加工和处理，并通过互联网传播广告信息，从而使其产品、服务或观念等得以认同和被接受，并诱导人们的兴趣和行为，以达到推销其产品、服务和观念的目的。

4. 其他广告形式

其他新兴的广告形式主要有超市购物袋广告、机票票袋广告、ATM 取款机广告、会议广告等。

◤ 营销透视

如何在 Facebook 上开展推广工作

某公司的策划师和广告总监，准备开展针对 MegaRed 在 Facebook 上的广告内容策划。他们认为广告的目的是让 MegaRed 的传播更加富有感染力和说服力，让所有超级市场中一边购物一边拿着手机上 Facebook 刷各种动态的妈妈们，都能够第一时间被吸引住，最终购买该产品。广告策划师对此勾勒出了一些框架性意见："我们在 Facebook 上所分享的是关于心的故事。一张图片，配上经典的语句，应该是最纯粹并且打动人心的表达方式。"在这个基础上，团队达成共识，利用多个广告来展示不同的人生片段，让观众们能够看到一个人的人生脉络。公司根据"心的故事"开展广告设计。面向大众无差别传播的第一组广告中的一支广告展现的是一个男孩和他的祖父的照片，配的文字如下："为了让他第一次成功骑行，在正确的方向推他一把吧！"这个广告已经获得了超过 18 000 个赞，以及 600 个留言。另外一支广告，里面有冰雪的场景，用意是显示 MegaRed 是来自南极的产品。这一系列的广告都在 Facebook 上取得了较好的效果。接下来公司要做的事是，让每一个 45 岁及以上的美国女性看到广告，然后去观察哪些人对广告有兴趣。相应地去调整广告投放，将广告放在这些人的订阅更新中。

在 Facebook 上的推广经过这样的过程最终的投放效果是怎样的呢？尼尔森的调研数据显示：在 8 个星期的广告推广活动中，1 810 万 45 岁及以上的女性至少看了其中一支广告。这是目标受众的 56%。其中，2% 的人看了之后觉得想购买 MegaRed。看过广告的受众，大概 84 个中，就有一个要么点赞，要么评论，要么分享了广告。这是 MegaRed 之前广告受众互动率的 3 倍。这大大增加了广告二次传播的概率。接下来是至关重要的环节。产品的售卖情况到底如何呢？这次广告宣传活动所带来的收入是公司广告投入费用的两倍。MegaRed 因为这次广告宣传，多获得了 1% 的市场份额。

资料来源：www.sohu.com/a/205773444_298446.

广告媒体的评价指标

媒体的种类很多，究竟选择什么样的媒体做广告则要考虑一系列的问题，其中有三个是核心问题：一是什么媒体效果好，如何进行评价；二是选择媒体时应考虑哪些因素；三是选择单一媒体还是组合媒体。

1. 视听率

视听率指某一时段内收看（收听）某一节目的人数占电视观众（广播听众）总人数的百分比，是一项用来统计广播电视节目拥有观众、听众人数多少的指标。视听率是衡量广告信息传播范围的重要指标。视听率高低是广告主决定是否投放或是否继续投放的主要依据，也是分析判断广播电视节目播出效果、改进节目的重要依据。通常节目视听率愈高则收费也愈高。

2. 毛评点

毛评点是指在广告投放期间，接触到该广告的人次数占传播范围内的总人数的比例，用百分数表示。毛评点提供送达的总视听次数，而不关心重叠或重复暴露于个别广告媒体之下的情况。计算毛评点时，通常用播出次数乘以各媒体的视听率（或杂志的刊出率等），然后加总求和。

3. 视听众暴露度

视听众暴露度是指在某一特定时期内，接触到该广告的人次数的总和。从数值上看，实际上有两种计算方法：一是以在某人口群体中的人数乘以送达给某特定人口群体的毛评点；二是将广告排期表中每一插播广告（或杂志刊出的广告等）所送达的视听众人数累计加总。

4. 到达率

到达率是指不同的个人（或家庭）在特定期间暴露于媒体广告排期表下的人数占总人数的比例，一般以百分数表示。考虑到重叠或重复暴露于某些广告媒体之下的情况，到达率和数学意义上的并集概念相似。到达率可以运用于所有的媒体，但不同的媒体到达率所表现的时间长短是不一样的。就广播、电视而论，通常到达率均用4周期间表示。就杂志、报纸而论，到达率通常以某一特定发行期经过全部读者阅读的寿命期间作为计算标准。

5. 暴露频次

暴露频次是指在一定期间内，个人（或家庭）暴露于广告信息下的平均次数。强调两个平均：一是平均暴露频次；二是暴露频次分配，为不同类型的人群，在同一广告排期下暴露于每种媒体，但暴露频次有所不同的一种现象。暴露频次的计算公式为：

暴露频次＝毛评点/到达率

6. 每千人成本

每千人成本是指以一种媒体或媒体排期表送达1 000人或1 000个家庭（或者说获得1 000个视听众暴露度）的成本计算单位，计算公式为：

每千人成本＝广告费用（元）/视听众暴露度或人数（以千为单位）

7. 有效到达率

有效到达率也称有效暴露频次，是指在一特定广告暴露频次范围内，有多少媒体受众知道该广告信息并了解其内容。有效到达率强调的是"有效"，在"有效"的前提下，需要实现多少广告暴露频次。研究有效到达率的意义在于解决广告暴露频次达到多少收效最好的问题，最佳的广告暴露频次是6次，当广告暴露频次超过8次，媒体受众就可能对广告信息感到厌倦，广告效果可能适得其反。

⊃ 广告媒体选择的影响因素

媒体选择是一个非常复杂的决策过程，涉及选择什么媒体、什么时间段、什么样的表现手法、什么样的播放形式、多少次等问题。本部分主要介绍选择广告媒体时应考虑的因素，主要包括：

1. 媒体本身的属性

首先应该了解各种不同的媒体，包括各种媒体的优势和劣势、制作成本、购买价格、媒体的影响力、媒体主要受众。很难想象，一个不了解媒体的人可以进行媒体选择。掌握媒体的基本情况是进行广告媒体选择的基础环节。

2. 诉求对象

其次应该考虑的是针对什么人进行诉求。不同的诉求对象，其生活习惯、活动方式、兴趣爱好、年龄、职业背景往往存在较大的差异，其经常接触到或关心的媒体也不一样。资料显示，女性消费者收集信息的手段主要有：逛街、看电视、阅读杂志、聊天等。如果诉求对象喜欢逛街，那么户外广告、销售点广告就是她们很好的选择；如果看电视较多，可以进一步研究在什么时间收看哪个频道；如果有阅读杂志的习惯，可以进一步研究阅读的是什么杂志。明确诉求对象，研究诉求对象，可以从大类上初步选择媒体的类型。

3. 要传播什么信息以及要达到什么样的传播效果

媒体是信息的载体，可以说传播信息是广告期间媒体肩负的使命。在选择媒体时应考虑要传播什么样的信息，哪些媒体能够传递这些信息。在传递某些信息时，可能有很多媒体都能够将信息传递出去，但是传播效果的实现程度往往是不一样的。根据这一点，可以在原来的基础上进一步缩小选择的范围。

4. 广告经费

脱离了广告经费追求广告效果是没有任何意义的，广告经费是选择媒体的约束条件。确切地讲，广告媒体的选择是广告经费与所要实现的广告效果之间的综合考虑的结果。

5. 商品本身的属性

不同的媒体对商品的表现能力是不一样的，因此有必要考虑广告商品本身的特点。很多媒体与商品关联度很高，忽视这一点，就可能错过最佳选择。

6. 市场范围

通常情况下，媒体受众范围应与市场范围相匹配。媒体受众范围过大或者过小，广告效果都不明显。媒体受众范围过大，容易造成广告过度，也可能导致广告力度不够。

7. 竞争对手使用了什么样的媒体

企业做广告的最终目标是指向销量的，在选择媒体时不能仅仅考虑企业自身和目标受众，还应该考虑竞争对手这个干扰因素。是否采用和竞争对手一致的媒体没有什么必然的选择，要参照广告策划总体方案设计意图来考虑。

▼ **营销透视**

可口可乐公益电话亭广告

商业广告做到一定境界之后就会去做公益广告，这也是一个大企业体现它的社会责任感的机会。例如，有很多外来劳动力到迪拜工作赚钱以获得更好的生活。为节省每一分钱，这些外来务工人员不舍得打电话回家。迪拜可口可乐就联合扬罗必凯广告公司开发了一款可以用可乐瓶盖当通话费的电话亭装置，把这些电话亭放到工人们生活的地区，每一个可口可乐瓶盖可以免费使用三分钟的国际通话。新加坡作为一个重要的国际港口，汇集了来自世界各地的人，其中大量的外来建筑工人（外来劳动力），为新加坡这个国家做了巨大贡献；于是新加坡可口可乐从社会上征集民众对这些建筑工人的感谢信息，再把这些照片信息绑在可乐上，通过无人飞行器把这些感谢信递送到高空作业的工人手中，以感谢他们对新加坡这个国家做出的贡献。可口可乐的公益广告活动给社会留下了品牌积极向上的形象。

资料来源：迪拜可口可乐营销活动 可乐电话亭．（2014-05-12）．http：//iwebad. com/case/2710. html.

7.4 广告设计策划

广告设计策划的内容主要包括广告主题策划、广告表达策划、广告构成策划和广告投放策划等内容。

➡ 广告主题策划

一则广告必须鲜明、突出地表现广告主题，使人们在接触广告之后，很容易理解广告告诉他们什么，要求他们做些什么。

一般来说，广告主题有三类：理性主题、情感主题、道德主题。

1. 理性主题

理性主题是直接向目标顾客或公众诉诸某种行为的理性利益，或显示产品能产生的人们所需要的功能利益与要求，以促使人们作出既定的行为反应。通常产品购买者对理性主题反应最明显,因为产品购买者的购买行为往往是理智的。

2. 情感主题

情感主题是试图向目标顾客诉诸某种否定(如恐惧感、罪恶感、羞耻感等)的情感因素,以激起人们对某种产品的兴趣和购买欲望。这类广告主题一般适用于化妆品、饮料、仪器等消费品,在促使最终消费者作出既定的行为反应时,激发情感性购买动机容易获得成功。

3. 道德主题

道德主题是以道义诉诸广告主题,为了使广告接收者从道义上分辨什么是正确的或适宜的,进而规范其行为。这种广告主题通常用于劝诫人们支持某种社会活动,消费品较少采用。

⊙ 广告表达策划

广告主题蕴涵于一定的表达形式之中。如何将既定的广告主题用感情化、性格化、合乎逻辑的表达方式表现出来,是不易掌握的高度灵活的"艺术"。广告表达结构包括结论、论证方式以及表达次序三个方面。

1. 结论

广告可以向接收者提供一个明确的结论,用以诱导接收者作出预期的选择,也可以留待接收者自己去归纳结论。在某些情况下,提出一个过分明确的结论会限制人们接受这一产品。例如,当消费者有一定的购买知识时,模糊的结论反而能导致一个较宽的选择界限。提出结论似乎更适用于复杂或特殊的产品。

2. 论证方式

在产品的广告传播上,是一味地赞誉某一产品,还是在赞誉的同时提及它的某些缺点,会对广告的说服效果有一定影响。这是两种不同的论证方式,即单向论证与双向论证。哪种论证方式使广告更具说服力,取决于广告接收者对产品的既有态度、知识水准和教育程度。单向论证在接收者对产品已先有喜爱倾向时,能发挥很好的效果;双向论证对持有否定态度或具有一定知识水准的接收者更为有效。

3. 表达次序

表达次序指从最强有力的论点开始,还是留待最后才提出强有力的论点。在单向论证时,首先提出强有力的论点可以立即吸引目标顾客注意并引发他们的兴趣,尤其是报纸广告和杂志广告,由于顾客只是有选择地阅读,所以必须先用强有力的论点来引起他们的注意。在采用双向论证时,表达次序还会涉及下列问题,即先提出正面论点还是反面论点。如果广告接收者对产品已持有反对态度,则从反面论点开始是比较明智的，因为这样可以使广告接收者消除疑虑，开始接受广告的正面影响。

⊃ 广告构成策划

广告作品的构成，可分为视觉形象要素和听觉形象要素。视觉形象要素又可分为文字形象要素和图画形象要素两大部分。

1. 文字形象要素

广告文字，是基于推销原理，直接或间接引起读者购买行动的文字。它要求简洁凝练，用词准确，通俗易懂，主旨突出。

不论是通过什么媒介做的广告，都要简洁凝练，能少说一句的绝不多说一句，能少用一个字的绝不多用一个字，可有可无的话一概删除。准确，是指广告语言要用到实处，一语中的，避免抽象空洞、令人费解或含糊其词的语句，但可多用比喻、拟人、象征等修辞手法增强表现力，体现准确性。广告文字要通俗易懂，因为广告语言不是主观自我表白，它是针对消费者所说的，必须通俗、实用，与生活保持最密切的联系。主旨突出，就是说广告语言一定要全力突出广告主题与销售重点，商品的一般特性可略去不提。什么特性都宣传出来，面面俱到，反而不能给消费者留下深刻印象。

2. 图画形象要素

广告，仅靠文字表述是远远不够的，因为它对消费者的视觉和心理只能起到一定的刺激力。而图画是为视觉能直接感受到的一种造型艺术，它可以以多种手法展现出多彩的商品世界。图画是文字形式的一种必不可少的补充。

3. 听觉形象要素

听觉形象的构成要素，一般在广播、电视、录像等广告中使用，包括广告词、广告音乐、广告音响三部分。

（1）广告词。广告词同报纸、杂志所刊载的广告文稿是有区别的，因为它属于听觉形象要素，是通过声音来传递信息的，因此一定要保持语言的口语化，少用修饰语，要简明易懂，突出重点。它是一种语言艺术，要通过优秀的传达技巧来塑造商品形象。对广告词的要求应该比广告文字更严格，因为它是转瞬即逝的，一点点失误都会影响整个传播效果。

（2）广告音乐。广告音乐包括广告歌曲、广告器乐曲以及声乐、器乐相结合的各种形式。它具有营造气氛、突出情调的作用；能够引起听众的兴致，使广告生机盎然。另外，有些用语言无法表现的细腻情感，用音乐却可以恰到好处地展示出来。音乐选择得当，能起到突出广告主题的作用。

（3）广告音响。广告音响包括环境音响、产品音响、人物音响等。它可以通过人们的听觉联想产生比画面更丰富、生动的形象。广告使用的音响，一定要选择得当、清晰悦耳，不能出现任何嘈杂不堪、有损广告词的音响。

■ 营销透视

世界上最好的工作

2009 年，澳大利亚昆士兰旅游局在世界范围发起了一场申请"全世界最好的工作"的活动，获胜者不仅可以获得一份 15 万澳元/6 个月的高薪工作，还可以享受大堡礁豪华住宿待遇。在风景如画的岛屿上散散步，喂喂鱼，写写博客，告诉外面的人自己在岛屿上的"探索之旅"。这样工作 6 个月，就可以得到 15 万澳元（约 70 万元人民币）的薪酬。工作地点是澳大利亚的大堡礁。面向全世界招聘。求职方式是录一段视频发到昆士兰旅游局的邮箱。

最终，活动一共收到了来自 202 个国家和地区的近 3.5 万份工作申请，招聘网站的点击量超过 800 万。昆士兰旅游局大费周章并非只为招一个看护员，很明显就是为了大堡礁旅游业做宣传。

70 万元人民币作为推广费用可以说是非常少，但效果很好。据媒体报道，本次活动一共为大堡礁带来了相当于 2 亿美元的宣传效果。

营销除了找渠道做广告，真的得敢想敢玩，不要只盯着直接转化的一个点。

资料来源：http://www.sohu.com/a/323566419_100256847.

◉ 广告投放策划

广告投放策划实际上体现了广告策划人员对广告时间和地理空间的总体设计，有必要对广告媒体投放时间以及空间进行安排。

1. 广告投放时间安排

企业对广告投放时间的总体安排就是在整个广告期间，确定什么时间段是密集投放期，什么时间段是稀疏投放期。在进行总体安排时通常要结合产品销量的季节变化，对销售旺季和销售淡季分别给予不同的媒体投放支持，可以顺着季节的变化调整广告支出，也可以逆着季节的变化安排广告支出。大多数企业会选择顺着季节的变化进行安排，但是在淡季投放广告可以拉动反季节销售，既可以实现更加平衡的销售，又可以充分利用广告延续力，培养消费习惯，率先启动市场攻略。

（1）广告投放频率。1）集中型。集中型频率是指广告集中一段时间发布，"爆发式轰炸"，以在短时间内迅速形成强大的广告攻势。优点在于能在短时期内给予消费者强烈而有效的刺激，以达到广告的效果，并能促成销售；缺点是广告费用集中在一段时间大量投入，发布时机的选择非常重要，若广告未达到预期效果，则很难进行补救，广告投放的风险较大。企业可以根据人的记忆规律，先集中轰炸，反复刺激，后拉大间隔，即先集中投放，然后间断投放。2）连续型。连续型频率是指在一定时期内，均匀安排广告的发布时间，使广告经常性反复在目标市场出现，以逐步加深消费者印象。优点在于不断刺激消费者，并节省广告费用；缺点在于销售量往往带有季节性变化特征，广告成本高，企业难以维持。3）间断型。间断型效率和连续型效率不同，即做一段时间广告，停一段时间，再做一段时间广告，反复进行。优点在于可以根据项目的进程进行广告分配，做到有的放矢；缺点在于需要注意广告发布的时机，注意销售对广告的滞后性，还要考虑消费者的遗忘速度，合理确定时间间隔的长短。4）脉动型。脉动型效率集中了连续型和间断型的特征，吸收了连续型和间断型广告的长处，既在一段时间内保持广告发布，又在某些时机加大发布力度，形成广告攻势，能够不断刺激消费者的购买欲望，还能节省广告成本。

（2）广告投放节奏。在进行广告时间的安排时，应切合市场推进的节奏进行，市场推进的节奏通常分为三个期间：1）引导期。引导期即市场培育期，重点在于引起消费者的好奇与期待，吸引购买者的注意和启发消费者行动意向。2）公开期。当产品正式推向市场时，进入强销期。所有媒体投放重点在于加快销售的进程速度，快速转化成购买行为。通常在这一期间广告投放的密度较高。3）持续期。广告投放的重点在于维持广告的强度，培养品牌忠诚度，将企业的销量稳定在某一较高的水平，或者在局部地区进行渗透。

（3）广告投放时间点。在哪一个更精确的时间投放广告效果好呢？这个问题尤其重要。处理得好，既可以节省广告费用，又可以取得好的广告效果。通常做广告都喜欢选择黄金时间，觉得黄金时间效果好，但是黄金时间价格非常高。其实不同产品广告的黄金时间是不一样的，如果做广告给家庭主妇看，确实晚上 8 点钟是黄金时间；但如果做给商务人士看，可能半夜十一二点是黄金时间。商务通就是一个成功的案例，它把广告投放在晚上 11 点左右，这个时段恰好是商务人士完成繁忙工作、结束各种应酬，回家能安逸地躺在舒适的沙发上看看电视的时间，而这个时间段广告价格非常便宜，既节省了广告支出，又提高了信息到达率。

2. 广告投放空间安排

广告投放空间安排是指企业在进行广告投放时，对于启动市场的区域重点安排和先后次序安排。在进行广告投放时，应结合企业现阶段的重点市场区域和下一阶段的重点市场区域，及时跟进。

▶▶ 重点名词

广告策划　　　　广告诉求对象　　　　广告主题　　　　广告表达

▶▶ 思考题

1. 什么是广告策划？广告策划的内容有哪些？

2. 什么是广告策划的诉求对象？诉求对象的确定具有什么作用？

3. 广告策划的基本原理有哪些？在实践中该如何体现？

4. 常见的广告目标有哪些？

5. 常见的大众广告媒体有哪些？分别具有哪些优点和缺点？

6. 新兴的广告形式有哪些？

7. 评价广告媒体效果的指标主要有哪些？

8. 常见的广告主题有哪些？该如何选择？

9. 一份广告作品主要由哪几部分构成？

10. 如何确定广告的投放时间？

▶▶ 案例分析

薄到可以透视——电脑广告

三星笔记本电脑以独到的产品设计享誉全球。除了宽屏外，三星又推出一款新的笔记本电脑——Q30 笔记本，它只有 1.08 千克重，18 毫米厚，携带方便。在推广中，策划者自然将"薄"作为向消费者传达的信息。

一般来说，大多数人会把"薄"比喻为刀片或者是纸张；另外常见的是让产品像羽毛一样轻飘飘地飞起来。三星作为一个国际大品牌，当然不能让产品创意落入俗套，且三星的风格历来是充满人性化和时尚的。三星广告策划者提出了一个大胆的设想：能不能用人来做点文章？用笔记本电脑的，多是办公室的白领一族。时尚又似乎是女性的专用词汇，笔记本本来就是随身办公的东西，为何不把 Q30 比喻成办公室白领的时尚便装，轻巧随意。而薄则用了一个大胆的夸张：薄到可以透视。于是，三星 Q30 笔记本电脑平面广告之《透明篇》呼之而出。广告画面是这样的：一个穿着时尚便装的白领女性，手上拿着一款三星 Q30 笔记本电脑，透过电脑人们能清晰地看到白领女性的领带。虽然有点夸张，但起到了强调的作用，让消费者对 Q30 笔记本的"薄"一目了然。广告将产品轻便、时尚、超薄的特点表现得恰到好处。广告成稿后，在杂志媒体中投放，收到了非常好的销售效果。

资料来源：许孙鑫. 给大忙人看的 50 个经典广告策划案例. 北京：机械工业出版社，2012.

问题

请结合所学知识及材料内容，分析三星笔记本电脑策划的亮点，并总结广告策划的关键。

▶▶ 实训练习

　　某公司为全球最大的中文电视及视频搜索平台。其新推出的搜视指南基于视频搜索技术，具备以下几个功能：过往节目重温再现，今日节目预告推荐，未来节目定制提醒。

　　请你为产品提炼创意点，进行广告策划。

第 8 章

公关策划

📎学习目标

- 了解公关策划的特征和原则；
- 掌握公关策划的基本程序、典型公关专题活动策划的要点；
- 理解公关新闻策划工作的要点，处理公关危机的原则、措施和技巧。

📎引 例

以顺德为服务范围的顺德信用社推出一张 IC 卡——恒通卡，服务范围包括购物消费、汽车加油、代交市政费用等，并为此添置了与之配套使用的一批电子货币设备。为推广此产品，顺德信用社做了一个为期一季度的传播计划，提出了"方寸之间，拥有今天"的口号，举办了一次大型有奖开卡活动，并同步播出以恐龙时代为背景的广告片，提出如果你不是生活在恐龙时代，应当使用恒通卡这样的诉求。第一阶段的传播花费 200 余万元，开卡数达到 28 000 个，签账额为 300 余万元。在第一阶段推广的基础上，顺德信用社推出以提高恒通卡美誉度、信赖感，提高开卡率，提升签账消费率为目标的第二阶段的公关营销活动。通过一系列公关活动，恒通卡的总开卡量近 10 万个，签账额超过亿元；恒通卡在市民中树立起了使用方便、快捷和保险的良好信誉。

启示：顺德信用社通过开展一系列公关营销活动，树立企业公共形象，使得恒通卡业务量上升，建立与群众的良好沟通桥梁，使企业信誉上升。由此可见公关活动的重要性及必要性。

所谓公关即企业通过一系列活动树立并维护企业的公共形象，传递企业文化，建立企业与社会间的沟通桥梁，有目的、有计划地影响公众心理，从而使企业处于一个良好的社会环境中。本章将详细分析公关策划的含义、程序和公关专题活动策划等相关知识，培养初步的公关策划技能。

8.1 公关策划概述

企业为了发展需要在社会公众中不断完善并提高自己的形象地位，即需要根据企业公共关系存在的主要问题确定营销公关活动目标，制定营销公关活动方案，寻求解决公关危机问题的方法和途径，也就是需要开展公关策划工作。

▶ 公关策划的含义

公关策划是营销策划人员根据企业形象的现状和目标要求，分析现有条件，设计最佳活动方案的过程。公关策划的目的在于：通过科学的策划思想和方法，设计和选择有效的公关活动方案，从而增强企业公关活动的目的性、计划性、有效性，提高企业开展公关活动的成功率，最终在社会公众中不断提高和完善企业的形象地位。

▶ 公关策划的特征

公关策划具有如下特征：

1. 目的性

公关策划要有明确的目的，不可无的放矢，目标越明确、清晰，公关策划就越容易，整体目标就越容易实现。要想明确目标，首先要调查研究，"没有调查研究就没有发言权"，只有在调查研究过程中发现和确定目标后，才能确立公关目标。

2. 整体性

公关策划本身是一项花费大量人力、财力的系统工程。在策划时，既要考虑社会效益，又要考虑企业利益；既要考虑近期效益，又要考虑长远利益；既要考虑战术，又要考虑战略；既要考虑局部利益，又要考虑整体利益。因此，在公关策划时，必须深谋远虑，纵观全局。

3. 创新性

创新是公关策划的灵魂，公关策划离不开创造性的思维，策划人员应在认真总结前人经验与教训的基础上"古为今用""洋为中用"，不为前人所限，体现时代精神，敢于开拓和创新，充分发挥想象力，根据本国国情和公众习惯，设计出新颖独特、别具一格的方案。

4. 可行性

营销策划人员在策划过程中，既要考虑外部环境，也要根据企业的内部条件，以本企业的实际情况为依据，以企业的经济实力为依托，以自己掌握的信息和情报为导向，来确定策划方案，确立竞争对手。策划的方案必须有可操作性，才能据此方案有效地开展公关活动。如果不考虑经济实力，策划出的方案再好，但因成本太高导致企业无力承担，计划也只能搁置，成为中看不中用的方案，浪费人力与财力。

5. 灵活性

世界上任何事物都处于不断变化中，变是绝对的，不变是相对的。环境变了，公关的策略也要随之变化，切不可认为计划周密，就不顾外界环境的变化，要以不变应万变。一个好的策划方案，应在战略上保证既定目标的同时，在战术上也有一定的弹性。根据变化的情况适时调整策划方案，以达到比预定目标更好的效果。

▶ 公关策划的原则

在进行公关策划时应该坚持如下原则：

（1）求实原则。实事求是是公关策划的一条基本原则。公关策划必须建立在对事实的真实把握基础上，以诚恳的态度向公众如实传递信息，并根据变化不断调整策略和时机等。

（2）系统原则。指在公关策划中，应将公关活动作为一个系统工程来认识，按照系统的观点和方法予以谋划统筹。

（3）创新原则。指公关策划必须打破传统、刻意求新、别出心裁，使公关活动生动有趣，给公众留下深刻而美好的印象。

（4）弹性原则。公关活动涉及的不可控因素很多，任何人都难以把握，留有余地才能进退自如。

（5）伦理道德原则。伦理道德原则的核心是策划公关活动及从业人员行为的道德要求日趋加强。

（6）心理原则。运用心理学的一般原理及其在公关中的应用，正确把握公众心理，按公众的心理活动规律，因势利导。

（7）效益原则。以较少的公关费用，取得更佳的公关效果，达到企业的公关目标。

▶ 公关策划的程序

公关策划的一般程序简称为"公关策划六步法"，具体包括：收集信息、评估分析；确定目标、公众分析；设计主题、创意策划；选择媒介、制定策划；确定预算、审定方案；事后评估。

1. 收集信息、评估分析阶段

在这一阶段企业要做的事情可以分为：

（1）收集资料。收集资料是整个公关策划的调查工作重点，主要任务就是按计划的要求与安排，系统地收集各种资料（包括数据和被调查者意见）。

（2）整理资料。整理资料是公关调查过程中极为重要的一环。一般来说，通过调查得到的资料比较零乱、分散，不能系统而集中地说明问题；某些资料还可能有片面性与谬误等。因而，在取得资料后，必须对资料进行系统科学的整理和分析，去粗取精，去伪存真，综合分析，严加筛选，并合乎理性地推理。资料的整理分析，主要包括：检查核实，分类汇编，分析论证。

（3）撰写调查分析报告。撰写调查分析报告的目的是为制定科学的公关计划方案提供依据，为领导决策提供参考，寻求领导的支持和帮助。调查分析报告应注意用调查资料说明问题，用资料支撑结论。在撰写时，既要坚持实事求是，资料的取舍合理，推理合乎逻辑，还要在结构、主题、语言上下功夫。同时，调查报告写好后要及时送交最高管理部门备案，供决策时参考。

2. 确定目标、公众分析阶段

在这一阶段企业要做的事情可以分为：

（1）确定公关目标。公关目标是公关活动期望取得的成果。它是公关策划活动的方向，也是公关策划活动成功与否的衡量标准。一般来说，根据公关沟通内容的不同，公关目标一般包括：传播信息，即向公众传播有关本企业的信息，让公众了解、信任、支持本企业；联络感情，即通过感情投资获得公众对企业的信任；改变态度，即让公众接受企业及其所提供的产品、服务、观念等；引起行为，即诱导公众产生企业所希望的行为方式。

（2）确定公众。公关是以不同的方式针对不同的公众展开的，而不是像广告那样主要通过大众传媒把各种信息传播给大众。要使活动有效实施，企业需要确定作为自己公关活动主要对象的那一部分公众，即目标公众。目标公众的确定有利于具体公关方案的实施，有利于确定工作重点，科学地分配力量，有利于更好地选择传播媒介和传播技巧等。

目标公众确定之后，营销策划人员还应对目标公众进行详细的了解和深入的研究，主要是分析目标公众的权利和要求。一般说来，不同的公众有不同的权利和要求，要了解目标公众的权利和要求，并将其与本企业的目标和利益加以权衡、比较，以便确定公关计划的基本要求。

3. 设计主题、创意策划阶段

在这一阶段企业要做的事情可以分为：

（1）设计主题。公关活动主题是对营销公关活动内容的高度概括，提纲挈领，对整个营销公关活动起着指导作用。任何一个成功的营销公关活动都是由一系列活动项目组成的系统工程。为避免活动项目过多给人杂乱无章的印象，需要设计一个统一、鲜明的主题，以统领整个活动、连接各活动项目。主题的表现方式多种多样，它可以是一个口号，也可以是一句陈述或一个表白。主题设计是否精彩恰当，对公关活动的成效影响很大。要设计一个好的主题，必须满足四个要求：公关主题必须与公关目标相一致，并能充分表现目标；公关主题要适应公众心理的需要，既要富有激情，又要使人感到亲切；公关主题应独特新颖，富有个性，突出活动的特色，给人留下深刻的印象；公关主题的表述应做到简短凝练，易于记忆和传播。

（2）创意策划。创新是策划的灵魂，创意是策划的核心，要运用创造性思维进行公关策划。创意过程包含了准备阶段、酝酿阶段、启发阶段、成型阶段、求证阶段。进行创意策划，需要掌握建设型公关、维系型公关、防御型公关、进攻型公关及矫正型公关这几种常用的公关模式。

1）建设型公关模式。建设型公关模式是指在企业初创时期或新产品、新服务首次推出时为打开局面而采用的公关工作模式。其目标是在企业初创或新产品上市时能达到精彩亮相、提高知名度和塑造良好的"第一印象"的目标。其重点是宣传和交际，向公众介绍企业及产品等，使公众对新企业、新产品、新服务有所认识，引起公众兴趣，尽量使更多的公众知道、理解、接近自己，取得公众的信任与支持。建设型公关有多种传播形式，主要有：开业（周年）庆典、开业广告、新产品展销、新服务介绍、免费试用、免费接待参观、开业折价酬宾、赠送宣传品、主动参加社区活动等。

2）维系型公关模式。维系型公关模式是企业在稳定发展时用以巩固良好公关的模式。目的是通过不间断的传播和公关工作，维持企业在公众心目中的良好形象。这种模式一方面开展各种优惠服务吸引公众再次合作，另一方面通过传播活动把企业的各种信息持续不断地传递给各类公众，使企业的良好形象始终存留在公众的记忆中，公众一旦产生需求，就可能首先想到该企业，接受产品与营销政策。维系型公关模式是针对公众心理特征精心设计的。

3）防御型公关模式。防御型公关模式是企业为防止自身的公关失调而采取的一种营销公关活动模式，是企业与外部环境出现不协调或与内部公众发生轻微摩擦时所采用的营销公关活动模式。其特点是防御与引导相结合，变消极为积极。防御型公关模式的主要营销公关活动有：开展公关调查和公众意见征询，企业的经营政策及行为的自我审查和自我评判，制度措施的修改与完善等。

4）进攻型公关模式。进攻型公关模式是主动争取公众、创造良好环境时采用的一种公关模式。这种模式要求企业运用一切可以利用的手段，抓住一切有利的时机和条件，以积极主动的姿态调整自身行为，改变环境，摆脱被动局面，创造有利于企业发展的新局面。这种模式最大的特点就是"主动"，如：不断开拓新产品和新市场，改变企业对环境的依赖关系；组织同行联合会，以减少竞争者之间的冲突和摩擦；建立分公司，实行战略性市场转移，创造新环境、新机会等。

5）矫正型公关模式。矫正型公关模式是企业遇到风险、企业的公共关系严重失调、企业形象遭到严重损害时所采用的一种公关活动模式。其特点是三个"及时"，即及时发现问题、及时纠正错误、及时改善不良形象。企业形象受损一般有两种情况：一是由于外在的原因，如某些误解、谣言，甚至人为的破坏，致使企业的形象受到损害，这时应及时、准确地查明原因，迅速制定对策，采取行动，纠正或消除损害企业形象的行为和因素。二是由于企业的内在原因，如产品质量、服务态度、环境保护、管理政策、经营方针等方面发生了问题而导致公关的严重失调。这时应迅速查明原因，采取行动，尽快与新闻界取得联系，控制影响面，及时把外界舆论准确地反馈给决策层和有关部门，提出消除危机的办法和纠正错误的措施。同时还需运用各种公关手段和技巧开展营销公关活动，求得公众谅解，公布纠正措施和进展情况，平息风波，恢复信任，重新树立良好形象。

4. 选择媒介、制定策划阶段

在这一阶段企业要做的事情可以分为：

（1）选择媒介。不同的传播媒介都有自身的特性，既各有所长，又各有所短，只有选择合适的媒介，才能取得良好的传播效果。在选择传播媒介时，应注意以下几个方面：与公关目标相结合；与传播内容相结合；与传播对象相结合；与经费预算相结合。

（2）制定策划。创意策划经过论证后，必须形成书面报告——策划书。职业化的营销策划人员必须建立自己完整的文书档案系统，每一项具体营销公关活动必须见诸文字，以备查找。公关策划书可以分为长期战略规划、年度工作计划和专题活动计划，它们的基本结构和写作方法大致相同，但也有一些区别。

5. 确定预算、审定方案阶段

在这一阶段企业要做的事情可以分为：

（1）编制预算。任何一项公关活动都需要花费一定的人力、物力和财力，通过编制预算，可使营销策划人员预先了解活动的投入成本，做到心中有数并能在事前进行统筹兼顾的全面安排，保证公关工作正常开展，便于监督管理，堵塞漏洞。公关预算主要包括三个方面：

1）经费预算。公关预算的经费大致可分为基本费用和活动费用。基本费用是指相对稳定的费用，包括人工报酬、办公费用、房租费和固定资产折旧费等。活动费用是指随某项营销公关活动的开展而形成的费用，包括专项设施材料费、调查研究费、专家咨询费、活动招待费、广告宣传费、赞助费等开支。

2）人力预算。人力预算是指对实现既定公关目标所需的人才进行初步的估算，落实公关计划的实施需要企业投入多少人力，需要什么样的人才结构，是否需要外借人员等。

3）时间预算。时间预算是指为公关具体目标的实现制定一个时间进程表，规定各阶段的具体工作内容以及持续的时间，以便营销策划人员按部就班地工作。

（2）审定方案。审定方案是公关策划的最后一项工作。营销策划人员根据企业的现状提出各种不同的活动方案，每一个方案都是策划者智慧的结晶，但这些方案未必都适宜，也未必能同时采用。因此，对这些方案进行优化和论证才能选定最终方案。审定方案工作可分为三个步骤：

1）优化方案。就是尽可能地将公关方案完善化、合理化，提高方案合理值，强化方案的可行性，降低活动耗费。通常可采用重点法、转变法、反向增益法、优点综合法等，取其所长，去其所短，形成最佳方案，达到优化的目的。

2）方案论证。一般由有关高层领导、专家和实际工作者对方案提出问题，由营销策划人员进行答辩论证。论证方案应满足系统性、权变性、效益性和可操作性要求。作为决策者首先要正确地选择专家：一是根据需要解决的问题的性质和难度，选择在能力、知识、经验方面能胜任的专家参与论证；二是决策者切不可先讲自己的观点、意见和看法，而是先提出问题，态度诚恳地请专家解放思想、消除顾虑、畅所欲言地发表自己的见解与看法；三是决策者要为专家提供组织所能搜集到的资料与信息；四是当专家意见不一致时不要急于下结论，不要强求统一；五是决策者既要重视专家的意见，又不能为其所左右。

3）方案的最后审定和文字处理工作。营销策划人员策划的方案经过论证后，必须形成书面文字，送交本企业领导审批，使公关的策划目标与本企业的总体目标相一致，使营销公关活动得到本企业其他部门有力的配合和支持。至此，一个公关策划才算全部完成。最后，要将审定的方案打印数份并编上号码，一份交组织高层领导，作为检查公关工作的依据，一份留存营销部，严格按预定计划执行，一份交人事部存档。另外，可根据工作需要和联系程度送交需要配合支持的部门。

6. 事后评估阶段

一个企业的形象构思与策划成功与否，取决于三个方面的协调与平衡：一是组织利益与公众利益的协调与平衡；二是总体形象与特定形象的协调与平衡；三是知名度与美誉度的协调与平衡。

8.2 公关专题活动策划

公关专题活动是服务于企业整体公关目标的各项专题活动的总称。公关专题活动策划是对公关专题活动的5W进行策划。5W即何事（what）、何时（when）、何地（where）、何人（who）以及为什么（why）。何事即公关专题策划内容，何时即公关专题策划的时机，何地即公关专题活动的举办地点，何人即参与公关专题活动的人员及规模，为什么即创造良好的策划氛围。

▶ 公关专题活动策划的类型

按照不同的分类标准，公关专题策划可以分为不同的类型。

1. 按公关专题活动的规模划分

（1）大型系列活动。以同一目标为出发点，形成不同内容、不同形式、不同场所，或由不同机构、众多人参加的多项活动。

（2）大型活动。有目的、有组织、有计划的众多人参加的协调行动。

（3）小型活动。在某个机构场所和人员范围内举行的或人数在百人以下的活动。

2. 按公关专题活动的场地划分

（1）室外活动。在室外进行，受天气影响大，要考虑天气状况、布置物的安全性、公众对环境的适应性等。

（2）室内活动。主要考虑室内通风设施的安全性，房间的整洁性，出入通道是否畅通等。

（3）野外活动。活动在野外进行，要考虑活动中可能用到的一些在都市活动中不需要的设施，如救生设施、通信交通设施等。

3. 按公关专题活动的性质划分

（1）商业性活动。如商业促销活动、商业推广活动等。

（2）公益性活动。如环保、敬老、慈善、救灾活动等。

（3）专业性活动。如科技、文学、艺术、体育等某一专业内容十分突出的活动。

（4）社会工作活动。属于社会工作范畴的活动，如道德、公民教育等。

（5）综合性活动。集各种性质为一体的活动。

4. 按公关专题活动的形式划分

（1）会议型活动。如新闻发布会、研讨会、洽谈会、交流会、鉴定会和培训类活动。

（2）庆典型活动。如奠基礼、周年庆典、落成典礼、开业典礼、颁奖典礼、庆功会等。

（3）展示型活动。如展览会、展销会、促销活动等。通过实物（新产品）的展示和示范表演来配合宣传企业的形象和产品。

（4）综合型活动。集各种活动形式为一体的系列活动。

（5）专题喜庆活动。如消费者联欢会、军民共建联欢会、招待会、舞会、大型文艺演出等。

（6）学术研讨会。赞助和承办全国性、地区性的专题学术研讨会，通过理论界传播，扩大社会影响。

（7）社会公益活动。如赞助办学、社会募集等活动。

公关专题活动策划的要点

进行公关专题策划，一要明确策划专题活动的目的，制定详细计划；二要对计划进行可行性研究；三要设计一个令人耳目一新的标题和宣传口号；四要组织精明能干的团队实施；五要编制预算，控制经费开支；六要注意时间的安排；七要制定传播计划，加强活动前期宣传等。

（1）时机选择。公关专题策划应善于分析，准时、准点地掌握好专题活动的开展时机。一是重大事件发生的自然时间，如企业重大事件发生的时间、企业推出新产品的时间等。二是社会生活中的节日和企业纪念日。三是企业运行过程中的时机，如企业成长升级换代时机、企业发展受挫或危机转换时机。

（2）举办地点选择。一般选取事件发生地，目标公众所在地，公交便利、人口流动较多的地点，以地利为佳。

（3）参与人员及规模大小选择。以扩大影响为最终目的，以经济效益为原则，根据专题活动的需要确定人员及规模。

（4）氛围的营造。要为专题活动的展开进行必要的预告、铺垫、宣传、广告，使活动能形成良好的氛围。

典型公关专题活动策划介绍

1. 开幕（开业、开工）典礼

开幕（开业、开工）典礼是企业在社会上的第一次形象亮相，体现了企业领导人的组织能力、社交水平以及企业的文化素养和内涵，往往成为公众亲疏取舍的重要标准，并成为组织事业发展的里程碑。因此，开幕典礼必须进行精心策划和组织。应做好以下几项工作：

（1）拟定邀请名单。邀请的宾客一般包括政府有关部门的负责人、社区的负责人、同行业代表、社团代表、知名人士、新闻记者、公众代表及员工代表。名单拟定后，应尽早将请柬送到宾客手中，以便他们安排时间，按时出席。

（2）确定典礼程序。一般程序是：宣布典礼开始，介绍重要来宾，领导或来宾致辞、剪彩。

（3）确定致辞、剪彩人员。一般情况下，参加致辞和剪彩的己方人员应是企业的主要负责人，客方人员应是地位较高、有一定声望的知名人士。应事先排定致辞、剪彩人员以及主要宾客的座次和站位。

（4）安排各项接待事宜。事先确定签到、接待、剪彩、摄影、录音等有关服务人员，典礼开始前这些人员应到达指定岗位。

（5）安排必要的助兴节目。如狮子龙灯、鞭炮锣鼓、燃放礼花、表演节目等。

（6）安排典礼仪式结束后的活动。这是向上级、同行及社会公众进行自我展示、自我宣传的好机会。

（7）征求意见。通过座谈和留言的形式广泛征求意见。

2. 展览会

展览会是一种综合运用各种媒介、手段，推广产品、宣传企业形象和建立良好公关的大型活动。其特点有：是一种复合性的传播方式；是一种直观、形象和生动的传播方式；提供了与公众进行直接双向沟通的机会；是一种高度集中和高效率的沟通方式；是一种综合性的大型公关专题活动，是新闻报道的好题材；带有娱乐的性质，可吸引大量公众。

展览会有多种划分方式。从内容来划分，可分为综合性展览会和专题性展览会两类。从举办的地点来划分，可分为室内展览会和露天展览会两类。从展出商品种类的多少来划分，可分为单一商品展览会和混合商品展览会两类。从展览的性质来划分，可分为贸易展览会和宣传展览会两类。从展览的规模来划分，可分为大型综合展览会、小型展览会和袖珍展览会三类。

举办展览会应注意的问题包括：明确展览会的主题和目的；确定参展单位和参展项目；明确参观者的类型；选择好展览的时间和地点；培训展览会的工作人员；准备展览会的辅助设备和相关服务；成立一个专门对外发布新闻的机构，负责和新闻界进行联系的一切事宜；设计展览会的标识，准备好纪念品及辅助宣传资料；入口处设立咨询台和签到簿（或留言簿），贴出展览会平面图；确定展览会的费用预算。

3. 社会赞助活动

赞助是企业以捐赠方式向某一社会事业或社会活动提供资金或物质的一种公关专题活动。赞助活动是一种对社会的贡献行为，是一种信誉投资和感情投资，是企业改善社会环境和社会关系最有效的方式之一。赞助的目的有四种：追求新闻效应，扩大社会影响；增强广告效果，提高经济效益；联络公众感情，改善社会关系；提高社会效益，树立良好形象。

赞助活动主要包括：赞助体育活动，赞助文化艺术活动，赞助教育事业，赞助社会公益事业，赞助学术理论研究活动，赞助宣传用品的制作，赞助建立某一职业奖励基金，赞助各种展览和竞赛活动。

在实施赞助活动策划时要注意以下几点：

（1）确定赞助对象。一般来说，企业赞助的对象主要包括：体育事业、文化事业、教育事业、社会福利和慈善事业。

（2）拟定赞助计划。赞助计划一般包括：赞助的目标、对象、形式；赞助的财政预算；为达到最佳效果而选择的赞助主题和传播方式；赞助活动的具体方案等。

（3）测定赞助的效果。赞助活动结束后，应对照计划测定实际效果。总结经验教训；收集公众、新闻媒介、受赞助组织等各个方面对本次活动的看法，是否达到了预期效果，还存在哪些差距；每次测评都要完成报告，作资料存档，以备今后借鉴和参考。

▼ 案例

微信公众号营销

2014 年 9 月，为给盲人同胞提供更好的阅读体验，微信对"为盲胞读书"公众号（ID：voicedonate）进行全新改版，号召大家献出微信一分钟，捐出声音，让盲胞有书可读。在盲文中，汉语拼音中的每个声母和韵母都由两列、每列各三点的六个凸点表示，书中的一行字，正常人一眼看完，而盲胞朋友可能要摸上一个甚至几个小时。因此他们更多是通过耳朵去聆听这个世界。全新改版后的"为盲胞读书"公众号，推出了"名人领读""愿望书单""众人合读""感恩反馈""邀请朋友参与"等功能。杨锦麟等社会各界知名人士领衔献声领读。"为盲胞读书"项目最终的受惠群体是视觉障碍者，他们有的并不是全盲，而且能够正常使用微信。视觉障碍者可以通过关注公众号，其中的"听"这个子菜单就能让他们听到用户捐献的成品语音。而对于无法操作微信甚至手机的盲人，微信也提供了多种渠道，将收集到的爱心声音整理成有声读物，传递到盲胞手中。

资料来源：微信"为盲胞读书"公众号：捐献声音 一起读书．（2014－09－02）．https：//tech．qq．com/a/20140902/020912．htm．

4. 网络公关专题活动

网络公关专题策划是企业或公关公司策划、执行的网络专项主题性传播，能整合各种网络渠道（博客、BBS、Web 1.0），为企业实现最大化的网络品牌展示。其表现形式一般是锁定一个高人气的主流门户网站，结合社会大环境、大事件，提炼醒目的话题，制作有专门域名的主题网页。根据主题性质不同分为公益专题、广告专题、事件专题等，门户网站一般视其与企业品牌调性（目标消费人群）是否贴近决定如何选择。

策划一则网络公关专题并非易事，而执行一则网络公关专题更是难上加难。然而，网络公关专题为企业带来的品牌价值却是巨大的，好的网络公关专题将成为焦点网络话题、社会事件，使企业品牌借此成为网民津津乐道的对象。

成功策划、执行一项网络公关专题有以下方法可循：深刻发掘、提炼企业品牌内涵，并使之具有公众关联性；搜罗当前发生或即将发生的社会大事件、网民关注的话题、网络流行的热点关键词，对这些信息进行咀嚼、消化、提炼等；对企业品牌内涵、文化与所选中的社会事件、大话题等进行分析，寻找交叉点，并将其拔高成具有趣味性、公益性、新闻性、事件性的主题；评测当前的门户网站，选出一家与企业品牌调性最吻合的进行合作；与门户网站的频道编辑、设计美工人员，一同制作网络公关专题框架、版面，力求美观实用；最后就是筹备、编辑本次网络公关专题所涉及的资料（越丰富越好），同时也编辑好企业想在本次专题中展示的品牌形象所涉及的材料；上传这些资料到专题中，并开通消费者互动区（如评论、答疑等），如果是赛事性专题，就要有资料上传区，好让广大网民参与进来，以提升企业品牌的互动沟通；对网络公关专题进行推广（含 Web 1.0 新闻发布、博客传播、BBS 论坛发帖、视频），要力争从专题所在的门户网站求得"文字链接入口""焦点图""广告位"等优质资源，以便最大限度地利用门户网站的人气提升网络公关专题的效果。

▼ 案例

茵曼全球首个云端发布会

2014 年 10 月，茵曼举办了自身也是全球首个云端发布会，为新上市的"双十一"专供系列"慢活良品"预热。本场发布会的主题为"向日出 sayhi"。以邀请城市女性看日出为契机，在 PC 端和手机端带给消费者一次前所未见的"日出"发布会，传达应该放慢生活脚步的理念。发布会登录中国最大电商网站天猫以及中国用户最多的手机社交软件微信。在天猫，通过互动视频的体验，参与者可在观看过程中进行故事线互动并领取优惠券，边看边选购，感受 360 度服装细节展示，最终页面导向天猫商城，让消费者最大限度感受抢购的乐趣。发布会与销售合为一体，是本次茵曼云端发布会用户体验的最大着力点。而在微信端的体验，因应手机功能属性，定制重力感应及多点触控互动，提升用户体验。用户可以 360 度全景观看云端发布会场景，并抓拍模特抽取优惠券。本次云端发布会的拍摄一共动用了百台机器，100 多位工作人员全高清的 360 度实景拍摄结合 CG 三维电脑合成技术，将 500 分钟的素材精华剪辑成 4 分钟的震撼短片，并在不同的平台实现各具特色的互动体验。

资料来源：茵曼举行"全球首个云端发布会" 双十一提前开战．（2014 - 10 - 15）. ht-tps：//www. sohu. com/a/394758 _ 105275.

5. 新闻发布会

新闻发布会又称记者招待会，是政府、企业、社会团体和个人把各新闻机构的有关记者邀请来，宣布重要消息，并让记者就此进行提问，然后由召集者回答的一种具有传播性质的特殊会议，是营销策划人员与新闻界联络的重要形式，是一种极具影响的营销公关活动。企业召开新闻发布会可以达到两个目的：一是广泛传播有关本企业的重要信息；二是与新闻界保持密切的联系。举办新闻发布会应注意以下要点：

（1）会前准备工作。确定举行招待会的必要性，选择会议的地点，确定主持人和发言人并准备发言和报道提纲，准备宣传辅助资料，做好记者参观的准备，确定时间，选择邀请记者的范围。

（2）会中注意事项。会议主持人应充分发挥主持和企业的作用，活跃整个会议气氛，引导记者踊跃提问；对于不愿传播和透露的内容，应婉转地向记者作出解释，记者一般会尊重企业的意见；不要随便打断记者的提问，更不要以各种动作、表情和语言对记者表示不满；遇到回答不了的问题，不能简单回以"不清楚""不知道""我不能告诉你"等，应采取灵活变通的办法回答；所发布的信息必须准确无误，若发现错误，应及时更正。

（3）会后反馈工作。尽快整理出记录材料，对会议的组织、布置、主持和回答问题等方面的工作进行总结，认真汲取经验教训，并将总结材料归档备查；搜集到会各记者在报刊、电台上的报道，并进行归类分析，检查是否达到了预定的目标，是否有失误，对检查出的问题，要分析原因，设法弥补；对照会议签到，看与会记者是否都发了稿件，对已经发稿的记者，要电话致谢；搜集与会记者以及其他与会人员代表对会议的反应，检查在接待、安排、提供方便等方面的工作是否有欠妥之处，以改进今后的工作；若出现不利于本企业的报道，应作出及时的反应。

◤ **营销透视**

"不怕摔伤，踢得漂亮"，百多邦成功牵手世界杯

百多邦的切入点是"不怕摔伤，踢得漂亮"。"不怕摔伤"将百多邦的产品

功能特点很好地展现出来，百多邦产品就是专治外伤感染的外用药物，而"踢得漂亮"则是与世界杯的足球比赛紧密连接在一起，另外"摔伤""假摔"本来就是球迷关注的重点。"不怕摔伤，踢得漂亮"的创意主题把百多邦这个医药品牌同世界杯这样的足球赛事紧密地结合起来，很好地传达了百多邦的品牌诉求。

百多邦在腾讯营销平台上搭建了以"不怕摔伤，踢得漂亮"为主题的世界杯互动社区。采用推动策略，利用腾讯各平台联动进行互动社区的推广，腾讯世界杯进球 Tips 通过 QQ 客户端将世界杯即时赛况送抵用户，百多邦活动信息也同步展示在上亿 QQ 用户面前。这大大提升了百多邦世界杯社区的流量与人群覆盖，是百多邦联合腾讯互动平台进行推动策略的集中体现。

当海量的用户抵达社区后，用户的兴奋点在社区拉动策略下被充分激活，主动加入品牌社区的相关活动中。根据目标消费者的特性，百多邦将世界杯的互动社区依据"摔"的主题设置了"非诚勿摔""纯爷们不怕摔""摔不倒视频游戏""模拟疗伤小游戏"等几大互动模块。网友参与各个模块的活动后可以得到积分，同时还可以通过邀请好友参与、转发活动视频获得积分，累积积分可参与活动抽奖，奖品包括腾讯提供的虚拟产品以及百多邦的实物大礼，大大激发了用户的参与热情。各主题模块深度挖掘世界杯内容，将"有了百多邦不怕摔"的诉求发挥得淋漓尽致，大大提升了品牌的好感度，实现了品牌与消费者之间的深度沟通。

纵观百多邦在线体育营销的全过程，它不仅很巧妙地诠释了"不怕摔伤，踢得漂亮"的主题，而且活动的营销效果更是"摔得漂亮"，"摔"出了百多邦的产品功能，"摔"出了百多邦的品牌知名度，短时间内不仅品牌深入人心，案例本身也在医药行业营销中脱颖而出。

资料来源：百多邦出战世界杯 "摔"得漂亮．（2010 - 09 - 06）．http：//www. sina. com. cn.

8.3 公关新闻策划

公关新闻策划就是最大限度地利用新闻媒体进行报道，扩大企业的影响，提高企业的知名度和美誉度，树立企业的良好形象。公关新闻对于树立企业形象、赢得公众、最广泛地宣传本企业以及在同行业竞争中率先产生对社会的吸引力，无疑是最特殊、最重要的工具。

⬤ 公关新闻策划的内容

公关新闻策划包括两方面的内容：常规的公关新闻策划和创造性的公关新闻策划。

常规的公关新闻策划指通过新闻活动把企业本身具有新闻价值的新闻准确、及时和最大限度地传导给新闻界，引导新闻界加以报道，常用的方法有举行新闻发布会（记者招待会）和接受新闻采访。

创造性的公关新闻策划是一种开拓性的、主动进攻性的公关新闻策划，是一种打入新闻界的新闻渗透策略。创造性的公关新闻策划，是指企业在真实的、不损害公众利益的前提下，有计划、有目的地策划具有新闻价值的活动、事件，以吸引新闻界的注意和兴趣，从而加以报道。创造性的公关新闻策划又称作制造新闻，如果说常规的公关新闻策划是营销策划人员的使命和天职，那么创造性的公关新闻策划便是一种开拓、创新，是新闻公关的"攻关"，是一种高超的公关艺术。

⬤ 公关新闻策划的媒体选择

新闻媒体的策划是公关新闻策划的一个重要环节。新闻媒体的策划是指对新闻传播媒体的决策和谋划，亦即新闻传播媒体的选择及其技术。公关新闻策划必须选择合适的媒体，即传播新闻内容的工具。媒体选择得当可以使企业具有新闻意义的活动和事件的价值得到最大限度的利用，收到事半功倍之效。

常见的新闻媒体可分为两大类：一是印刷类传播媒体，二是电子类（或视听类）传播媒体。前者主要包括报纸与杂志；后者主要指广播、电视与网络。要在众多具体的新闻媒体中，根据公关的具体目标，科学、巧妙地进行新闻媒体的选择，做好策划，营销策划人员必须掌握各种媒体的特点，因为这些是公关新闻媒体策划的基础。

1. 新闻媒体各具特点

从社会公众的角度分析，人们总是根据不同的需要接受不同的大众传播媒体运载的信息。营销策划人员应该根据特定的社会公众接收信息的习惯，有的放矢地选择新闻媒体。新闻媒体选择得好，可以收到事半功倍的效果。营销策划人员应注意对各种新闻媒体的特性进行研究，掌握各种媒体的优缺点，正确选择新闻媒体。

2. 根据公众对象选择媒体

企业处在不同时期，会有不同的公关活动内容。不同的公关活动内容要针对不同的公众。而不同的公众接受新闻传播媒体的习惯不同。因此，在选择媒体时，首先应该考虑传播对象是哪些群体，这些群体受教育程度如何，知识水准与专业技能、经济状况、工作性质、生活习惯如何，等等。根据这些情况，可以选择合适的新闻媒体传递企业信息，以收到较好的传播效果。一般来说，知识水准比较高的社会群体，喜欢看报纸、上网，甚至把看报纸、上网当作日常生活的必需；专业性比较强的工作人员，喜欢看与自己专业密切相关的报纸、杂志；家庭主妇忙于家务时，只能一边干活，一边收听广播等。所以企业的传播对象不同，就应选择相应的媒体。

3. 根据传播内容选择新闻媒体

如果要介绍某一公关活动的全过程，最好选择电视媒体，以诱发观众观看的兴趣；如果传播的内容需要公众进行不断地思考、查找和保存，则最好选择报纸、杂志、网络形式，以满足公众查找资料的要求；如果只是向公众发布一条信息，则可以选择广播的形式。

4. 重视社会效益和经济效益

通过记者的采访、搜集资料而撰写出来的新闻稿，称为不付费用的广告宣传。大多数企业在选择新闻媒体进行公关活动时，都要支付一定的费用。如为社会福利事业和社会公益事业的发展支付的赞助费、就某项公关活动支付的广告费用、为文化娱乐的开展支出的宣传费等。选择新闻媒体时，既要注重社会效益，更多地为社会发展提供帮助和服务，又要注重企业的经济效益，在预期目标能够达到的前提下，尽量节省费用开支。

◆ 创造性新闻事件的策划

所谓创造性新闻事件的策划，即制造良性新闻、制造事件新闻，又称为制造新闻，是指企业在真实、不损害公众利益的前提下，有计划地策划、组织、举办具有新闻价值的活动、事件，吸引新闻界和公众的注意和兴趣，争取被报道的机会，并使本企业成为新闻报道的主角，以达到提高企业社会知名度和美誉度的目的。

1. 制造新闻的特点

企业有计划、有目的地制造的新闻具有以下特点：

（1）不是自发地、偶然地产生的，而是经过营销策划人员精心策划安排的。一般性新闻是在事物发展变化中自然而然发生的（如突发性的新闻事件），而制造新闻是经过营销策划人员精心策划、推动、挖掘出来的。一般而言，新闻传播的主动权不在营销策划人员，而在新闻界人士，精心策划的新闻事件，因为奇特有趣，具有较高的新闻价值，同样能引起新闻界人士的兴趣和跟踪追击，并加以报道，起到提高企业知名度的作用。

（2）富有戏剧性，更能迎合新闻界及公众的兴趣。制造的新闻比一般新闻更富有戏剧性，更能迎合新闻界及公众的兴趣。要成功地制造新闻事件，吸引新闻界人士的注意和兴趣，就要使新闻事件富有戏剧性，具有新、奇、特的特点，要求营销策划人员独具匠心，富于创造。

（3）能以较低的成本明显提高企业的社会知名度和美誉度。自然发生的新闻中，既有对企业声誉有利的新闻，也有对企业声誉不利的新闻。一般而言，自然发生的新闻不是人为可以控制的。但经过营销策划人员精心、周密策划的新闻活动、事件，则带着很强的目的性，都是围绕提高企业知名度和美誉度展开的。因此，成功地策划一个新闻事件，能大大提高企业的知名度和美誉度。低成本地制造新闻事件，吸引相关媒体的报道是营销界常用的一种借鸡生蛋的办法。如果前期对相关客户作了详细的调查，可以依据客户的特点人为制造新闻事件。只要新闻事件的策划周全，往往能起到事半功倍的效果，达到以最少的营销费用获取最大的推广效果。这类例子在我国营销界数不胜数。脑白金在进入市场之初，采用的关键市场推广手法之一就是制造新闻，使其在短时间内以最低的成本占据了华东市场。

2. 制造新闻的主要形式

制造新闻，关键在于新、奇、特，无论事件大小，只要赋予它特殊的意义，便能起到事半功倍的效果。营销策划人员可以利用的事件很多，一般来说有以下几种形式：

（1）举办国内外大型的展览会、展销会。举办展览会或展销会是一种非常好的公关宣传和同消费者直接沟通的机会，通常能够吸引大量公众。世界各国，尤其是欧美国家，每年举办少则几百次多则几千次的各种类型的展览会和交易会。为了使企业举办的展览会和展销会富有吸引力，营销策划人员必须以新颖的形式，抓住时机，大力进行宣传。

（2）利用某一特殊的时间如节假日制造新闻。可以利用一些特殊时间如节假日制造新闻。中国有许多传统的节日和从西方传入的节假日，如春节、情人节、父亲节、母亲节等，企业可以利用各种各样的时机制造新闻，有意识地向公众宣传本企业的思想、理念等，以树立企业的良好形象。如桂林的"陈氏大家庭饼家"，利用中秋节这一传统的节日，和当地的旅行社一起，在桂林龙胜县著名的龙脊梯田七星伴月景点处，制作了一个可供几百人吃的精美的大月饼，供当天赏月的游客免费品尝，吸引了媒体的眼球，得到了当地媒体的报道，并利用这一新闻事件很好地传播了企业的信息。

（3）围绕一些特殊内容制造新闻。围绕一些特殊内容举行研讨会、新闻发布会是非常有效的商务公关宣传机会。营销策划人员可根据具体情况，邀请各地有关人员赴会，邀请影响力大的人到会致辞，让尽可能多的新闻媒体采访报道，争取较大的信息传播覆盖面。

营销透视

美国联合碳化钙公司一幢52层的新总部大楼竣工了，一大群鸽子飞进了一个房间，并把这个房间当作它们的栖息之处。不多久，鸽子粪、羽毛就把这个房间弄得很脏。这件奇怪的事传到公司的公关顾问那里，公关顾问立刻敏锐地意识到扩大公司影响的机会来了。在征得公司领导同意后，他立即下令关闭这个房间的所有窗门，不让一只鸽子飞走。接着，他设计并导演了一场妙趣横生的"制造新闻"活动。

这位公关顾问别出心裁地用电话与动物保护委员会联系，告诉他们此间发生的事情，并且说，为了不伤害这些鸽子，使它们更好地生息，请动物保护委员会能迅速派人来处理这件有关保护动物的"大事"。动物保护委员会接到电话后十分重视，立即派人前往新落成的总部大楼处理此事，他们还郑重其事地带着网兜，因为要保护鸽子，必须小心翼翼地一只只捉。

公关顾问紧接着给新闻界打电话，不仅告诉他们一个很有新闻价值的一大群鸽子飞进大楼的奇景，还告诉他们在联合碳化钙公司总部大楼将发生一件既有趣而又有意义的动物保护委员会来捕捉鸽子的"事件"。

新闻界被这些消息惊动了。他们认为，如此多的鸽子飞入一幢大楼是极少见的，又加上动物保护委员会还将对它们采取"保护"措施，这确是一条有价值的新闻，他们都急于想把这一信息告诉更多的民众。于是，电视台、广播电台、报社等新闻传播媒体纷纷派出记者进行现场采访和报道。

动物保护委员会出于保护动物的目的，在捕捉鸽子时十分认真、仔细。他们捕捉鸽子前后共花了3天的时间，在这3天中，各新闻媒体对捕捉鸽子的行动进行了连续报道，使社会公众对此新闻产生浓厚的兴趣，希望了解全过程，而且消息、特写、专访、评论等体裁交替使用，既形象又生动，更吸引了广大读者争相阅读和收看。

这些新闻报道把公众的注意力全吸引到联合碳化钙公司上来，吸引到公司刚竣工的总部大楼上来，联合碳化钙公司总部大楼名声大振，而且公司高层充分利用在荧屏上亮相的机会，向公众介绍公司的宗旨和情况，加深和扩大了公众对公司的了解，从而大大提高了公司的知名度和美誉度。同时，借此机会，联合碳化钙公司总部大楼竣工的消息巧妙地告诉了社会，使公众全盘接受了这一消息。通过"制造新闻"，公司事半功倍地完成了向公众发布此消息的任务。

资料来源："鸽子事件"：媒介公共关系中的"制造新闻". (2010 - 05 - 29). http://blog.sina.com.cn/s/blog_4d7012ee0100ikiv.html.

（4）围绕企业开展特殊的活动，连续不断地激发公众的兴趣。企业的重大活动如新建筑物奠基、新建筑落成庆典、挂匾、颁奖、塑像揭幕、就职仪式、周年庆典等，这些象征性事件，目的在于展示企业取得的成果。营销策划人员应该把企业的各种庆祝活动与创造"特殊事件"结合起来，不断激发公众的兴趣，有计划地强化企业在公众心目中的印象。

（5）庆祝企业取得成就。企业在发展过程中取得的巨大成就、技术上的重大突破、作出的重大贡献、经营目标的实现等，都是"特殊事件"的最佳内容。营销策划人员应该不失时机地向公众传播，以提高企业的社会地位。

（6）举办赞助活动。成功的赞助活动不仅能够树立企业为公众利益、社会利益做贡献的形象，提高企业的美誉度，而且能够同时宣传自己具体的产品或服务。营销策划人员要根据本企业的具体情况，有计划、有步骤地策划一系列的"新闻事件"。每一事件都应该有详细的操作方案，明确要达到的目标，并将日程表发送给有关的新闻媒体，让他们了解企业的情况，激发他们连续报道的兴趣。

3. 制造新闻应注意的问题

（1）紧扣时代脉搏。应该就公众在这段时期内最关注的话题制造新闻。公众在不同的时期关注的话题也不同，应紧扣时代主旋律，抓住当前的热点话题制造新闻。

（2）主抓新、奇、特。一个事件的新闻价值正是在于它的新、奇、特上。在激烈的企业形象竞争中，要成功地制造新闻，营销策划人员必须别出心裁，使营销公关活动具备新、奇、特条件。

（3）体现重要性。制造新闻时，要有意识地把企业与某些权威人士和社会名流联系在一起，或者与传统的盛大节日或纪念日联系在一起，制造有关企业的新闻。

（4）有利于报道。事件地点最好选择在有利于新闻记者报道的地方。如果事件发生在公司总部或总部所在地，召开记者招待会或新闻发布会就会比较理想；如果在其他地区，则可视不同的情况，考虑同时在几个地方召开记者招待会或新闻发布会，或选择覆盖面较广的媒体报道。

（5）做好必要准备。准备事件新闻的报道是一项复杂而又细致的工作。内容包括：安排好记者的工作场所，最好有分隔开的工作间；对于新闻出版界记者进行的不同采访，如果条件允许的话，可以分别进行，通常是出版物记者在先，注意在请柬中注明；要为记者安排充足的座位，有很好的视觉和听觉环境，必要时应该备有咖啡、茶等饮品，如果社交主题是其中的部分内容，则可备有鸡尾酒；在入口处设置衣帽寄存处，安排足够的服务人员，以保证减少进出等待时间，同时要有明显的标记；要在请柬中注明是否提供交通工具；准备好足够的电话联系方式，以方便新闻记者进行必要的联系；最好将新闻录音或者录像，以备新闻记者日后查阅和企业自己存档。

▼ 案例

刷爆朋友圈，腾讯微信公开课 Pro 的推广

最近朋友圈又火爆起来一个新玩法，通过 2016 微信公开课 Pro 版的一个页面，可以显示出平时查不到的"微信使用时间""第一个好友""第一条状态""红包数"等统计。网友们也纷纷截图秀出自己的初始好友，引起一系列刷屏。

第一刷：晒成就

这招其实已经不新鲜了，早在淘宝、微博、知乎等社区流行过。但一来爱秀之心人皆有之，二来这种事情也就每年一次，所以大家依然乐此不疲。这次微信统计的数据总共 13 个，包括：注册微信日期；第几个微信用户；第一次发朋友圈的日期；第一个朋友是谁；2015 年发了几条朋友圈；2015 年收到几个红包；2015 年发出几个红包；2015 年去过几个城市；2015 年去过的一个地方；2015 年新增好友数量；好友总数；收到的"赞"数量；微信统计的运动步数。数据量不算多，但基本上囊括了大家想秀的"痒点"，所以轻易形成一次刷屏。

第二刷：谣言

刚刚完成一轮刷屏的"你与微信的故事"；接着是一轮不知真伪的传言，如"支付宝被盗"。在两者之间出现一个大部分人都无法判断真伪的关联（更简单粗暴的方式是直接关联，完全不解释因果关系），使得转发量持续飙升。

第三刷：辟谣

第二轮刷屏持续时间更短，没过多久各种辟谣就出现了。

很多人在之前都不知道"微信公开课 Pro 版"是什么产品，经历了一晚上的"三刷朋友圈"，很多顾客对"微信公开课 Pro 版"基本已入脑。官方出来辟谣，并阐述 Pro 的价值与功能服务，使得微信公开课 Pro 版深入人心，此次营销无疑是非常成功的网络公关营销。

◆ 新闻媒体关系策划

营销策划人员应十分熟悉新闻媒体特殊的工作性质和活动方式，应经常主动地与媒体联络沟通，把与新闻界建立良好交往关系作为自己的一项重要工作任务，不仅要努力学习新闻业务知识，还要研究不同新闻媒体的特点，与新闻界的人士广交朋友，建立起良好的新闻媒体关系。

1. 与新闻媒体交往的技巧

与新闻界交往是一门艺术，要讲究一些交往方法和技巧，建立起良好关系。

（1）掌握新闻工作的规律。营销策划人员要仔细了解各种新闻媒体的特点，除

了解广播电台、电视台、报纸、杂志、网络等不同类型的传媒的功能和基本特点之外，还要掌握不同类型媒体的报道方针、风格、手法、内容、截稿日期、印刷过程、发行周期、发行范围、发行方式和读者对象等具体情况。只有掌握这些情况，才能从中发现各种媒体的工作规律，主动且有针对性地提供有价值的信息，协助他们开展工作。

（2）建立新闻关系网络。与新闻媒体建立联系的途径有四种：一是主动登门拜访新闻单位，建立联系。二是通过上级单位介绍，与新闻界建立联系。如通过本企业的主管部门，或新闻单位的主管部门介绍，利用这些部门与新闻界的良好关系来建立和发展本企业同新闻单位的联系。三是通过本企业已有的朋友，结识新的新闻单位。四是建立良好的私人关系。

对已经建立的新闻关系，要经常保持联络，以求保持长期稳定的合作关系。如逢年过节举办联欢活动，寄贺年卡或送纪念品，也可在规定范围内给新闻界以适当的赞助和经济、物质方面的支持，以增强企业在新闻界的美誉度。需要特别强调的是，要由固定人员负责联络，最好不要经常换人。专人联系有助于建立友情，在同等条件下，只要不违背原则，有交情的一方自然会受到关照。

（3）主动向新闻界提供有新闻价值的材料。企业总希望新闻界多发表一些有关自己的新闻报道，新闻界则希望企业为它们多提供一些有新闻价值的材料。为此，营销策划人员必须提高自己的新闻价值观，要善于识别有新闻价值的资料并及时提供给新闻媒体及其工作者。对企业来说，以下活动可作为新闻材料提供给新闻界：大型典礼、开幕仪式或纪念活动；新业务项目的推出，新产品问世；各项经济指标的突破性进展；重大政策的颁布和实施；服务措施的重大改进；员工学习、娱乐和保健及有意义的福利活动；体现社会责任感的公益活动。

（4）制造新闻以吸引新闻记者。记者的职业特点决定了他们对新闻的敏感性，因此，营销策划人员为企业策划一些重大的具有新闻报道价值的事件，就能有效地引起新闻界的注意，吸引新闻记者采访报道。

2. 新闻界的参观访问活动策划

邀请记者参观访问是宣传企业形象的重要方式之一，既包括新闻界的主动参观访问，也包括企业邀请新闻界的参观访问。策划新闻界的参观访问是与新闻界保持经常联系、深化新闻界对企业了解的一种技巧与艺术。策划好新闻界的参观访问活动需注意以下问题：

（1）明确目的。营销策划人员在邀请新闻界人士参观访问时，要做到心中有数，即明确邀请的目的，这样才可能正确地作出安排和计划。一般而言，当企业有一些值得报道的材料，而又不适宜举行记者招待会等大规模的新闻活动时，可以邀请性质相同或类似的新闻界人士前来参观访问，此时，在安排活动时，应以事件（或材料）为中心。

（2）找准价值。在进行公关新闻策划时，最关键的是必须对新闻界有吸引力，而新闻报道的前提是新闻的价值，所以策划的新闻事件必须具有新闻价值。新闻价值是指所提供的能够满足社会和公众特定需要的信息素质（质和量）的总和，首要因素是新闻的真实性。从新闻学和公关学相结合的角度看，新闻价值的标准一般有以下几个：新鲜性，即时效性；新闻的信息量；重要性，即对社会生活中出现的那些为许多人所关注、对社会生活影响较大的事件予以报道；接近性，即近因效应；趣味性，即将趣味性与思想性结合在一起，将趣味性与人情味结合在一起；需要性，即公众所关心的和所需要的。

8.4 公关危机活动策划

公关危机（public relations crisis）专指灾难或危机中的公关。换句话说，公关危机是公关在危机中的开发和应用，是处理危机过程中的公关。当危机或灾难发生时，需要从不同的方面调查、处理和解决。公关只是解决这个危机问题的一个视角，是危机管理或问题管理的一个重要组成部分。

▶ 公关危机的处理

公关危机的处理是指在公关理论和原理的指导下，公关从业人员运用公关的策略、措施与技巧，改变因突发性事件而造成的公关主体面临的危机局面的过程。如果说公关危机是一种状态、一种趋势，是对所出现问题的描述，那么，公关危机处理强调的则是一种行动过程、一种结果。假如没有问题，没有公关危机，也就不会有公关危机处理。

正确、恰当地处理危机事件，就能使那些身陷危机的企业塑造一个积极、良好的形象，甚至会在公众印象中积极扩展。如强生公司对 1982 年的泰诺胶囊中毒事件作出迅速反应时，公司管理层采取积极措施以在公众面前维护形象：采取措施减少产品受损可能，首先是防水包装，继而引进一种固体胶囊形式。公司的努力获得了巨大成功，不到一年，在美国公众眼中，该公司便从一个非常普通的且"对人漠不关心"的公司转变为"保护消费者权益的标兵"。

1. 主动策略

危机发生后，企业要主动慰问受害者，查明事故原因，向公众公开事实真相，归根到底就是要求企业具有主动负责的精神。顾客就是上帝，失去了顾客，企业的存在就没有任何基础。顾客利益受损之后，企业应以最大的主动性负起责任，而不可与顾客纠缠于责任的划分，计较于双方责任的大小，这样只会加深双方的误会和分歧，导致顾客和舆论的反感甚至抵制。对于顾客的投诉，企业既不能麻木不仁、漠然处之，也不能极力辩解、推脱责任，更不能采取粗暴的对抗态度，任何被动的处理方式都会造成公众的不信任感。

2. 及时处理策略

危机发生后，企业一方面应以最快速度派出得力人员调查事故起因，安抚受害者，尽力缩小事故范围；另一方面应主动与政府部门和新闻媒体，尤其是与具有公正性和权威性的传媒联系，说明事实真相，尽力取得政府机构和传媒的支持和谅解。危机具有危害性，甚至是灾难性，如果不能及时控制，可能影响到企业的生存，出现"千里之堤，溃于蚁穴"的情况。

面对突如其来的危机，企业应做到临危不乱。乱则无法看清危机的实质，无法有效地统筹公关。企业要牢牢抓住危机的产生是因为政策错误还是新闻媒体误导，抑或是产品本身的质量缺陷，迅速制定目标明确的危机处理方案，争取在短时间内控制局面。"及时"的具体要求是：发现危机问题及时，调查危机事件及时，确认危机性质及时，深入危机公众及时，控制事态发展及时，通报情况反馈及时。

3. 言行一致策略

面对危机时如果企业与平时的态度不一致，很可能导致不良形象的产生。例如，如果一个企业在危机前的形象是"漠不关心"，那么，它必须十分努力才能使公众形成"关心公众和友善"的看法。同样，当企业成员在危机的压力中行动迟缓或对危机漠视不理时，企业原有的良好形象也会失去。

在危机中注意保持态度、言谈和行动的一致性是进行恰当的企业形象管理的一个基本原则。一致性包含多个层次。除非是发生了可以令鸡蛋里挑骨头者接受的一种改变，否则言谈一定要保持一致，同时保持精神价值与行动价值的一致。这种声明与行动之间的一贯性或一致性（指危机前、危机中和危机后）也是有效形象管理的基础。

4. 开诚布公策略

真诚是危机公关的绝对前提，"以诚相待"的公关才是企业取信于民、转危为安的最佳公关。面对社会舆论的批评，宜采取"淡化矛盾""虚心让人"的策略，强硬的态度只能导致公众对抗的升级，坚持"以诚相待"才能在败中求胜。

5. 协商处理策略

协商处理主要指营销策划人员与意见领袖进行协商，借助他们的力量来说服公众。在有些危机事件中，由于时间较长，或危机性质比较严重，如涉及人身安全，公众中间出现了意见领袖。这些意见领袖如受害公众、政府公众、新闻公众、民间权威性公众等，对其他公众具有较大的影响力，能够左右公众的舆论。这时，营销策划人员想要较好地消除危机事件，就要与这些意见领袖协商，争取他们的配合，以便更快地使公众消除疑虑，转变态度。运用协商处理方式，关键是争取意见领袖的支持，这项工作直接影响到危机消除与否。不只是小企业，很多知名大企业同样会忽视这一点。

🔾 公关危机的扭转

要克服危机带来的损失，扭转不利局面，除了及早发现，及早行动，将危机消灭于萌芽状态外，还要懂得处理危机的程序。一旦危机产生，应遇变不惊，从容不迫、有条不紊地处理。

1. 掌握基本原则

处理公关危机的基本原则是坚持预防为主。危机发生后，以及时控制、真实传播、积极善后为主，做到有备无患，临阵不慌，镇定地判明情况，应付自如。及时控制，就是迅速作出反应，尽快控制危机的发展，控制影响的扩大，把对公众和对企业的损害控制在最低，最大限度地平衡企业与公众的利益。消除公众心理上的障碍，争取公众的信任和理解，把握舆论主动。积极善后，即企业对危机事件的后果敢于承担责任，负责到底，合理赔偿公众因危机事件造成的损失，并以处理危机为起点，主动策划进攻型营销公关活动，抚平企业和公众的"创伤"，重新赢得信任，重塑企业形象。

2. 收集信息，全面调查

（1）组织人员，成立专门小组。危机发生后，应立即组织有关人员，成立专门处理危机的小组。小组应由企业有关负责人、营销策划人员以及有关专家组成。小组成立后，应立即奔赴现场。

（2）保护现场，寻求援助。危机处理人员赶到现场后，应想尽一切办法保护好现场，以便迅速、准确地查清危机原因。同时应根据现场情况与有关方面取得联系，采取紧急措施救人、救物，使损失最小化。

（3）深入细致地了解情况。迅速与当事人或目击者取得联系，了解危机发生的时间、地点、原因，了解人员伤亡的程度以及财产损失情况，了解危机的发展及控制情况。

（4）整理分析，形成报告。要将在现场听到看到的所有情况认真记录下来，在条件许可的情况下，应用照相机、摄像机拍摄现场镜头，录音记下某些内容，帮助分析。在全面收集有关信息的基础上分类整理材料，组织有关人员进行分析，认真查找事故的真正原因，形成分析报告，并上交有关部门。

3. 分析信息，确定对策

在全面了解有关情况后，应针对不同的对象确定相应对策。

（1）组织内部对策。1）立刻成立处理危机的专门机构，由企业的主要负责人领导，公关部门及相关职能部门人员组成。2）制定方案并将总体方案通知全体人员，以便统一口径、协调行动。3）善后服务。如本企业职工有伤亡，应立即通知其家属或亲属，并提供一切条件，满足家属的要求。4）挽回影响，追查原因。如果是本企业的产品或服务引起的危机，应立即采取补救措施，挽回影响，或立即收回不合格产品，立即组织检修队伍，对不合格产品逐个检验，详细追查原因，加以改进。

（2）受害者对策。1）了解情况，承担责任，倾听意见，赔偿损失。2）把握分寸，表现风格。如受害者提出过分要求，要宽宏大量，避免在事故现场与受害者发生争执。在合适场合单独与其讲理时，要有分寸地让步，要注意拒绝的方法技巧。3）提供善后服务，尽量实现物质补偿。4）稳定工作人员。在处理事件的过程中，要保持工作人员的稳定性，不要无故更换，以免引起受害者的疑虑和不安。

（3）新闻界对策。1）统一口径。如何向新闻界公布事故，公布时如何措辞，应事先在企业内部统一认识、统一口径。2）权威人士发言，并提供准确消息。公布事故的人最好是企业总负责人，如总裁、经理等。一方面，要向新闻界提供准确真实的消息，以减少新闻界的猜测，帮助新闻界作出正确的报道；另一方面，对重要事项应以书面材料的形式发给记者，避免报道失实。3）谨慎传播，切忌推测。在事实未完全明了之前，不要对事件发生的原因、损失以及其他方面的任何可能性进行推测性的表述，不轻易表示赞同或反对的态度。4）主动积极地与新闻媒体合作，引导新闻媒体的报道。不断提供公众所关心的消息，引导新闻媒体以公众的立场和观点进行报道。

（4）上级主管对策。1）及时向上级汇报。危机发生后，应及时向上级汇报情况，汇报必须真实客观。2）定期联系。在处理危机的过程中，应定期报告事态的发展，及时与上级主管取得联系，获得上级主管的指示。3）总结报告。事故处理后，详细报告处理经过、解决办法以及今后的预防措施。

（5）当地居民对策。1）企业出面登门道歉。因突发事件给当地居民带来直接或间接损失的企业要出面致歉。2）对受影响的居民赔偿损失。

4. 危机后企业形象的重新树立

一是充分运用传媒工具进行连续正面报道，将企业在危机后所采取的一系列修正措施及服务方针告诉公众，使公众能真正了解组织及其行为，对组织重新产生信任感。二是增加企业在承担社会责任、重视社会利益方面的活动与投入。三是进一步密切与政府部门、权威机构和著名人士、意见领袖的关系。

◥ 案例

一汽-大众奥迪"被泡"72小时危机公关

2015年5月17—18日，一场突如其来的暴雨夹杂着冰雹袭击了长春，这场暴雨造成长春城区多处严重积水，将一汽-大众奥迪引入一场公关危机事件。位于长春的一汽-大众奥迪停车场，200多辆新车全部被雨水浸泡。5月19日晚，消息出现在网上，并且开始泛滥发酵，奥迪公关部门觉察到负面信息，迅速联系信息源头。

5月20日，奥迪启动应急处理流程，决定浸水车不进入销售渠道，但是因为内部流程较慢，迟滞21日才发布公告。

5月21日，奥迪正式发布公告，宣布浸水车按制度进入"质损车流程"，承诺不会进入销售渠道。公告发布后，虽然多数舆论认可奥迪的处理措施，但仍有部分媒体及舆论认为奥迪做得还不够，对这批车的去向表示关心，担心奥迪会等风头过去，将这批车重新投入市场，进而损害消费者利益。

5月22日，为彻底平息媒体和消费者的担忧，奥迪再次发布公告，并且将283辆受损车底盘号全部公布。

至此，事情得到妥善解决，受损车的处理已经非常清楚，消费者打消了疑虑，媒体的知情权得到捍卫，奥迪也体现出了全球高端品牌应该有的责任感，相对而言是一个较为完美的局面。

资料来源：一汽-大众奥迪车辆"被泡"72小时危机公关．（2015-05-23）．www.sohu.com/a/16223593_119205.

▶▶ 重点名词

公关策划　　　社会赞助活动　　　记者招待会　　　制造新闻
公关危机

▶▶ 思考题

1. 公关策划在主题设计中需考虑哪些因素？
2. 什么是记者招待会？其特点有哪些？举办记者招待会应注意哪些要点？
3. 简述展览会的特点与类型。
4. 简述开幕典礼的组织工作。
5. 社会赞助活动的类型与步骤有哪些？
6. 简述处理公关危机的程序。
7. 简述组织与新闻媒体交往的原则与技巧。

8. 何谓"制造新闻"？"制造新闻"时应注意哪些问题？

9. 如何策划新闻界的参观访问活动？

10. 企业在处理公关危机时，如何针对不同的对象确定相应的对策？

▶▶ 案例分析

某化工厂污染事故的危机公关策划

背景：某化工厂由于废水没有及时处理，对流经的附近水域造成污染，致使鱼类大量死亡。以捕鱼为生的渔民愤怒地涌入化工厂，产生了严重的社区关系纠纷。

1. 收集信息，评估分析

为了正确处理这起社区关系纠纷，该厂公关部进行了充分的调查研究：调查外部公众，特别是渔民中意见领袖的态度和意见；调查内部公众，特别是工厂管理者和其他意见领袖的看法和意见；检验水质和了解鱼类死亡的情况。

在调查的基础上，分析污染产生的原因：领导不重视环保工作，内部无环保机构；职工环保意识淡漠，环保知识贫乏；技术设备陈旧；长期忽视工厂与社区的关系。

2. 确定目标，公众分析

针对存在的问题及形成原因，该厂公关部门制定了如下公关目标：在全厂普及环保法规；成立环保机构；改造旧设备，使"三废"排放量达到国家标准；进行环保技术培训；建立工厂与社区的环保相互监督机制；建立新型社区关系。

根据目标，确定公众对象包括：外部公众主要是渔民中的意见领袖；内部公众是化工厂全体职工。

3. 设计主题，创意策划

根据目标和公众对象，确定主题为"让我们共同拥有一个良好的环境"，并以此为主线，拟定如下公关活动项目：在厂区车间和社区路旁设置环保标语、板报及环保意见箱；举办环保知识讲座；改造旧设备；走访渔民，组织渔民进厂参观，设立渔民环保监督员，组织工厂与社区的联谊活动；为社区办实事，如义务培训社区教师、科技人员，扶持社办企业，修理乡村干道和乡村学校校舍，为社区孤寡老人排忧解难。

4. 选择传播方式和媒介

在确定项目的基础上，选择传播方式和媒介如下：（1）人际传播：走访渔民家庭，设立渔民环保监督员，组织渔民进厂参观等。（2）组织传播：举办环保知识讲座，运用有线广播、闭路电视、厂报、意见箱等进行环保宣传教育，收集环保方面的建议和要求。

5. 确定预算，审定方案

公关部进行的预算，包括人员预算、经费预算和时间安排三个方面。

（1）人员预算：公关经理1名；公关策划2名；新闻采编2名；摄影摄像2名；美工2名；环保专家2名；其他3名。共14名。

（2）经费预算：三次讲座100元，一次参观50元，录像制作200元，联谊活动100元，标语及板报50元，意见箱2个共10元，改造旧设备10 000元，捐助小学1 000元，修路200元，其他200元，共计费用11 910元。

（3）时间安排：

4月1—3日，走访渔民中的意见领袖；

4月4—7日，三次环保讲座；

4月8—15日，一周电视环保法规教育；

4月16—23日，一周电视环保专题节目；

4月24—30日，制作环保标语、宣传栏和板报并安置完毕；

5月1—4日，工厂与社区文体联欢；

5月5—6日，意见箱安置在厂区与社区；

5月7—8日，组织渔民分批参观工厂；

5月9—11日，整修乡村干道，维修乡村小学校舍，义务为孤寡老人劳动；

5月12—13日，举办两次渔民科普讲座；

5月14—15日，评估结果，总结经验教训。

共计45天。

6. 事后评估

危机公关策划案实施后，公关部对活动结果进行了检查：

（1）举办一次环保法规和环保技术知识竞赛，检查了全厂职工掌握环保法规和技术知识的情况，通过奖励先进，进一步促进了职工环保教育；

（2）对环保机构的设置和工作情况进行了解；

（3）测定设备改造后的"三废"排放量，基本达到了国家标准；

（4）定期开箱了解有关环保意见和建议，发现职工环保意识加强了，渔民们也对环境改善表示满意；

（5）与社区的关系状况得到全面改善。

资料来源：张昊民．营销策划．2版．北京：电子工业出版社，2010.

问题

分析该企业危机公关策略实施的启示。

▶▶ **实训练习** •

2015年7月11日，作家六六发了一条微博，称自己在京东上购买的天天果园水果是烂的，要求退款却被拒绝。作为一名拥有1 000多万粉丝的女作家，这条微博一发出，立刻引来大量关注。一个小时后，天天果园即联系六六提出全额退款。六六拒绝后，京东和天天果园又相继联系商讨退款，天天果园还邀请六六作为其质量监督员。7 月 13 日，六六再次在微博上发表名为《我要的是公平》的文章，拒绝和解。7 月 14 日，天天果园在微博上公开道歉，京东进行转发并表示要加强自身服务。

正当舆论趋缓时，王思聪却在 7 月 18 日转发六六微博，表示自己也拥有同样的经历。7 月 19 日，京东官方微博向王思聪道歉。然而，事情反而引来了更多的质疑：为什么王思聪就能得到公开道歉？"看人下菜碟"的帽子，就这样戴在了京东的头上。

请为京东公关部针对此次事件的不良影响，为摘掉"看人下菜碟"的帽子，设计一次危机公关策划。

第 9 章

营业推广活动策划

学习目标

- 了解营业推广的概念、特点及针对不同对象进行营业推广的方式；
- 掌握营业推广的作用、基本工具、技巧；
- 理解店头推广、展会推广、节假日推广等活动的策划要点。

引 例

企业常用的促销做法就是在节假日、店庆、购物节等作大型促销，降价、优惠券、赠品、返还，或者会员价，虽然这些做法已司空见惯，可是京东却用这些做法刷新了销售纪录。

2016 年 3 月 2 日，京东携手联想推出手机京东“联想超级品牌日”火热大促。联想携旗下多个产品线及众多明星商品，以专享优惠价回馈手机京东用户及联想粉丝。

本次“联想超级品牌日”几乎囊括了联想旗下所有爆款产品，包括智能手机、台式机、平板电脑等产品均能通过手机京东的活动专区下单，享受手机京东专享的超值福利。其中，联想智能手机直降幅度高达 400 元，新品手机乐檬 3 仅售 699 元放量抢购，当天更支持 6 期白条免息。此外，台式机每满 2 000 元减 300 元，平板电脑每满 1 000 元减 100 元，满减均上不封顶，促销活动受到包括电竞玩家、商务人士等各类消费者的热捧。

手机京东“联想超级品牌日”这场全方位的“粉丝狂欢节”，在 3 月 2 日活动上线后的第 1 分钟内便取得了销售额破 1 000 万元的亮眼成绩，1 个小时内销售额迅速突破 1 亿元大关，创手机京东电脑品类单品类单品牌销售额最快破亿元纪录；全天联想全品类的销售额达到 2015 年手机京东"双十一"当天同品类销售额的 3.68 倍!

资料来源:促销新范式:手机京东"超级品牌日"凭什么 10 分钟让单品牌销售额突破 1 亿?. (2016 - 06 - 15) . http://www. 360doc. com/content/16/0615/07/30733956 _ 567871099. shtml.

启示: 手机京东"联想超级品牌日"其实是结合京东和品牌厂商的各自优势:基于京东大数据用户画像,将手机京东变为汇聚品牌粉丝的平台,配合京东快速可靠的物流配送系统,更好地满足用户多元化的购物需求;品牌商则通过产品和价格福利切实回馈手机京东用户。

营业推广又称销售促进(sales promotion,SP),菲利普·科特勒把它定义为:"刺激消费者或中间商迅速或大量购买某一特定产品的促销手段,包括各种短期的促销工具。"从这个定义可以看出,营业推广是短期内为了刺激需求而进行的各种营销活动,这些活动可以诱发消费者和中间商迅速、大量的购买,从而促进企业产品销售的迅速增长。

本章将详细分析营业推广的特点和营业推广活动策划等相关知识,培养初步的营业推广活动策划技能。

9.1 营业推广活动策划概述

营业推广是指在一个较大的目标市场中,为了在短期内鼓励购买、销售商品和服务而采取的除广告、公关和人员推销之外的所有企业营销活动的总称。营业推广活动的目的是有效地刺激购买者购买,提高销售效率,是一种适宜短期推销的促销方法。

◗ 营业推广的含义

1. 营业推广的对象

企业的营业推广对象包含消费者、中间商和推销员。推广对象不同,推广策略也不同。一般来说,人员推销、公共关系、广告等促销方式都带有持续性和常规性,而营业推广则常常是上述促销方式的一种辅助手段,用于特定时期、特定商品的销售。

2. 营业推广的特点

营业推广的方式多种多样,有几个明显特点。

(1)见效迅速。可根据消费者心理和市场营销环境等因素,采取针对性很强的营业推广方法,向消费者提供特殊的购买机会,具有强烈的吸引力和诱惑力,能够唤起消费者的广泛关注，立即促成购买行为，在较大范围内收到立竿见影的功效。

（2）有一定的局限性和副作用。有些方式显现出卖者急于出售的意图，容易造成消费者的逆反心理。如果使用太多或使用不当，消费者会怀疑此产品的品质及产品的品牌，或产品的价格是否合理。

（3）直观的表现形式。许多营业推广工具具有吸引注意力的性质，可以打破消费者购买某一特殊产品的惰性。

（4）活动和政策的短期性。营业推广活动的开展只在一个特定时期进行，不可能长期开展。活动期间采取的优惠促销政策也只在活动期内有效，活动结束后营销政策就要恢复到正常水平。如果营业推广经常化、长期化，那就失去了营业推广的意义。

（5）目标明确且容易衡量。营业推广活动的开展都有一个十分明确的营销目标。促销方案是否有效，关键要看活动结束后促销目标的实现程度。

（6）与沟通群体的互动性。营业推广活动可以与沟通群体保持良好的互动，可以形成良好的商业氛围和商业关系。营业推广往往需要消费者或中间商积极参与，只有把他们的积极性调动起来，刺激其需求，促进其实现消费，才能达到企业的目的。因此，营业推广方案强调与沟通群体的互动性，形成良好的商业氛围和商业关系。

▼ 营销透视

Uber 的经典营销

作为打车软件鼻祖和共享经济明星代表的 Uber 诞生于 2009 年，一经推出，即以野蛮生长的姿态和披荆斩棘之势红遍了全世界。Uber 凭借擅长的社会化营销涌入市场后，争议不断的同时，也长期霸占了各大科技媒体的头条。这在增加 Uber 曝光度的同时无疑也增加了它的营业额。

Uber 似乎一直想告诉消费者，它不只是专车。一键呼叫 CEO、用 Uber 找工作、找对象、送外卖、领养小动物，这些都是 Uber 曾经展开的营销活动。在戛纳电影节，Uber 再次将服务升级，推出了直升机送客项目。

据悉，直升机业务主要是往来机场和戛纳电影节的主会场之间，这也是每一位来参展旅客的必经之路，两地在不堵车的情况下，走高速大约 40 分钟，但是电影节期间，小城戛纳和机场大约要接待 20 万远道而来的客人，拥堵状况不可避免，而乘坐直升机，只需要 7 分钟即可到达。价格大约在 180 美元，一次可乘 4 人，虽然还是有点儿贵，但据悉一般乘坐出租车往返于机场和戛纳电影节的主会场，也需要 100 美元左右，这样算下来，直升机只是贵了七八十美元而已。其实在之前的戛纳电影节期间，Uber 曾在法国巴黎和尼斯之间开展过飞机接送业务，一小时的航程收费 9 000 美元。

对于明星而言，钱不是重点，如此霸气的出场方式值得拥有；对 Uber 来说，通过这样的活动盈利不是重点，明星引发社交媒体关注才是目的。

明星斗秀的名利场，也是品牌扎堆的地方，不是每个闪光灯都有价值，不是每次博版面都有掌声，正所谓经得起多大的诋毁，就受得起多大的赞美，戛纳营销以质取胜。

资料来源：解析：Uber 的 12 个经典营销案例对商业地产有何启示?. (2015 - 07 - 13). news. winshang. com/html/050/1407. html.

⊙ 营业推广活动策划的程序

营业推广活动策划是一项系统工程，需要对营业推广的每一个环节进行一系列的策划。具体分成确定营业推广目标、选择营业推广工具、制定营业推广方案、预试与实施营业推广方案、评估营业推广效果五个步骤。

1. 确定营业推广目标

(1) 针对消费者的营业推广目标。1) 鼓励现有消费者继续购买本品牌产品；把延时购买变为即时购买；鼓励大批量购买；消费者接受由本品牌延伸的新产品。2) 争取潜在客户，培养新的客户群。3) 从品牌竞争者手中夺走品牌转换者。

(2) 针对中间商的营业推广目标。1) 改善销售渠道，包括：维持和巩固现有的销售渠道及货架陈列；争取让中间商存入额外的开架样品和不定期的促销样品；鼓励中间商销售完整的产品系列。2) 维持较高的存货水平，包括：诱导其储存更多的本品牌产品；鼓励储存由本品牌延伸的新产品和相关产品。3) 建立品牌忠诚度，包括：排除竞争者促销措施的影响；吸引新的中间商。4) 鼓励推销本品牌产品的积极性，包括：对本品牌的产品进行特别展示和陈列；布置有吸引力的卖场广告；对本品牌的产品进行不定期的降价销售。

(3) 针对销售人员的营业推广目标。1) 鼓励销售新产品或新品种。2) 鼓励寻找更多的潜在消费者。3) 刺激淡季销售。

2. 选择营业推广工具

选择营业推广工具，是指企业为了实现营业推广目标而选择最恰当的营业推广方式。在选择营业推广工具时，必须了解其使用的方法，考虑企业营销目标、市场竞争状况、推销方式的成本与效益。

3. 制定营业推广方案

营业推广方案的制定，包括促销费用预算、制定参加条件、选择促销措施分配途径、规定促销措施实施时间等。

（1）促销费用预算。企业促销费用是影响促销效果的一项重要因素，其目标是以最小的成本获取最大的效益，所以一些必要的开支要事先预算好。促销经费预算可用两种方法来制定：

1）全面分析法。营销者选择促销方式，然后估算它们的总费用。

2）整体营业推广预算。企业从中长期活动来考虑促销活动。对策划者来说，要考虑的不仅是策划一两次具体活动的促销预算，还有必要对企业一定时期的所有营业推广费用进行预算。

（2）制定参加条件。为提高促销活动的有效性，必须选择营业推广的对象，哪些人能够参加促销活动，或者说哪些人有资格获得这些优惠。

（3）选择促销措施分配途径。要考虑促销的费用开支，根据不同的实力和预算，选择适宜的促销媒介。

（4）规定促销措施实施时间。1）确定促销时机。2）确定活动持续的时间。3）举办促销活动的频率。一些大企业在全国性的促销活动中，都在选定的市场范围内测试其不同的促销策略。

4. 预试与实施营业推广方案

（1）预试营业推广方案。在正式实施营业推广方案前，首先要进行试点效果测试，来确定鼓励规模是否最佳、推广形式是否合适、途径是否有效。试点成功后再组织全面实施营业推广方案。预试的方法有两种：一种是面向消费者的预试方法，如征求意见法、对比试验法；另一种是面向中间商的预试方法，如征询意见法、深入访问法。

（2）实施营业推广方案。实施营业推广方案的过程包含三个阶段：

1）事先准备阶段。推出方案之前的准备工作包括：初步的规划和设计、邮寄或分发至家庭的改良包装物或材料的鉴定。

2）实施阶段。营业推广活动必须严格按照具体操作计划来实施，而且企业必须配有相应的组织与控制小组，负责组织实施方案。

3）销售延续阶段。这一阶段从实施营业推广的优惠办法开始，到大约 95% 的优惠商品已经转到消费者手中为止。

在执行过程中，要实施有效的控制，及时反馈信息，发现问题，采取必要措施，调整和修改原定方案。

5. 评估营业推广效果

在营业推广方案实施后对其有效性进行总的评估，最普遍的方法是比较推广前、推广期间和推广后的市场份额变化。营业推广效果的评估还可以通过变更刺激程度、推广时间、推广媒介、推广对象来获得必要的经验数据，以供比较分析并得出结论。

（1）对实施营业推广前后的市场份额进行对比。这是最常用的消费者促销评估方法。它用营业推广之前、实施过程中和之后的销售量变化来衡量推广效果，在其他条件不变的情况下进行比较，可以分析促销效果。

（2）进行市场调查。通过市场调查，了解有多少消费者还记得这次活动，他们的看法如何，有多少消费者利用了该项促销活动，以及这次促销活动对消费者今后的商品选择行为有什么影响。

（3）通过试验进行比较。通过试验确定在不同的情况下营业推广的效果如何，根据试验的结果确定各项推广活动的实施策略。

➲ 营业推广活动策划的要点

营业推广是一种有效的促销手段，但若使用不当，不仅达不到促销的目的，还可能影响产品和服务的销售，损害企业的形象。在策划与开展营业推广活动时，必须注意以下问题：

1. 选择适当的方式

营业推广的每一种方式都有其适应性。例如，配合新产品上市的广告，可用赠送样品或现场表演的方式；在推销产品时，用优惠券或经济型包装更为合适。营业推广还必须考虑营销成本，确定推广的规模。

2. 确定适当的时间

营业推广的时间长短关系很大，推广时间过短，其影响力可能还不足以波及大多数可能的购买者；而推广时间过长，又会使人产生企业在推销过剩产品、变相降价等疑问。因此，一次推广的周期应与消费者的平均购买周期相符。

3. 限定营业推广的对象

首先，营业推广的对象必须是企业潜在的消费者；其次，在采用有奖销售等方式时，应严格控制本企业职工或家属参加，以显示其公正性，避免给人留下弄虚作假、徇私舞弊的印象。

4. 做好营业推广方案的实施工作

明确营业推广工作的具体任务，实行责任管理制，以及做好方案实施情况的监督检查。

5. 正确评估营业推广效果

评估内容：一是关于营业推广效果的评估，包括经济效益和社会效益；二是营业推广评估的方法问题。经济效益评估主要看通过营业推广促销，商品结构状况是否得到改善，商品的促销额是否扩大，产品成本是否下降，企业盈利是否增长，企业总体经济效益是否上升。社会效益评估主要是总结好的经验，分析失败的原因，调整推广方案，提高推广效率，激发消费者购买动机，指导消费需要，提高企业和产品的知名度和美誉度，树立良好的企业和产品市场形象，为进一步开拓市场奠定基础。

◣ 营销透视

2015 年 8 月 27 日至 9 月 20 日，麦当劳、小米、一点资讯，三个在各自领域有着不凡影响力的品牌，不仅在关注客人兴趣、健康和体验的问题上达成共识，更联手在全国 782 家麦当劳门店推出了"充电饱"的套餐活动。用餐者在被装饰得耳目一新的麦当劳主题餐厅享受高品质美食的同时，还可以享受小米提供的充电宝服务以及一点资讯以轻松的兴趣海报形式为用餐者展示的当今热门话题。

一点资讯基于对用户兴趣的精准分析，为其精心设计多维度的社会热点海报，通过"为何熊孩子总是安静不下来""解读搭讪美女的艺术"等清新有趣贴近生活的话题第一时刻吸引用户的眼球，引发共鸣。其实有趣就在身边，只是缺少发现有趣的眼睛而已。做一个慢食客，让就餐不再无聊，让身体和精神充满电！一顿午餐，一段为人生充电的时光！

此次成功的跨界合作在带给消费者良好的充电体验之时，还彰显了三大品牌相互协作、相互信任的合作精神以及各大品牌开放合作、互利共赢的品牌营销理念。麦当劳和小米这样的行业龙头老大，之所以会选择一点资讯这个互联网新锐企业合作，无疑是基于一点资讯以兴趣引擎为核心的创新技术和以受众定制化服务为基础的多种新颖的营销玩法。

资料来源：一点资讯与小米、麦当劳合作提供充电服务．（2015 - 09 - 15）．https：// tech. ifeng. com/a/20150915/41475148 _ 0. shtml.

▶ 典型营业推广活动策划介绍

1. 赠送优惠券

赠送优惠券是指企业用邮寄、在产品包装中或以广告等形式向顾客附赠一定面值的优惠券，持券人可以凭此优惠券在购买某种产品时免付一定金额的费用。优惠券可分为两大类，即零售商型优惠券和厂商型优惠券。

（1）零售商型优惠券。零售商型优惠券只能在某一特定的商店或连锁店使用。通常，此类型优惠券由总经销者或零售店策划，并运用在平面媒体广告或店内小传单、销售点广告上。运用此类优惠券，绝大部分是以吸引消费者光临某一特定商店为主要目的，而不是为了吸引顾客购买某一特别品牌的商品。另外，它也被广泛用于协助刺激对店内各种商品的购买欲望。虽然零售商优惠券的种类繁多，但不外乎下列三种：

1) 直接折价式优惠券，指某特定零售店在特定期间，针对某特定品牌，可凭券购买以享有某一金额的折价优惠。这种促销方式也可运用在多量购买上。

2) 免费送赠品优惠券，指买 A 产品可凭此券免费获赠 B 产品。

3) 送积分点券式优惠券，指购买某商品时，可获赠积分点券，凭这些点券可在该零售店兑换自己喜欢的赠品。一般此券的价值由零售商自行决定。

(2) 厂商型优惠券。厂商型优惠券是由产品制造商的营销人员所规划和散发的，通常可在各零售点兑换，并获得购买该品牌商品的折价或特价优惠。厂商型优惠券因散发方式的不同又可分为以下四类：

1) 直接送给消费者的优惠券。它通常是通过挨家挨户递送，或用邮寄方式直接送到消费者手里。它既可单独寄送，也可附带介绍或宣传资料一起寄送。另外，还可采用在街头散发、置于展示台上任人自取、通过商店"欢迎取用"告示牌来吸引顾客索取、委托促销或直销公司代送等方式发送。

2) 媒体发放的优惠券。此种是通过媒体散发优惠券。因传播媒体读者对象的不同，各种类别的优惠券应选择对口的媒体。现在，我国消费者在报纸、杂志、周末或周日附刊等印刷媒体上均能看到各类优惠券的身影。

3) 随商品发放的优惠券。此为吸引消费者再次购买的一种形式。它包括"包装内"和"包装外"两种方式。前者是指将优惠券直接附在包装里面，当运用此方式时，商品的盒子或纸箱上常以"标贴"的方式特别标明，以吸引消费者的注意。需要注意的是，在食品类商品使用包装内优惠券时，因食品管理的规定极为严格，所以要特别小心，在优惠券的形式、规格、纸张材料、印刷方式等方面均应符合规定。后者是指在包装上某处附有优惠券，它可以印在包装标签上或印在纸箱上。

4) 特殊渠道发放的优惠券。目前市面上出现数种小型但却成长迅速的优惠券发送方式，特别是在零售业中更为流行。较常见的有：将优惠券印在收银机打出的收款条背面、商店的购物袋上、蛋筒盒上、冷冻食品包装袋上、街头促销宣传单上等可利用的地方。这类优惠券散发渠道多，运用灵活，但正因其发放方法新颖，缺乏长期的记录轨迹可循，所以运用时要慎重。

2. 折价优惠

折价优惠也是企业常用的营业推广策略之一。折价优惠是指企业在一定时期内调低一定数量商品的售价，也可以说是适当地减少自己的利润以回馈消费者的营业推广活动。企业之所以采用折价优惠，主要是为了与竞争品牌的价格相抗衡；同时，折价优惠可积极地用来增加销售，扩大市场份额。从长远来讲，折价优惠也可增加企业利润。如广州市旅游公司在成立 15 周年时，推出了一项营业推广活动，在一个月内省外游、海外游合线优惠 50～500 元不等，以引起消费者的注意，巩固消费者对企业的忠诚度，树立企业"追求卓越，回报顾客"的形象。

大部分厂商惯用折价优惠来掌握已有消费者群，或利用这一促销方式来抵制竞争者的活动。通常，折价优惠在销售点能强烈地吸引消费者的注意，并能促进购买欲，提高销售点的销售，甚至可刺激消费者购买一些单价较高的商品。

折价优惠的运用方式灵活多样，较为常用的方式有下列几种：

（1）在标签上的运用。在商品的正式标签上可以运用锯齿形设计、旗形设计或其他创意，将折价优惠显著地告知消费者。

（2）在软质包装上的运用。通常情况下，将折价标示运用在软质包装上不太容易，而且容易出问题，所以在设计制作时应请教有经验的设计师，少走弯路。

（3）在套袋式包装上的运用。当几个商品包装在一起做折价促销时，可以将折价金额标示在套袋上。此方式常在香皂、口香糖、牙膏等类商品上采用。

（4）买一赠一的运用。提供两个以上的商品开展折价促销，比如"买一送一""买二送三"等，深受消费者的喜爱，并能吸引消费者积极参与。

现在，国内商家越来越多地采用开架自助式售货，营销人员也越来越相信消费者多数是在店门口或货架前才做购买的决定，所以，折价优惠在现今的营销活动中日益成为促销的重要手段。

3. 集点优惠

集点优惠，又叫商业印花，指消费者每购买单位商品就可以获得一枚印花，筹集到一定数量的印花就可以换取商品或奖品。消费者对集点优惠的偏好不一，总的说来，其仍不失为一种重要且具影响力的促销手段。此促销手段的最终目标是让顾客再次购买某种商品，或再度光顾某家商场。

集点优惠与其他促销方式最大的差别在于时间上的拖延。消费者必须先购买商品，再收集点券、优惠券或购物凭证，在一定的时间后，达到了符合赠送的数量，才可获得赠品。

通常，如果消费者参加了某一集点优惠活动，他就会积极地去收集点券、标签或购物凭证，以兑换赠品，此时，自然不愿意转而购买其他品牌的商品。可见，集点优惠对解决某些促销问题深具效力，尤其是对建立再次购买及保护现有使用者免受竞争品牌的干扰等更具成效。具体形式包括：

（1）点券式集点优惠。主要是厂商鼓励消费者多购买其产品，给予特定数量的点券，消费者凭这些点券可兑换各种不同的免费赠品，或是凭此点券再买商品时可享受折价优惠。

从厂商角度推出积分券、优惠券等的集点优惠，已不像从前那样受到消费者喜爱，但目前仍有一些厂商喜欢以该方式促销，且效果较好。如美国某食品商的促销活动就是运用此法。其方式是在每包食品中均有一张点券，消费者不断地收集点券，当达到一定数量时，即可根据赠品手册兑换所喜爱的赠品。该活动已持续数年，效果显著。

（2）厂商型赠品式集点优惠。是指在包装内、包装上附赠品的集点优惠方法。例如，微风（Breeze）牌洗衣粉就曾在包装上附送毛巾等赠品达数年之久，并且不同的容量附不同的赠品，消费者可以通过购买不同包装形式的产品收集到成组的赠品。

（3）凭证式集点优惠。是指消费者提供某种特定的购物凭证即可获得厂家提供的某种特定优惠如奖金、赠品等。

（4）零售商赠品式集点优惠。是指在零售店或专卖店运用的集点优惠，目的是吸引顾客。这种促销方式在食品店及超级市场用得较普遍，其方法是利用成组的赠品来广泛招徕生意。比如有一家食品店曾推出陶瓷餐具组赠送活动，每周从全套餐具中推出一种以超低价特卖，消费者为了得到不同餐具只得每周光顾一次，如此最终能集齐全套餐具。此外，为了向顾客提供更周全的服务，对在特价品之外的其他组合配件也减价供应，以方便顾客选购。

（5）零售商积分券优惠。是指零售商以消费者在零售店购物的消费金额为基准赠送积分券，当消费者收集积分券达到一定数量时，即可依赠品目录兑换赠品。

（6）零售商积点卡式优惠。是指零售商根据某个特定标准向顾客发放积点卡，顾客根据不同的累积购买量享受不同的优惠。如某商城发行网络卡，每年消费5 000元的顾客可获得5％的优惠，每年消费5万元的顾客可获10％的优惠，每年消费10万元的顾客可获15％的优惠。但购置某些特殊类商品如家用电器只累积不优惠。

4. 竞赛与抽奖

竞赛与抽奖是指企业通过某种特定方式，以特定奖品为诱因，让消费者感兴趣，积极参与并期待中奖的一种营业推广活动。实践证明，竞赛与抽奖促销效果明显，因为它可以为消费者提供获得意想不到的收入机会。比如，让中奖者出国旅游，或获得名贵汽车等，如此大奖，当然比获取样品或折价券更为诱人。因此，一个规划完善的竞赛或抽奖活动，能帮助企业达到既定的促销目的和销售目标。

竞赛活动的参与者必须提供购物凭证或必须符合某些合理的必备条件，方可参加该活动的评选。竞赛通常需要具备三个要素，即奖品、参与者的才能和学识以及某些参加条件限制，并以此作为评选优胜者的依据。抽奖活动的优胜者通常是从所有来件中抽出的，而不需任何才能和学识。参加者只要填好姓名、身份证号码或其他一些个人资料即可。

最为流行的两种抽奖方式：一种是直接式抽奖，即从来件中直接抽出中奖者；另一种是对奖式抽奖，即由厂商事先选定好数字或标志，当一组奖券送完或到指定的日期后，由媒体告知消费者，参加者若符合已选定的数字或标志即中奖。此外，还有一种受欢迎的抽奖类别，称为"计划性学习"。参加者必须首先详细阅读举办活动的宣传材料，以获得符合参加条件的答案，然后在商品标签、包装或广告上回答某些问题，最后由厂商在所有提供正确答案的参加者中抽出幸运中奖者。这一方式在家电类产品和保健营养类产品中运用较多。这主要是因为这类产品竞争激烈，厂商可运用这种既简单效果又好的方式进行品牌识别。

5. 赠送样品

将产品免费送达消费者手中的营业推广方式称为赠送样品。在绝大部分促销方法中，消费者必须完成某些事情或符合某些条件，才可取得产品或获得馈赠。免费赠送样品则不同，消费者无须具备某些条件即可得到产品。实践证明，免费样品是吸引消费者试用产品的好方法，特别是当新产品进入市场时运用较为有效。

并非所有的产品均适合使用赠送样品的营业推广方式。对于高特殊性产品或诉求的市场小且有选择限制时，运用赠送样品方式效果不佳。而当产品差异性或特点优于竞争品牌，并值得向消费者进行展示时，运用赠送样品方式效果较好，因为只要展示产品的利益，即可获得消费者的认可。

经验证明，在新产品上市进行广告宣传前4～6周举办免费样品促销活动，不仅可以有效地刺激消费者的兴趣，而且可以提高其尝试购买的意愿。但有一点必须注意，那就是要保证货源充足，渠道顺畅，以避免出现消费者正式使用产品时却寻找不到的情况，而这会挫伤购买者的积极性。

赠送样品按发送方式的不同可分为七种：

（1）直接邮寄。指将样品通过邮政部门邮寄，或利用快递公司、促销公司，直接送到潜在消费者手中。此方式除了邮寄费用高以外，有时会受到一定的限制。尽管如此，直接邮寄仍是样品发送的较好方式。调查表明，直接邮寄的效果是优惠券的3～4倍，尝试购买率可达70%～80%。

（2）逐户分送。指将样品以专人方式送到消费者家中的促销方式。通常是通过运送公司或委托专业的样品促销和直销服务公司执行。一般是将样品放在门外、客户信箱内，或是交给应门的消费者。此种方式因直接面对消费者，无中间的转折，效果较好。

目前，这一方式在某些高级社区已严禁使用，而仅适用于都市地区或人口密度较高的地区。我国有些大城市的食品、日用品公司采用此方式，多是委托专门的直销公司或学生进行分送。

（3）定点分送及展示。指选择在零售店、购物中心、街头、转运站或其他人流汇集的公共场所，将样品直接交到消费者手中的促销方式。同时，向消费者宣传有关产品的销售信息，使消费者了解产品。此法搭配送优惠券或其他购买奖励，效果会更加明显。

（4）联合或选择分送。指由专业的营销服务公司来规划各种不同的分送样品方式，有效地送到各个选中的目标消费者手中。比如新娘、军人、学生、婴儿、母亲或其他一些特定的消费群体等，据其个别需求将具有相关性的非竞争商品集成一个样品袋送到他们手中。此法构思巧妙，样品袋组合精致，送得贴切自然，深受受赠者喜爱。另外，此法是针对特定对象分送组合样品，其最大的优点在于既迅速又直接地接触目标顾客，且各品牌分摊费用使成本无形中降低许多。

（5）媒体分送。部分消费品可经由大众媒体，特别是通过报纸、杂志将免费样品送给消费者。如果样品体积小，可附在或放入媒介里分送给各订户。此法最大的优点在于它能送到家庭和机构内部，同时能够传播产品信息。但是，此种方法制作成本较高，并不经济实用，尤其是分送样品的媒体在我国主要是集体订阅，对家庭引起的尝试购买率较低，所以不是一种理想的样品分送方式。

（6）凭优惠券兑换。消费者凭邮寄或媒体分送的优惠券到零售店兑换免费样品，或是将优惠券寄给厂商换取样品。这一促销方式效果往往不错，但是费用也比较高，因为厂商要支付零售点样品兑换处理费或支付样品邮寄费。

（7）入包装分送。即选择非竞争性商品来附送免费样品的方法。该样品通常被认为是此商品的赠品。许多实例说明，因该商品消费对象的购买及尝试意愿往往不能充分地展现，所以此法的运用效果往往偏低，但费用也较低。

6. 包装促销

包装促销最主要的目的就是希望凭借特殊的包装在零售店的货架上显出独特的一面，以吸引消费者。特别是当商品差异性不大时，更具有突出的效果。

通过在包装内、包装上、包装外或可利用的包装等进行促销，在激励消费者尝试购买方面特别见效。尤其是当消费者因赠品而买了本产品，经试用后深感满意时，他们自然会继续使用，从而成为这一商品的忠实顾客。尽管采用包装内、包装外或可利用包装等方式促销的目的相同，但它们还是情况各异，运用的产品类别也有差异。

（1）包装内赠送。是指将赠品放在产品包装内附送。此类赠品通常体积较小、价位较低，但目前也有将大规格、高价位的商品，如餐具、酒具等附在装电冰箱的箱体内赠送的情况。

（2）包装上赠送。是指将赠品附在产品上或产品包装上。包装上赠品种类较多，比如用胶带将赠品与商品捆在一起，或用透明成型包装，也有将优惠券、折价券等印在包装盒上或纸箱上的，供消费者剪下来使用。

（3）包装外赠送。当赠品体积较大，无法与产品包装在一起时，即可在购物的零售店内，将赠品摆放在产品附近，以便消费者购物时一并带走。

（4）可利用包装赠送。此促销方式的最大特点是，产品装在容器内，产品用完后，容器可作为储物罐继续使用。这类赠品在药品、保健品和饮料类产品中用得相对普遍。

▼ 营销透视

　　"再来一瓶"这一看似非常简单的促销方式，却在市场上和消费者中产生了强烈的反响。康师傅、统一等茶饮料大鳄都在进行"再来一瓶"活动。

　　其实，"再来一瓶"并不是康师傅、统一的原创。至于是谁开了这个先河已经无从考证了。从 20 世纪 90 年代中期开始，啤酒企业就在做开盖有奖活动。虽然啤酒企业开盖有奖进行得很早，但影响力远没有现在大。究其原因，一是啤酒行业的集中度不高，往往是以区域市场为主进行；二是从市场环境看，互联网的发展远没有今天发达，这种促销方式只是单方面进行，不能形成互动效应；三是啤酒行业的开盖有奖从形式看是消费者活动，但从实际效果看，却变成了终端的进货激励、人员促销的推动。在终端竞争白热化阶段，通过开盖有奖可以推动终端进货的积极性和酒店、餐馆服务员推荐的积极性。开盖有奖，一个瓶盖中奖的金额从 5 角到几元不等，大奖很少。啤酒和茶饮料的消费方式和消费心理往往存在很大区别。大家都知道，一帮朋友聚在一起喝啤酒，一般不会只喝一瓶，反正都要喝，大家通常会点有奖的来喝，试试运气，这是最普遍的心理；而喝茶饮料就不同了，一般很少有人会连喝几瓶，对于中不中奖，关注度不会很高。这就是为什么多年以前，软饮料很难通过开盖有奖取得良好效果的主要原因。

　　随着茶饮料行业品牌集中度的不断提高，实际情况发生了很大变化。康师傅、统一、可口可乐等饮料行业巨头通过改良"开盖有奖"的方式，不以现金进行奖励，而是采用奖励同类产品的方式，取得了较好的市场反应。康师傅"再来一瓶"的最终用意，绝不仅仅是用促销的方式赢得消费者和市场。因为统一、可口可乐也在做这样的促销。但为什么康师傅做得风生水起呢？如果仅仅从营销战术上看，这种方法无疑是"不可取"的，企业要生存最根本的是要盈利，按照康师傅公布的茶饮料中奖率 20％来算，其产品相当于打 8 折，能挣到钱吗？这是一个疑问。但在自相矛盾背后，我们要明白两个事实：其一，兑奖率有多高？其二，这是康师傅打击、抑制竞争对手和打击二三线品牌的撒手锏。据业内资深人士介绍，一般的"开盖有奖""再来一瓶"兑奖率在 50％以下，甚至某些品牌的有奖活动兑奖率在 10％以下。

　　资料来源："再来一瓶"风行的营销原理探析．（2011 - 03 - 14）．www.360doc.com/content/11/0314/22/78810_10117963.shtml.

9.2　店头推广活动策划

企业实施店头推广的原因在于：消费者的消费意识日益成熟和市场过度饱和；市场占有率竞争日趋白热化；商品销售的灵活性不断增加，经营模式、风格（格调）、人员等方面要求提高，销售成本的提高和竞争者增多；大众传媒的广告效果有所减退；消费者购买随意性加大。

店头推广活动策划的含义

"店头"一词的中文含义是指商店的"铺面""门面""门市"。店头推广也称为店头营销（in-store marketing），是来自西方的一个概念，指的是在店铺内外部实施的，针对光临或路过的流动顾客所做的促销手法，是零售终端经过长时间的实践发展出的现场专业知识。店头营销除了反映商品、企业、商店促销之外，也是终端在营销力与服务力上的综合表现。

一般而言，店头推广活动有店头展示、店头广告和传播、陈列窗展示、店头文化氛围营造和零售会员体系的运营几大类。

店头推广活动策划的要点

1. 营造销售气氛

运用卖场配置、陈列道具、让商品有系列地陈放，可以让人一目了然。不同的商品，利用不同的设计与消费者的感官产生互动，以达到带动消费的目的，创造有利于感官促销的环境。

2. 持续广告宣传

广告攻势需要有持续性，不断地提醒消费者，才能产生累积性的刺激，直至有影响和产生吸引力。很多企业在销售量下降时才想到做一两期广告，而这种单向性传播广告很难引起关注，更易被信息淹没。

3. 活用店头广告

店头广告是唯一可诱使消费者主动参与、全面刺激人类感官的交互式媒体。它是消费者在购买前的最后一个信息来源，对消费决策具有临门一脚的促成作用。

4. 融入店头文化氛围

留住消费者不仅要靠商品，更要靠文化氛围来让消费者流连忘返。策划店头推广活动时最怕无特色，只有具备了"精神"，销售才会"活"。"品牌的一半是文化"，打好文化牌，做好品牌，才会有好的效果。

◆ 店头推广活动策划的方法

1. 店头展示推广

一般来讲，消费者购买小商品的随机性很强，易冲动，店头展示和宣传，往往对消费者有极大的诱惑力。店头展示推广的方法称为五觉法。

（1）视觉（seeing）。1）展示设计。店头的展示设计是企业品位的传达。卖场展示中心最重要的就是把企业与产品的愿景，以实际行动与陈设来与人沟通。例如，宝马汽车的展示中心设计，就给人高科技、高雅的感觉；捷豹汽车则以古典、尊贵、豪华的享受呈现给参观者。2）商品陈列。商品陈列的方式也有其一定的模式，不是随兴之举。例如，汽车多半以展示点的整体风格为主，以精确的视觉感官摆放吸引人。3）人员要求。视觉传达包括工作人员的着装与气质、神采状态、喜怒哀乐等。卖场的工作人员是企业的表征，是与消费者接触的一线人员，比上司或老板更重要。

（2）听觉（hearing）。1）音乐辅助。音乐对产品的促销亦颇多助益，成为店头推广又一简单易行的手法。调查结果显示，在超市播放柔和舒缓的音乐，可使销售额增加40%。所以展示厅陈列销售的商品，需要配以合宜的音乐。2）销售人员的谈吐。销售人员的谈吐显示了其受教育与人格修养水平。除了专业知识的充实之外，态度与修养是消费者更在乎的。

（3）嗅觉（smell）。干净清新的卖场氛围是基本条件之一，温度过高或过低都不适宜。必须保持适度的通风，使空气新鲜。但卖场味道也表达一种格调的高或低。应避免浓烈的香味，同时也忌讳燃香所散发的味道。

（4）味觉（taste）。卖场人员不但基本动作要符合礼节，待客之道也不可轻视。卖场可以预备茶水，提供配套的温馨服务，这也是某些卖场经营的方法之一。

（5）触觉（touch）。展厅不仅要带给消费者非常好的触觉感受，而且务必保持商品和环境的洁净有序。

店头展示的五觉法是基于尊重人的销售哲学。店头展示的策划与实施，目的是让销售人员热爱工作，给消费者好的体验，吸引消费者的参观和消费，让消费者口耳相传。

2. 店面广告推广

店面广告不仅是传达信息的工具，还要担负诱导购买的重任；通过挖掘潜在消费能力，吸纳边缘消费能力，最大限度地实现店面广告的目的。因此，策划店头推广活动时要充分利用店面广告的效应，营造销售点现场的消费气氛，将消费可能变为现实的消费行为。

（1）利用电视、报纸等媒体。电视、报纸这类媒体传播的信息能被消费者长期记忆，而店面广告则在短期记忆上引起消费者的注意，刺激其购买欲。所以，可以利用电视、报纸等媒体，将企业印象及商品特点深深植入消费者的长期记忆中，而将店头推广作为打开长期记忆之门的钥匙。

（2）巧用柜台、包装等特殊广告媒介。展柜可以针对消费者和产品的不同特点进行特殊设计，配合店头推广，以吸引消费者。同时，商品包装本身的陈列与展示也能起到很好的店头传播作用。日用品类一般都需反复性购买，可以将商品的包装设计成诱发下次购买的媒介，如在外包装上加以有价格、对话式的广告贴纸等。一些品牌曾经在饼干、糖果、饮料、洗涤剂等日用品营销上使用此法，收效显著。

（3）创新店头传播方法。传统的店头传播方法很多，像销售点广告陈列、店内海报、折价券、人员推荐展示、发放广告印刷品、说明书、样品以及产品图片等。在此基础上，可以再进行创新。

1）进行海报的持续宣传。传统的媒体费用比海报高，因而选择夹报、张贴海报，是中小企业最务实的一种做法。例如在现场发放海报给行人，在海报上印上一些有关自己产品的知识，可以让消费者快速记住企业或产品名称，有意识地在货架中去寻找商品。

2）采用新商品打前锋。商品更新外包装或扩充产品的使用范围和方法后在店头更易吸引消费者。消费者在认同新产品的同时，也会对主品牌产生好感。

3）抢个好位置突出品牌。企业要根据自身产品的特点，选择合适的展示位置，以便在成堆的商品中跳跃而出，使消费者"眼动"而后"心动"，直至产生购买行动。

（4）店面广告推广的操作要点。1）保持简洁、干净。店面广告能传达出一个简单的主题即可，太多反而会使消费者产生混乱感。广告必须力求简单，尽量一致性地传达一个主题意念。2）画面有趣，与产品具有关联性。可以与消费者达成更多的精神价值层面的沟通，给人以深刻印象。3）广告要具有煽动性，能牢牢抓住消费者的视线，把店面广告作为一种购物指导，可以节省消费时间，尽快达到销售目的。4）广告制作要有吸引力。底色或配色追求明快，不同寻常，有很强的对比度，很容易吸引人；广告标题要放大，做到一目了然、新奇、吸引力强；以产品为广告的主角，尽可能放大产品图像；投射一个视觉冲击力强的图像，视觉有冲击力，消费者才会有记忆，店面广告更需要如此。

9.3 展会推广活动策划

展会是一种综合运用各种媒介、手段，推广产品、宣传企业形象和建立良好公关的活动。所以，展会推广是通过举办（或参加）展览会、展销会进行企业宣传和营销推广的方式。

▶ 展会推广活动策划概述

1. 展会的类型

展会有不同的类型。按展览目的可分为形象展和商业展；按行业设置可分为行业展与综合展；按观众构成可分为公众展与专业展；按贸易方式可分为零售展与订货展；按展出者划分，又有综合展、贸易展、消费展；等等。在发达国家，不同性质的展会界限分明。但是在发展中国家，受经济环境和展览业水平的限制，往往难有准确的划分。企业应结合自身需要，谨慎选择。

2. 展会推广的作用

（1）开辟新市场。参加展会是企业最重要的营销方式之一，也是企业开辟新市场的首选方式。在同一时间、同一地点使某一行业中最重要的生产厂家和购买者集中到一起，这种机会在其他场合是找不到的。通过参加展会，人们可以迅速全面地了解市场行情。

（2）宣传推广新产品或品牌。办展或参展是一种宣传，要充分利用展会短暂而宝贵的时间集中造势。许多企业正是借助展会这个渠道，向国内外客户试销新产品、推出新品牌；同时通过与世界各地买家的接触，了解谁是真正的客户，行业的发展趋势如何，最终达到推销产品、占领市场的目的。

▶ 展会推广活动策划要点

1. 策划展会推广活动的要点

良好的展会推广策划与实施，将使企业获得更好的品牌推广和营业推广的效果。应该怎样策划和组织好一个展会推广活动呢？

（1）活动主题。最好采用直白的表达方式，如：火炬计划 500 万到宁波，展会期间优惠高达 30%（宁波家博会，欧派橱柜活动主题）；冠军联盟联合惠演直降 20%，联盟折上折再降 5%（福州家博会，冠军联盟展会主题）。当然，这种直白的表达方式对品牌也存在一定的损害，可以通过软文（阐述优惠的理由）或现场说明进行规避或转化，化弊为利。

（2）活动力度。策划展会推广活动时，所定目标比平时零售高 10%～20% 较适宜。活动对象应以中低端消费者为主；内容设计要兼顾团购客户、交预约金客户、交全款客户、特价客户，当然，在此之前必须制定针对前期已购买客户的解决方案，避免出现不必要的麻烦。

（3）活动宣传。通常分为前期宣传与现场宣传两个阶段。展会推广以现场宣传为重点，辅以前期宣传。现场宣传费用相对较低，效果明显，如入口处网架广告牌、门票广告、临促等的大量运用能创造更多销售机会。前期宣传是指对即将开展的活动进行宣传，吸引消费者参与互动，并通过主流媒体（网络与报纸）对展会活动进行正面报道，提高品牌的知名度。

2. 参加展会推广活动的要点

（1）展会的评估和选择。一个错误的参展选择，对企业是一个巨大的浪费。在参展前，要对展会的情况进行较为全面的评估，以获得良好的效果。一般来说，可以从以下方面对展会进行评估和选择。

1）了解展会特性。展会是一项极为复杂的系统工程，受制因素很多。从制定计划、市场调研、展位选择、展品征集、报关运输、客户邀请、展场布置、广告宣传、组织成交直至展品回运，形成了一个互相影响、互相制约的有机整体，任何一个环节的失误，都会直接影响展览活动的效果。如果对展会的这些特性了解不够，即使展出者花费了大量的人力、物力，也未必能达到预期的效果。

2）了解展会知名度和影响力。展会的知名度越高，展会品牌的影响力越强，吸引的参展商和买家就越多，成交的可能性也越大。如果参加的是一个新的展会，则要看主办者是谁，在行业中的号召力如何。名气大的展会往往收费较高，为节省费用，可合租展位，即使如此，效果也会好于那些不知名的小展会。

3）了解展会的地点。参加展会的最终目的是向该地区推销产品，所以一定要研究展会的主办地及周边辐射地区是否为自己的目标市场，是否有潜在购买力。必要时可先进行一番市场调查。

4）展会的管理、配套服务。一个好的展会，在展会的管理、服务上都具有很高的专业性。营销策划人员应与展会的组织机构进行联系沟通，了解参展说明书或参展手册。

5）参展的方式以及费用情况。这涉及参加展会的直接成本投入。不同的展会由于定位、规模以及地点的选择不同而有不同的价格。了解参展的费用情况，有利于对参展的投入产出进行量化的预测分析。

（2）明确参展目标。企业的参展目标通常包括：树立、维护企业形象；开发市场和寻找新客户；介绍新产品或服务；物色代理商、批发商或合资伙伴；销售成交；研究当地市场、开发新产品等。德国展览协会根据市场营销理论将参展目标归纳为基本目标、产品目标、价格目标、宣传目标和销售目标五类。企业可能会同时抱有几种目的，但在参展前务必确定主要目标，以便有针对性地制定具体方案，区分工作重点。

（3）确定参展时间。对于普通产品而言，在新生和发育阶段，参加展会有事半功倍的效果；在成熟和饱和阶段，参加展会可能事倍功半；到了衰退阶段，参加展会往往会劳而无功。

（4）做好准备工作。

1）展品选择。展品是展出者给参观者留下印象的最重要因素。选择展品有三条原则，即针对性、代表性和独特性。针对性是指展品要符合展出的目的、方针、性质和内容；代表性是指展品要能体现展出者的技术水平、生产能力及行业特点；独特性指展品要有独到之处，和其他同类产品区分开来。

2）展示方式。大部分情况下展品本身并不能说明全部情况、显示全部特征，需要适应图表、资料、照片、模型、道具、模特或讲解员等真人实物，借助装饰、布景、照明、视听设备等手段，加以说明、强调和渲染。如果展品是机械或仪器，要考虑安排现场示范，甚至让参观者亲自动手；如果是食品或饮料，要考虑让参观者现场品尝，并准备小包装免费派发；如果是服装或背包，要使用模特展示，或安排专场表演。这些都是为了引起参观者的兴趣，增加他们的购买欲望。

3）展台设计。展台设计的表面任务是要好看，根本任务是要帮助展出者达到展览目的。展台要能反映出展出者的形象，吸引参观者的注意力，提供工作的功能环境。因此，展台设计在注重视觉冲击力的同时，还要注意以下几点：展览会不是设计大赛，展台设计要与整体的贸易气氛相协调；展台设计是为了衬托展品，不可喧宾夺主，让绿叶淹没了红花；展台设计要考虑参展者的公众形象，不可过于标新立异；展台设计不要忽略展示、会谈、咨询、休息等展台的基本功能。

4）人员配备。人是展览工作的第一要素，也是展览成功与否的关键所在。展台的人员配备可以从四个方面加以考虑：第一，根据展览性质选派合适类型或相关部门的人员；第二，根据工作量的大小决定人员数量；第三，注重人员的基本素质，如相貌、声音、性格、自觉性、能动性等；第四，加强现场培训，如专业知识、产品性能、演示方法等。

5）客户邀请。可采取直接发函、登门拜访、通过媒体做广告、现场宣传、派发资料等手段，邀请和吸引客户。

企业如果能按照以上步骤充分、细致地予以实施，必定会收到事半功倍的效果。

9.4　节假日推广活动策划

节假日推广指在节假日期间进行的产品、品牌的推介活动，旨在提高产品的销售力，提升品牌形象。它是整个营销规划的一部分，而不是短期的售卖活动，对于节假日消费类产品来说，节假日推广的意义更大。

▶ 节假日推广概述

节假日推广是非常时期的营销活动，是有别于常规性营销的特殊活动，它往往呈现出集中性、突发性、反常性和规模性的特点。

节假日消费心理的特点，决定了不同于平常的节假日售卖形式，带来了与消费者亲密接触的绝佳良机。大卖场是顾客选购产品的终端，节假日是消费者终端购物的好时机，也是企业开展推广活动的好时机。企业通过在大卖场开展节假日推广活动，营造合适的促销氛围，会使消费者扩大购买欲望，促进产品购买，实现企业的销售目标。

▶ 节假日推广活动的策划要点

1. 找准定位

主要表现在主题鲜明，明确是注重品牌形象宣传还是现场售卖，不要陷入甩卖风、折价风的促销误区。另外也需要了解竞争对手的动态，特别是在几个大的节假日竞争对手最新的促销意图，比如新品状况、折扣情况、赠品派发、新产品引进等。

2. 确定策略

（1）出位创意，烘托节假日氛围。节假日是动感的日子、欢乐的日子，策划人员应捕捉人们的节假日消费心理，寓动于乐，寓销于乐，制造热点；针对不同的节假日，塑造不同的鲜明活动主题，把顾客吸引到自己的柜台前，营造现场气氛，实现节假日销售目的。

（2）借助文化，传达品牌内涵。一是假借节假日的文化氛围，赋予针对性的文化诉求；二是充分挖掘和利用节假日的文化内涵，并与自身经营理念和企业文化结合起来，在给消费者艺术享受的同时，也能带来良好的市场效益，树立良好的企业形象。

（3）互动参与，增强品牌亲和力。生活水平的提高使消费者的需求从大众消费逐渐向个性消费转变，定制营销和个性服务成为新的需求热点，商家要把握好这一趋势。

3. 分析对象，明确目标

策划针对消费者的节假日推广活动时，要分析消费者对产品的倾向程度、节假日消费行为、对促销办法的接受程度、对相似产品的市场态度等。节假日营销活动必须有量化的指标，才能达到控制的目的。

4. 确定时间安排和规划预算

节假日推广活动的时间宜早不宜迟，尤其是特色活动，最好比对手早三四天，以免被对手抢先。同时，要做好规划和预算。策划和时机再好，如没有完整准确的规划预算，届时产品不充足，促销品不到位，也会影响整体活动的效果。

5. 准备方案的实施

首先，需要进行周密的人员安排，工作人员要有较强的执行能力，能发挥团队作战优势，齐心协力；其次，所有的活动安排和物料准备要紧扣活动主题，总负责人要清楚活动的每个环节，了解各块的进度，及时发现和解决活动现场出现的新问题；最后，要对参与活动的人员进行详尽的培训，深入传达活动目的和主旨，充分调动每位员工的积极性和责任感。

6. 严格控制促销成本

要理性预测和控制投入产出比，切不可盲目跟风；同时，尽量不要和强势厂家正面对抗，"因己制宜"才能取得好的效果。

7. 营造现场氛围

一是现场氛围，以主题广告营造节假日商机，从色彩、标题到方案、活动等均突出节假日氛围，包括海报、销售点广告张贴、装饰物品的布置、恰到好处的播音与音乐等，这些会在很大程度上刺激消费者的购买欲望；二是员工心情，组织调动员工的积极心态，最有效的方法是制定一个恰当的任务与销售目标，活动结束后按照达成率情况进行奖赏。

8. 评估总结

评估总结是为了以后规避风险，获取更大的成功。每次节假日推广活动结束后，对销量情况、执行有效性、消费者评价比、同业反应概况等都需进行评估总结，以提升节假日推广的品质和效果。通过分析每次活动的优点和不足，总结成功之处，借鉴不足和教训。

▶ 策划节假日推广活动的策略

1. 找到促销与节假日的结合点

策划节假日推广活动时要找到促销与节假日的结合点，围绕提高销量、提升品牌形象和宣传推广的模板，营造具有感染性的销售现场气氛。在迎合节假日文化氛围的同时，还应考虑消费者希望经济实惠的消费心理，设计的活动切不可只注重出彩，更应该考虑实实在在。

2. 整合资源进行宣传

节假日期间是促销的最好时间，企业必须把握住，争取在最短的时间内收到最大的效果。整合促销就是企业整合内部最优资源，进行全方位的宣传和双向的沟通。企业在节假日内可以采用软硬广告，空中、地上广告等组合方式实现信息的垂直落地和传播。这种策略尤其适合企业新品上市或者开发新的目标市场以及品牌营销等阶段。

3. 精心策划节假日推广活动的内容

（1）时间的选择（when）。1）节假日的类型。一年的节令可分成四类。一是法定节假日类：元旦、春节、妇女节、清明节、劳动节、端午节、儿童节、建军节、中秋节、国庆节等；二是非法定节假日类：情人节、母亲节、重阳节、元宵节、圣诞节等；三是民俗时令类：立春、冬至、立冬、腊八等；四是商家自定节假日类：店庆日、服装节、风筝节、美食节等。2）时间的选择。节假日的时间比较短，在节假日期间竞争又很激烈，因此可以适当把节假日促销分为节前、节中和节后三个阶段，适当延长节假日推广活动的时间。按国外惯常做法，节日促销日期以两周为宜，节前 4 天为推动期，节中 7 天为重点期，节后 3 天为修补期，每期持续时间以平均购买周期的长度为宜。

（2）地点的选择（where）。如果活动选在人气旺的大商场门口，借商场旺盛的人流，加上因看到宣传前来参加活动的目标消费者，活动成功的可能性将成倍提高。

（3）对象的选择（who）。分清主次，正确选择营业推广的目标对象是开展节日营销的首要考虑因素。既可对消费者、社会团体进行营业推广，对中间商、零售商进行营业推广，亦可对推销人员乃至同行制造商、供应商进行营业推广。

（4）内容的确定（what）。首先，节日营销活动必须有量化的指标，才能达到控制的目的。量化的指标通常有销售额、市场占有率、毛利率、对比日期、增长率、重复购买率、促销广告的到达率等。

其次，选择合适的营销沟通工具。包括广告、营业推广、宣传人员推销等，利用这些沟通工具在节日期间加强或重塑其在市场上的全新形象，设计并传播外观特征、购买条件优惠和产品属性特色等内容，给目标消费者带来的利益诱惑等方面的信息，以及根据不同消费者的文化背景、收入、所处地域文化，进行沟通与促销活动，并借助这些工具或活动把这些信息在特殊时期（节日）、特殊地点充分披露展示，以形成超常的规模消费。

（5）方法的使用（how）。1）限量销售，引发争相抢购。根据消费者节假日期间的消费心理，限量销售是一种提高销量的有效办法。限量销售就是只让一部分消费者得到实惠，常能形成争相抢购的销售局面。2）限时购买，创造高潮。将节假日促销活动分出层次，限时购买是把促销活动推向高潮的有力之举。由于时间所限，促使许多犹豫不决的人下决心购买。当然欲造成销售形势的火爆，必须和其他优惠措施相结合才能更加有效。3）赠送牵制，销量倍增。利用节假日吸引消费者，活动方只提供赠品或部分赠品和优惠服务，消费者要想得到完整的馈赠或服务必须继续消费，直到满足活动设定条件。4）广告前置，提前行动。在节假日之前就宣传某种产品，诉求产品的功能性价值，吸引消费者的注意力，给产品一种神秘感，营造一种"犹抱琵琶半遮面"的感觉。

▼ 营销透视

　　全球每天有上亿人在优酷观看视频，也有上亿人畅饮可口可乐。2015 年夏天，两个跨行业的第一品牌达成战略合作，联合推出 49 款共计 10 亿瓶量级的可口可乐"台词瓶"。

　　据悉，本次合作涉及可口可乐及可口可乐零度两类产品各 3 种包装，共计 10 亿瓶，在全国市场发售。"下辈子还做兄弟""如果爱，请深爱""臣妾做不到啊""给你 32 个赞"等耳熟能详的台词均出现了在可口可乐瓶身上。网友还可以个性定制独一无二的专属台词瓶，在"我们结婚吧""如果爱，请深爱"等经典台词的前面加上恋人和朋友的名字，让优酷和可口可乐替你表白。

　　可口可乐近年来推出多种不同创意的瓶身，从"昵称瓶"到"歌词瓶"，再到"台词瓶"，可口可乐在收获口碑的同时，销量也随之增长。以 2014 年 6 月为例，"歌词瓶"带来可口可乐整个汽水饮料销量的增长高达 10%。

　　优酷与可口可乐共同打造"台词瓶"，线上线下联动，跨界整合营销，进一步放大了自身品牌形象。这是可口可乐第一次亲密接触"网生内容"，"互联网＋"时代，传统品牌借助与优酷的合作打通了新的营销渠道。

　　资料来源：优酷与可口可乐共推"台词瓶". (2015 - 05 - 27). www. maad. com/cn/index. php? anu=news/detail&ad=5061.

▶▶ 重点名词

营业推广　　　　店头推广　　　　展会推广　　　　节假日推广

▶▶ 思考题

　　1. 何谓营业推广？营业推广有哪些形式？

　　2. 营业推广的手段主要有哪些？

　　3. 营业推广方案的主要内容是什么？如何对营业推广效果进行评估？

　　4. 试述营业推广方案的实施过程。

　　5. 企业开展营业推广活动必须注意哪些问题？

　　6. 店头推广活动的策划要点是什么？如何进行店面广告推广？

　　7. 如何进行展会推广活动的策划？

　　8. 如何策划节假日推广活动？

▶▶ 案例分析 ●

玉兰油 "惊喜你自己" 促销策划

缜密的前期准备

本次促销活动是在未设玉兰油专柜的商场、超市进行的店内促销，目的是向消费者传递玉兰油换新包装的信息，让玉兰油时尚、专业的形象深入人心，并通过促销中的买赠活动吸引更多的消费者购买。

宝洁公司每年花 3 亿多美元的资金用于广告，但平摊到每瓶洗发水的广告费却只有 0.8 美分，因为宝洁公司懂得如何让每一分广告费都发挥最大的效用。在促销时间的选择上，宝洁同样坚持了这一原则。本次活动的时间选在 2001 年 9 月 21 日至 2002 年 1 月 27 日的周末。为了最大限度地利用资源并达到最好的推广效果，根据商场、超市周末、下午和晚上人流量较大的特点，公司选择了商场、超市内人流量最大的时间段——周五（18：00～20：00）、周六（11：30～20：30）和周日（11：30～20：30）。

玉兰油属于中高档化妆品，消费对象为 18～50 岁的职业女性，销售区域主要是城市，若只选一些城镇或较小的城市，促进销售和扩大宣传的效果会大打折扣，本次活动就选择在华东、华南、西南一些经济较发达的城市进行。

本次活动的目的是在增加销售的同时提高产品的知名度和传递玉兰油换新包装的信息，在设有专柜的商场、超市，促销小姐会进行宣传，而在未设专柜的商场、超市，消费者就不一定知道这一信息，所以本次活动选择在没有玉兰油专柜的商场、超市进行。

明确的组织及职责分工，是促销活动稳定有序进行的前提。"惊喜你自己"玉兰油非专柜促销活动有着精简的组织构架与明确的职责分工。例如，活动中城市督导的职责是：负责与商场、超市的沟通；对属下工作人员进行培训与工作评估；在工作中给促销小姐正确的指导；将销售数据和问题及时反馈给公司；监控并收集好赠品发放的数据、证明。

完善的活动方式

1. POP 海报的广泛宣传

POP 的设计，应尽量简洁、醒目、生动，让顾客在三秒钟内对活动的时间、内容一目了然，对活动产生兴趣，并有深入了解的愿望。商场、超市入口处或促销台旁为张贴 POP 的最佳位置。

本次活动的 POP 采用生动活泼的字体和简洁的语言——"新包装，新上市，买玉兰油满 98 元，送 68 元伊泰莲娜项链"。通过张贴在商场、超市入口处与促销专用台旁的 POP 和商场、超市的广播，有效地向消费者传递玉兰油的促销消息，形成一种良好的购买氛围。

2. 促销专用台的完美形象

国内一些企业的促销专用台有时就是简单的一张桌子、一块桌布，而玉兰油的促销专用台则用玻璃制成，其设计就像高档化妆品店的化妆品陈列柜。比如，根据玉兰油产品的种类，专用台分成四层，每一层放不同系列的产品（如第一层是洁面产品，第二层是润肤产品）。专用台的颜色与产品包装的颜色融为一体，既方便导购，也提高了专用台的形象，体现出产品的高档、时尚形象和宝洁公司"世界一流产品，美化您的生活"的形象。

3. 宣传手册的有效分发

很多公司都会发放制作精美的宣传手册向消费者宣传促销活动和产品。但在执行中往往是不管产品的目标消费群，不论男女老幼，路过者人手一份，声势是大了，可拿了宣传手册的人往往随手就扔，不仅没有起到宣传的作用，还浪费公司的资源。

在本次活动中，宝洁只对路过促销台或对活动有兴趣的顾客发放宣传手册，而且在宣传手册到达顾客手中之前，促销人员必须对活动进行简短的介绍。这就保证了目标受众能接受活动的信息，扩大了活动的影响。

4. 促销人员的热情服务

促销人员的热情服务是促销活动取得预期效果的关键，是维护玉兰油品牌和宝洁形象的核心。本次活动的促销人员，不仅注重外表形象，而且服务热情到位，对于每一位顾客都以微笑相迎，在导购过程中首先对顾客的皮肤进行分析，然后根据不同的肤质，给予正确的购买建议。对于介绍完后没有购买的顾客，她们同样会热情地说："谢谢您的光临。"

资料来源：玉兰油"惊喜你自己"促销策划纪实．（2006-09-02）．news. ppzw. com/article_show_70995_1.html.

问题

请结合案例分析宝洁公司营业推广策划活动成功的原因主要有哪些。

▶▶ **实训练习**

荣耀2016情人节约"惠"最全攻略，让爱零距离！

全球互联网手机品牌荣耀，在浪漫的情人节，继续"勇敢做自己""爱耀零距离"，联合华为商城、京东荣耀官方旗舰店、天猫华为官方旗舰店、苏宁易购华为荣耀官方旗舰店四大平台，2月14—16日3天9场开放购，为你加足马力、备足优惠，给你多重浪漫。荣耀同时也在北京线下门店开展"爱耀零距离"主题活动，提升情人节促销的关注度和参与度，开展线上线下联动。

请结合店头推广活动的知识，为荣耀在北京线下门店设计一个店头推广活动策划方案。

第 3 篇

营销专题策划篇

第 **10** 章

口碑营销活动策划

📎 学习目标

- 掌握口碑营销的策略；
- 理解口碑营销推广的技巧。

📎 引　例

海底捞火锅——每日微信预订 100 万单

海底捞生意太火爆了。作为国内最具口碑的餐饮连锁服务机构，海底捞是较早试水 O2O 营销的餐饮连锁服务企业之一，并且凭借在微博、点评网站等互联网平台的口碑，迅速聚集了大量忠实粉丝。加强客户关系管理一直是海底捞的追求，特别是移动互联网时代，新技术手段层出不穷，对经营者而言如何选择更好的管理方式是他们需要思考的问题。首先是创意活动吸引，关注海底捞火锅的微信，就会收到一条关于发送图片可以在海底捞门店等位区现场免费制作打印美图照片的消息，是不是瞬间就有吸引力？其次是自助服务全，通过微信可实现预订座位、送餐上门甚至可以去商城选购底料，你想点外卖只需简单输入送货信息，就可坐等美食送到。当然，菜品图片也要让人看着有食欲。最后是线下优质的服务配合，同时享受"微信价"，更加具有吸引力。

资料来源：微信营销成功案例剖析．（2014 - 05 - 04）．www. 100ec. cn/home/detail - - 6170235. html.

启示：任何企业、产品及服务只有与时俱进，才能获得长久的生存及发展。海底捞周到、人性化的服务让广大消费者赞不绝口。它从线下到线上的完美拓展，既为原有顾客群体带来了便利，维系了与顾客之间的关系，提高了消费者忠诚度，同时，利用方便、快捷、覆盖率较大的网络宣传手段，其品牌也被更多的人了解。

口碑源于传播学，由于被市场营销广泛应用而产生口碑营销，即企业通过非生产人员（如消费者、经销商等）在消费或接触这些产品时所获得的实际利益超过他们的预期，经由他们向别人介绍这些产品而促进产品销量增加的一种营销活动方式。凡是以口碑传播为途径的营销方式，都可称为口碑营销。

10.1 口碑营销策划要点

企业在开展口碑营销策划时要注意以下几个要点：

➲ 区分顾客类型，锁定口碑传播对象

在市场营销领域，大家普遍接受的一个观点就是进行目标市场营销而不是大规模营销，也就是企业要针对不同的目标对象群体采用不同的营销策略。企业可以针对所有的顾客开展口碑营销活动，但要提高口碑营销效率就需要区分顾客类型，针对不同的消费者开展不同内容和形式的口碑营销活动。

根据消费者同企业的交易关系，可以把消费者划分为潜在消费者（没有与企业发生交易的消费者）和老顾客（已经跟企业发生交易的顾客）。企业的口碑营销对象可以是潜在消费者，此时的目的是获取更多的顾客；也可以是老顾客，此时的目的是提高老顾客的满意度，获取更多的顾客价值。按照对企业贡献的不同又可以将老顾客划分成不同的类型，针对不同类型的老顾客，企业应设计不同的口碑营销策略。

针对老顾客开展口碑营销活动会节约企业的营销成本，产生更好的效果。要注意，老顾客的类型不同，采取口碑营销活动的内容和形式也不同，口碑营销的重点也不同。

对企业来说，针对潜在消费者开展口碑营销活动，通过口碑营销获取更多的购买者并不是最有效、最节约营销成本的营销方式。对企业来说，潜在消费者的数量比较多，最重要的是无法识别，因此很难界定口碑营销的对象，只能奉行广撒网捞大鱼的观点。在一定程度上，针对潜在消费者所投入的口碑营销资源是比较浪费的，因为大量口碑营销资源的投入并不一定带来有效的顾客获取。此外，潜在购买者的分布非常广泛，与这些广泛的消费者接触对企业来说并不容易，企业需要先投入大量资源来建立与潜在消费者的接触，然后才能开展口碑营销活动，并且企业很难集中口碑营销资源，开展有针对性的口碑营销活动。

如果企业将自己的口碑营销对象界定为已经购买过产品的老顾客，上面提到的

无法识别营销对象的问题就可以得到解决。因为老顾客很容易识别，企业可以很容易判断出哪些人是自己的口碑营销对象。老顾客已经跟企业产生了交易关系，企业已经拥有老顾客的一些信息和资料，与老顾客建立了接触点，因此企业可以比较容易地跟老顾客接触。针对老顾客开展口碑营销活动不需要投入更多的接触资源。如果将口碑营销对象界定为老顾客，可以节约企业口碑营销资源的投入，并可能取得更好的经济效益。因此，针对老顾客开展口碑营销活动会减少企业的营销资源投入，节约营销成本，并且可以增强口碑营销的效果。

对老顾客开展口碑营销活动的原因还在于现有消费者的购买行为特点。现今，消费者已经成为交易过程的主导者，消费者拥有更多的选择权，摆脱了企业在产品专用性方面设置的障碍。作为主导者的消费者购买行为也更加理性。同时，现有的消费者正在发生分化，不同的消费者为企业带来的贡献是不一样的，对企业的需求也是不一样的。

在这种情况下，企业有必要针对老顾客开展口碑营销活动。一方面，对处于交易主导地位的消费者来说，口碑更加可信，更能有效改变消费者的购买态度，促成更有效的购买行为；另一方面，针对分化的消费者来说，核心顾客会通过口碑信息获取来提高自己的满意度，从而为企业带来更多的价值。

▼ 营销透视

耐克应对刘翔摔倒退赛事件

中国运动员刘翔在伦敦奥运会 110 米栏的比赛中摔倒退赛。随后的半个小时内，耐克以中国人对刘翔失利的集体悲痛为契机，通过微博做出了快速回应。这则微博发出的 24 小时内，被转发 13 万次并收到 26 000 多条评论。耐克充满创造力的回应非常及时，也非常契合中国人民的感情，刘翔的赞助商包括耐克、可口可乐、安利纽崔莱、伊利、联想、青岛啤酒等。此次事件发生后，宝马、可口可乐、青岛啤酒等都在官方微博上传递了正能量，但其受众的关注度都不及耐克。这源于耐克有备而来，耐克今夏在全球推出一整套营销方案"活出你的伟大"（Find Your Greatness）。

"活出你的伟大"蕴含的品牌信息非常灵活，因为无论输赢，运动员都很"伟大"。这是一条简单而强大的品牌信息，目的只有一个——为了鼓励。这个品牌定位和所选择的代言人都能够引起消费者共鸣，并起到激励的作用，耐克借助刘翔奥运退赛事件成功提升了品牌形象和口碑。

资料来源：盘点 2012 年口碑营销成功案例．（2013 - 02 - 25）．https：//www.china2.com/manage/2013/0225/293477.shtml.

◆ 设计口碑内容，传播有效口碑信息

在明确了口碑营销对象之后，企业就需要针对这些对象来设计具体的口碑内容。在设计口碑内容时，需要注意：选择有吸引力的具体内容；采用有效的表达方式构造信息，这种有效性在于内容更可信，消费者更容易理解和接受。

1. 选择有吸引力的内容

企业的口碑需要传播哪些具体内容？与企业相关的哪些口碑内容对消费者来说是最需要的，在其满意度形成中最有效？口碑会对消费者满意度中的感知质量和感知价值产生影响，这种影响来源于口碑会让消费者改变对产品感知质量和感知价值的认识，因此提供与企业产品价值和质量有关的口碑内容会更容易影响消费者的购后满意度。

（1）从企业自身发掘口碑内容。从企业自身来讲，企业的技术研发能力、产品性能、产品的性价比等都可以作为口碑的内容，因为这些可以让消费者对感知质量有更多的认识。此外，服务的内容、质量、美誉度，促销中的诚信，促销方式的新颖程度，促销优惠的幅度等，都可以让消费者产生更高的价值感知，从而提高购买后的满意度。企业还可以从自己的经营管理上发掘和提炼口碑内容，如管理的诚信、科学性等都会让消费者感知更多的企业价值。此外，企业的细节也可以成为口碑的内容，影响消费者的不一定是产品的主体，有时会是一些不太引人注意的细节。

（2）利用品牌和故事塑造口碑内容。企业可以利用消费者的需求来塑造一些口碑内容，这些内容可以激发消费者传播的意愿。口碑营销的成功就在于消费者不停地谈论，从而使得产品受到人们的关注和热爱。企业可以采用调查、有奖征集、跟踪回访等方式收集各种故事，并通过一定的途径如企业自己创办的报纸、刊物等传播给消费者，创造各种谈资，一方面增进消费者之间的感情，另一方面使消费者对企业产生更高的满意度。

（3）利用关注热点来培养口碑。如果口碑中含有社会广泛关心的话题，就容易吸引消费者主动关注。比如在口碑中倾注感情因素，很大程度上可以影响口碑的传播范围。

（4）创造口头交流的焦点。让人广泛传播的信息有几个特征：禁忌、不寻常、新奇、趣味、引人注意、秘密。企业可以从这几个方面来创造口头交流的焦点，使自己的口碑更容易传播。

2. 设计口碑的表达方式

口碑不仅在于内容，还在于表达，表达方式不同，口碑的影响力也就不同。在表达口碑信息时，一定要注意以下几点：

　　（1）口碑信息在表达时要有逻辑性。口碑信息要有推理过程，让消费者更容易接受论点。在表达口碑信息时还要善于运用证据，让证据来征服消费者。有逻辑的口碑会让消费者觉得更加真实，具有更高的可信度。企业在表达口碑信息时一定要精心设计，观点要突出，论点要清楚，论据要充分合理。只有精心表达的口碑才能取得更好的效果。

　　此外，企业要注意口碑信息提供的顺序，信息呈现的先后顺序会影响口碑信息的作用效果，先表达的信息会起到先入为主的效果，产生首因效应；后表达的信息会起到记忆鲜明的作用，这就是近因效应。企业还要注意信息传递的方式，确定只传递一面信息（正面），还是同时传递两面信息（正反两面）；或者单方面地表明对自己有利的论点，还是既表明自己的观点和优越性，也指出与自己相反的论点存在的价值，并巧妙地让目标对象领会自己所要表达的含义。企业还要注意利用畏惧来提高口碑的效果，在设计口碑信息时，通过描述结果的危害性来展示消除结果的重要性，让消费者在畏惧的情境下接受口碑信息。

　　（2）口碑信息在表达时要详细。详细的口碑信息可以把要表达的观点清楚地表达出来，让接收者觉得信息更加可靠。企业在设计口碑信息时不要敷衍了事，要认真考虑口碑信息的每一个环节，给消费者传递更加准确、完整的信息。信息的详细程度表现在信息描述的多少和深浅上，如果只是泛泛而谈的信息，不会引起信息接收者的注意，很难产生说服作用。因此要对所表达的论点进行详细的描述，从更深的层次展现所要表达的论点。越详细的信息越能对论点进行充分的展示，越能影响信息接收者的态度。一项对网络口碑的研究表明，企业在网络上所提供的顾客评价栏目会影响消费者的购买态度，很多消费者在购买产品前都要阅读与该产品有关的顾客评价。而在所有的顾客评价中，描述比较详细的顾客评价被消费者认为比较可信，并且对最终的购买行为具有参照作用。

　　（3）口碑信息在表达时一定尽量接近消费者已有的观点和态度。口碑信息与消费者原有的观点和态度越一致越容易让消费者接受。因此企业的口碑信息不能言过其实、无中生有，也不能脱离实际，而应尽量与消费者已有的观点相接近。

　　（4）口碑信息在表达时要用正面、褒义的情绪来表达。同样的内容，如果用正面的、褒义的情绪来表达会让消费者更容易接受，如果用负面的、贬义的情绪来表达会激起消费者的抵触心理，让消费者很难接受。企业要注意信息的表达语气，尽量用正面的、褒义的语气来传播口碑，以激发消费者的正面情绪。

◉ 选择口碑渠道，提高口碑的到达率

　　设计好的口碑信息必须借助一定的渠道或者媒体传送给口碑营销对象，也就是已购买产品的消费者。传递口碑信息的渠道有两个：一是具有专家身份的人，他们具有更多的专业知识，信息接收者更容易相信其发送的信息；二是具有吸引力的一

般消费者，信息接收者会相信其传播的口碑信息，容易影响消费者的满意度。具有专家身份的人在口碑营销领域被看做意见领袖；具有吸引力的一般消费者在口碑营销领域被看做口碑大众。

1. 利用口碑大众传播口碑

口碑大众是指一般的消费者，他们作为社会成员会借助自己的人际关系传播口碑信息。企业可以激发任何人的口碑传播意愿，让其来传播口碑信息。针对已购消费者的口碑营销策略需要注意，所造就的口碑大众应该是与已购消费者有人际关系的那些人。通过让与已购消费者有关的口碑大众传播和企业有关的口碑，可以让已购消费者接收到相关信息。当然这些口碑大众最好是对已购消费者有吸引力的。

一般来说，对已购消费者具有吸引力并且与其存在人际关系的那些人主要是已购消费者的相关群体中的人。企业可以把已购消费者的相关群体作为口碑大众，让他们来帮助企业传播口碑信息，特别是让他们向已购消费者传播设计好的口碑信息。

相关群体是指具有特定的共同目标和共同归属感、存在互动关系的多个人的集合体。对已购消费者来说，比较重要的相关群体包括家庭、朋友等非正式群体和企业、学校等正式群体。家庭是一个非常重要的群体，家庭成员彼此有固定的关系，生活在一起，接触频繁，能经常进行面对面的交流。朋友也是不可忽视的相关群体，能够造成从众心理，带动群体内部成员趋同性消费习惯。正式群体是指有明确的目标和固定的组织形式的群体，如企业、学校等。正式群体有共同的目标和行为规范，会对群体中的个体造成无形的压力，这就是规范压力。规范压力常常导致从众行为，即个体与群体保持态度和行为的一致性。因此，企业应该识别出已购消费者的家庭、朋友和所处正式群体，把他们看做传播口碑的口碑大众，让他们向已购消费者传播口碑，通过他们与已购消费者之间的规范压力来增强口碑的说服力。

2. 利用意见领袖传播口碑

传播理论认为信息先传递给各个意见领袖，意见领袖再将信息传递给一般大众。意见领袖比非意见领袖更多地接触媒体，会了解到更多的信息。意见领袖具有专家身份，相对于信息接收者来说具有更多的专业知识，容易取得信息接收者的信任，因此，通过意见领袖传播的口碑信息效果会更理想。

（1）意见领袖的特点。要想利用意见领袖来传播口碑，就需要知道谁是意见领袖。一般来说，意见领袖具有交际广泛、较强号召力、较高威望、较高地位并且对有关事情有更多了解等特点。此外，意见领袖还与公众有着密切联系，社会经济地位高，收入水平高而且稳定，思想活跃，性格外向，勇于接受新生事物。

（2）赢得意见领袖的策略。在明确了谁是意见领袖后，企业还要采取一定的措施争取意见领袖的配合。首先，企业要通过产品给意见领袖留下好的印象。其次，选择意见领袖经常接触的媒体向其发布广告，以方便其获取信息。最后，针对意见领袖开展一些具体营销活动，收集意见领袖的个人资料，向他们邮寄直邮广告和有关宣传资料，尤其是新产品或新广告的信息要优先送达意见领袖，或者让其免费试用。企业还可以请意见领袖做顾问，通过上门访问、电话咨询、信函交流等方式，定期征求他们的意见和建议，并为其提供各种关怀服务。

3. 提高传播效率的其他措施

在利用口碑大众和意见领袖两条途径传播口碑时，为了提高传播的效果，企业还可以采用其他一些营销措施，来配合这两条途径的口碑传播。包括：奖励性口碑营销策略（为传播者提供各种奖励以提高口碑传播意愿）；关系性口碑营销策略（通过强化信息接收者和信息发送者之间的关系来提高口碑的影响力）；教育性口碑营销策略（通过提高信息发送者的专业性来提高口碑传播的效率）。

（1）通过免费使用等方式，提高口碑传播动机。让口碑传播者因传播口碑而获得更多的奖励。除了免费使用，还可以采用体验、优惠券、附加服务等方式来增强消费者口碑传播的动机。

（2）建立消费者交流机制，在消费者之间建立更多的关联。企业可以为消费者提供多种沟通交流的工具或者方式，增强消费者之间的交流，增强消费者之间的关联度。一方面可以让消费者有更多的口碑获取机会，另一方面可以增强消费者之间的情感，增强口碑的说服力。

（3）让消费者获得更多产品知识，教育消费者。企业应主动提供产品信息，引导消费者形成正确的产品知识观念。一方面可以增加消费者的专业知识，使其作出正确的购买决策；另一方面可以建立消费者对企业的信赖感，提升顾客忠诚度。

◎ 利用会员制，提高口碑营销效果

很多企业在开发和管理消费者时采用了会员制，这是企业为了留住消费者所使用的一种营销手段。企业登记消费者简单的个人信息，并按照一定的方式编号，以免费或者收取少量制卡费的方式为入会的消费者发放会员卡，凭卡再次消费的消费者可以享受打折、积分等活动。建立在会员制基础上的口碑营销活动可以取得事半功倍的效果。这种口碑营销活动是针对已购消费者开展的，因为会员是企业的老顾客，在会员制的基础上开展口碑营销活动可以提高老顾客的满意度，并促进老顾客的忠诚行为。

第一，在新产品推广时提供给会员试用。人具有分享的本能，很自然地会把好的东西介绍给自己的亲戚朋友，同样也会把不好的经历或体验告诉身边的朋友，甚至会主动地去传播，所以要借助会员的口碑力量。会员因为关注商家的经营活动会首先知道新产品的推广情况。当他们使用企业为他们提供的新产品试装之后就会对新产品有一定的了解或者是实际体验，就会把这些感受与亲友分享，并且分享不受时间、地点和人物的限制。会员可以在家庭聚会时告诉亲戚中的任何一个人，也可以在朋友小聚时告诉每一个朋友，甚至是告诉在化妆品店里偶遇的某位顾客。

第二，让会员享受更多的打折和积分服务。会员需要一种积极正面的购物体验，只有在购买过程中获得购物的喜悦，才可能形成正面的口碑并且愿意为企业传播。当会员在购买过程中发生不愉快的事情时，他们就会产生负面口碑并且告诉他们身边的人，对企业会产生不好的影响。因此，为了获得会员正面积极的口碑，企业往往要给予会员消费者一些小小的恩惠，比如为会员提供打折和积分优惠政策。

当会员在消费过程中享受到打折优惠和积分优惠时，特别是在享受打折优惠时，因为能够带来直接的经济效益，他们会从此次购买行为中获得一种精神满足。当会员带亲戚和朋友来消费时，亲戚和朋友也可以享受这样的优惠，这样就会为亲戚和朋友节省一部分金钱。能够给亲戚和朋友带来经济效益，会让会员产生自豪感，对生活也会有更美好的感受。

企业在为会员提供打折优惠的同时还可以提供积分服务，在积分累积达到一定标准之后会员可以享受其他一些优惠政策。这样做能够激发会员的购买欲望，在消费过程中因享受打折优惠让他们觉得节省了金钱，但是他们又希望自己的积分可以累积到更多从而能够享受到更多的优惠政策，当他们达到自己的购买极限时，会把目标转向他们身边的亲人和朋友，不断地传递正面口碑，从而引导其他人购买。

⊙ 化解负面口碑影响，提高顾客满意度

良好的口碑可以为企业带来很多利益，因此口碑营销是一种有效的营销活动，是企业突破现有促销手段瓶颈的主要创新点，企业在开展口碑营销活动时，不仅要重视正面口碑的塑造，还要意识到负面口碑的存在。2008年汶川大地震受到了所有中国人的关注，人们在关注灾区人民疾苦的同时，也在关注那些为灾区人民伸出支援之手的企业。一则王老吉捐助1亿元的消息让很多中国人振奋，看到了该企业的爱国心，王老吉的产品在一些地区一度脱销。口碑的力量是强大的，负面口碑的影响力更不可小视。

1. 建立情报机制，提高识别能力

口碑营销和传统营销的区别就在于受众的不可控制性。而不可控也就意味着风险。没有一个敏感的预警机制，企业就不能及时发现负面口碑，就不能在早期采取有效对策，从而会导致负面口碑愈演愈烈，产生更大的不良影响。

为了识别负面口碑，企业要关注网络舆论导向。今天，网络已经成为交流沟通

的重要载体，并逐渐成为消费者评论企业产品好坏的一个重要平台，在这个平台上，消费者可以自由地评论所买商品的优劣好坏，可以自由地交流对所关注商品的看法。企业应该主动关注网络上对自己产品的相关评论，特别是负面评论。

此外，为了识别负面口碑，企业要重视与消费者的交流。不管是现有顾客还是潜在消费者都应该受到企业的重视。对于现有顾客来讲，企业可以建立一个完整的信息库，包括顾客的个人资料、购买次数、购买满意度等，并由此得出顾客对企业的忠诚度，从而获得企业的 VIP 顾客（购买次数较多、产品忠诚度较高的人）。对于 VIP 顾客企业应重点维护，给予相应的优惠政策和积分奖励，使他们对该产品充满信心，减少负面口碑传播的概率。对于潜在消费者，企业可以通过电话访问及享受初次免费体验的方式来进行激励，使潜在消费者形成对企业产品的良好印象，挖掘意见领袖，最终形成传播正面口碑的潜在消费者群。

2. 建立免疫机制，增强抵抗力

在建立识别机制的同时，企业还应该提高自身的免疫能力，当企业受到负面口碑影响时，通过自身免疫机制可以降低影响，使得企业不再惧怕负面口碑，并在一定程度上抵御负面口碑的影响。

（1）注重品牌建设。拥有良好品牌形象的企业，即使受到一定的负面口碑的冲击，其忠诚顾客也会因良好的品牌影响力而不受这些负面口碑的影响。良好的品牌形象主要来源于企业的品牌信誉，而建立品牌信誉的重要措施就是注重顾客体验，正如星巴克的成功经验那样，企业要及时搜集顾客的体验，并及时制定相应的对策，从而有效树立品牌信誉。

（2）注重文化建设。任何行业都有它的文化属性，文化是塑造产品竞争力的一个重要策略，企业可以从不同的层面来实施文化营销。对消费者来说，文化习惯、文化背景等元素与他们对某一商品的评价和思考有着不确定的隐蔽性的关系。口碑传播的一个最为关键的基础就是商品的文化内涵，在负面口碑肆意传播的时候，企业应当及时调整营销的文化内涵，通过文化力来影响口碑。

3. 提高顾客满意度，减少负面口碑发生机会

研究表明，消费者传播负面口碑的动机主要有四个：

（1）利他主义。也就是为了使别人避免错误的选择而不计回报的行为，该动机占 23%。

（2）缓解焦虑。25%的顾客通过在别人面前抱怨差劲的商品和不愉快的消费经历来释放他们的愤怒、焦虑和紧张情绪。

（3）复仇心理。37%的顾客散布负面口碑是出于对那些使他们得到不满意的消费体验的企业的报复。

（4）寻求建议。有 7%的顾客散布负面口碑是为了能够获得别人的指点、忠告

和建议。

由此可见，无论是哪种目的的负面口碑传播都建立在有着不满意的消费经历基础之上，不满意的消费经历构成了负面口碑的主要内容。其他的相关研究也证实了这一点：顾客不满意是负面口碑传播的主要原因，对消费者来说，企业和商品的负面信息相对于正面信息来说是稀缺的，消费者对负面的信息更敏感，印象也更深刻，消费者对自己购买的商品和服务不满意时，往往会把自己不愉快的消费经历告诉身边的人，从而影响那些听到该信息的消费者的购买决策。因此，企业要想消除负面信息就必须从源头着手，通过提高顾客满意度来消除顾客的不满意，杜绝负面口碑的产生。

企业要想提高顾客满意度，就要从提高顾客的让渡价值着手，让顾客从一次购买中获得更多的价值体验。此外，减少顾客不满意、提高顾客满意度不仅仅是产品销售前的工作，产品销售之后更要注重这方面的工作。顾客对产品的需求是多种多样的，再好的产品也不一定会让所有的顾客满意，而且企业也不可能把产品做得十全十美，顾客必然会对产品有着特殊的要求。因此企业还要在售后服务方面进行完善，强调服务的人性化，满足顾客的个性化需求，从而使顾客真正满意。

4. 培养顾客关系，转化负面口碑的传播方向

研究发现，经常传播负面信息的是那些社会化程度比较高和社会责任感比较强的人。社会化程度比较高的人是那些性格比较外向，喜欢通过聊天交流信息，并能正确轻松表达自己看法的人。这类人是生活中的"活跃者"和办公室里的"宣传员"，他们每天通过各种途径获取各类信息，同时把自己获取的信息传播给其他人。由于他们信息比较灵通，人们在遇到问题时常常会向他们请教，因此他们也是某些商品领域的意见领袖。一旦他们在消费的过程中遇到不满意的经历，便会在各个场合向自己认识的人传递有关商品的负面信息。社会化程度比较高的消费者是商品负面信息的一个重要的传播源。

社会责任感比较强的人以维护社会和大众的利益为己任，他们希望能够帮助别人，即使没有任何回报。由于具有强烈的是非观念，当他们对购买不满意时，会倾向于把自己不愉快的消费经历告诉别人，让别人知道可能出现的问题以及这些问题所带来的麻烦。同时告诫他人不要去购买这种商品，以免重复自己的错误。企业要想消除负面口碑，就必须善于培养与那些社会化程度比较高、社会责任感比较强的消费者的关系，这种类型的消费者应该是企业开展关系营销的重点对象。

5. 建立疏导机制

由于种种原因，企业提供的产品或服务会低于顾客期望，造成顾客不满意，负面口碑就不可避免地产生了。接下来就是顾客投诉，向企业投诉的顾客要寻求公平

的解决方案，这也说明他们并没有对企业绝望，因而再给企业一次机会。准确地把握这次机会是负面口碑转化为正面口碑的关键。

（1）正确处理顾客抱怨。研究表明，一个不满意的顾客会把他的经历至少告诉其他 9 名顾客，其中，有 13％不满意的顾客会告诉 20 多个人。研究还表明，公开的攻击会比不公开的攻击获得更多的满足。一位顾客在互联网上宣泄自己的不满时写道："只需要 5 分钟，我就可以向数以千计的顾客讲述自己的遭遇，这就是对厂家最好的报复。"如果企业能够鼓励顾客在产生不满时向企业投诉，为顾客提供直接宣泄的机会，使顾客的不满和宣泄处于企业控制之下，就能减少顾客找替代性满足和向他人诉说的机会。实践表明，顾客投诉如果能够得到迅速、圆满的解决，顾客的满意度就会大幅度提高，顾客会比投诉前有更高的忠诚度，不仅如此，这些满意而归的投诉者，有的会成为企业的义务宣传者，即通过这些顾客良好的口碑鼓动其他顾客也购买企业产品。正确处理顾客抱怨是负面口碑转化的关键，消费者通过正式的渠道来发泄心中的不满，就可以减少通过非正式渠道传播不利于公司的信息，负面口碑转化为正面口碑的概率也就大大提高了。

（2）完善顾客抱怨处理机制。企业还要建立完善的顾客抱怨处理机制，让不满意的顾客将意见反馈给企业，企业再通过一定的服务妥善处理，使不满意的顾客变得满意，从而消除负面口碑的传播。要想完善顾客抱怨处理机制，企业首先要为顾客提供抱怨反馈的途径，并鼓励不满意顾客反馈相关意见，如提供免费服务电话等，让那些不满意的顾客在不满意时向企业发泄，而不是向其他人传播负面口碑。企业所提供的顾客抱怨反馈途径对顾客来说必须是便利的，没有成本的，并且是可以获得奖励的。有了意见反馈途径之后，企业还要建立快速有效的顾客意见处理机制，使得顾客的意见能够及时准确地得到处理，从而使不满意的顾客转化为满意的顾客。研究表明，顾客在投诉之后，企业一次性就解决了其问题，那么顾客散播正面口碑的可能性将大大提高；即使没有一次性成功，只要态度诚恳，负面口碑也基本不会产生；但是如果连续两次都没有成功，那么企业在顾客心目中的形象就会大为降低，这时企业的态度再诚恳也不能挽回顾客散布负面口碑的倾向。

10.2 口碑营销推广策划

口碑推广是企业在调查市场需求的情况下，为消费者提供需要的产品和服务，同时制定一定的口碑推广计划，让消费者自动传播对企业产品和服务的良好评价，让人们通过口碑了解产品、树立品牌、加强市场认知度，最终达到企业销售产品和服务的目的。

⟩ 口碑推广的特点

口碑推广的特点主要有：

1. 可信度高

口碑传播一般发生在朋友、亲友、同事、同学等关系较为亲近或密切的群体之间。在口碑传播之前，他们之间已经建立了一种特殊的关系和友谊，相对于纯粹的广告、促销、公关、商家推荐等，可信度要高。同时，口碑传播常发生在不经意间，比如朋友聚会时闲聊、共进晚餐时聊天等。因为口碑的传播主体是中立的，几乎不存在利益关系，所以更增加了可信度。

2. 传播成本低

口碑无疑是一种廉价的信息传播工具，基本上只需要企业的智力支持，不需要其他更多的广告宣传费用，即可产生好的效果。

3. 影响力大

不同的消费群体之间有不同的话题与关注点，各个消费群体构成了一个个攻之不破的小阵营，甚至是某类目标市场。他们有相似的品牌偏好，只要影响了其中的一个或者几个，便会以几何级数的增长速度传播开来。

通过口碑推广，可以满足消费者需求，赢得消费者满意和消费者忠诚，获得正向口碑，与消费者建立起良好的关系以及提高企业和品牌形象。口碑推广有利于企业增加销量，降低获得新消费者的成本，增加企业的利润。

⟩ 口碑推广策划要点

1. 找出口碑推广与传统营销的结合点

有许多传统企业意识到口碑推广的影响力，并将之与传统营销模式相结合，有的企业甚至将其作为产品推广和品牌建设的核心策略。口碑推广的方式很多，以网络渠道的口碑推广为例，有搞笑动画、图片、文字、打折优惠券、免费邮箱等，需要准确地对口碑推广中的关键消费者进行有效识别并加强管理。

2. 抓住市场快速发展的机遇

口碑推广是一种信息传递战略，包括任何通过刺激个体将营销信息向他人传递，为信息快速大面积传播创造潜力的方式。应该说，国内的市场上存在大量的产品和服务创新机会。口碑推广只要应用恰当，肯定能得到好的回报。对于国内企业而言，在不违背道德的前提下，如何利用口碑这一利器为自己的产品作市场推广，值得企业思索。

3. 掌握口碑推广传播的实质

成功的品牌，不论是线上还是线下，都是靠口碑传递的。每个受众目标，同时也是推广的发起者，通过他们的口口相传，可以实现有效的品牌扩散。所以，营销策划人员需要通过口碑推广活动的驱动力，刺激用户主动进行口碑的传递。

4. 整合营销传播

口碑推广必须辅之以广告、辅助材料、直复营销、公关等多种整合营销方式，相互取长补短，发挥协同效应，才能使传播效果最大化。

5. 重视产品质量和品牌形象的维护

一个品牌的口碑效应不是几次营销策划就可以建立起来的，需要长时间的市场考验。想通过一两次口碑推广策划就能建立品牌的想法是不切实际的。没有长期稳定的质量保证和良好的品牌形象，想要取得好口碑只能是空谈。好的产品质量和品牌形象是口碑的基础，诚信是支撑好口碑的支柱。口碑推广重在持之以恒。

⟫ 口碑推广策划方法

对企业而言，创造口碑和让口碑传播开来一样重要。企业要想获得良好的口碑传播效应，需要专业的口碑推广策划作依托。作为口碑推广活动的策划者，营销策划人员应了解并掌握口碑推广的方法，采取必要的口碑推广策略，促进并加快口碑的传播。

1. 制定口碑推广战略目标和定位

口碑推广以满足消费者需求、赢得消费者满意和消费者忠诚、获得正向口碑、与消费者建立起良好的关系以及提高企业和品牌形象等为目标。为实现该目标，企业在开展口碑推广前，应该有一个全面清晰的战略部署。

制定口碑推广战略目标和定位时，需要事先考虑以下因素：消费者的异质性和风险性的影响；正向口碑和负向口碑引起的消费者价值的差异性；将长期、中期和短期口碑推广策略搭配组合；渠道成员、意见领袖、媒体、竞争对手、消费者等因素的影响。通过与消费者角色互换，形成一种可执行、可控制、可衡量和易被消费者理解的口碑推广渠道，准确地对口碑推广中的关键消费者进行有效识别并加强管理。

2. 选取传播对象

必须找到带有极强传播性、对某个市场具有强大影响力的意见领袖，由他们将产品或服务信息传播出去。意见领袖是一个小圈子内的权威，并不集中于特定的群体或阶层，而是均匀地分布于社会群体和阶层中，其观点能被广为接受，其消费行为能被狂热模仿。

3. 选择传播方法

（1）制造传播点。应构筑产品与众不同的特色，让超出顾客期望的特色产品成为人人称道的焦点，并坚持健全、高效的服务价值理念以达到口碑推广的最佳效果。也可以制造或抛出产品或企业相关的话题，引起消费者的兴趣，调起消费者的胃口，产生口碑传播的驱动力。

（2）选取好的传播方法。企业可以直接向消费者进行传播，也可以通过意见领袖达成口碑传播，同时有效利用媒体的传播作用。

1）赋予品牌或产品生动而深刻的文化内涵，让文化本身成为口口相传的力量。既可以为品牌或产品寻找历史渊源，也可以塑造与品牌或企业有关的经典故事，撰写企业创始人与企业的发展传奇，让故事本身的真实性和说服力使消费者产生极大的品牌忠诚度。

2）构筑产品与众不同的特色，让超出顾客期望的特色产品成为人人称道的焦点。应以良好的品质、创新科技、漂亮的外观、高性价比和功能性、实用性赢得口碑。

3）展开无处不在的服务营销，让优质服务成为顾客向他人炫耀的资本。以优质、个性化、人性化的服务赢得口碑，以服务方式的不断创新给顾客意外惊喜。

4）赠送产品、礼物或者服务，使产品在顾客向朋友展示的过程中得到传播。通过赠送产品或广告礼品，引导顾客进行体验式消费；赠送信息或服务，诱导、培养消费者对产品的消费意识。

5）关注消费者的每一点看法，让被尊重的崇高地位感驱动消费者向他人传播。策划口碑推广活动时，应定期与顾客进行品牌对话，赋予顾客应有的权利，听取顾客的意见并合理改进产品质量，争取获得更高的赞誉。

6）设计别出心裁的促销活动，让受益的顾客发出赞誉和好评。

7）巧妙利用广告及热点话题，让口碑营销在顾客中产生全面开花的加速效应。

8）策划深谋远虑的营销事件，让事件营销的内涵成为顾客互相传颂的经典案例。

（3）及时更新口碑点。每一种产品都有自己独特的生命周期，需要在消费者开始厌倦时及时进行更新，并在新的活动中不断赋予产品新的口碑点，保持口碑的传播效应。

（4）搭建顾客沟通渠道。搭建顾客沟通渠道，可以提高顾客忠诚度，从而提高企业的经济收益。忠诚的消费者会长期购买企业的产品和服务，愿意支付较高的价格，为企业作有利的口头宣传，影响其他消费者的购买行为。因此必须建立与顾客沟通的渠道，使顾客对产品的意见能传达到企业；同时，培育和增强品牌影响力，进行新产品与服务的推广，建立自己的口碑传播模式，提供及时有效的消费者抱怨处理，最终拓展口碑传播的范围和影响力。

10.3 培养口碑传播者

口碑营销的关键是找到传播口碑的人，并与他们建立联系，通过组织活动或提供某种形式的奖励激发他们的口碑传播欲望，让他们成为企业的义务宣传员。这就是口碑营销的本质，也是企业开展口碑营销最为关键的一环，口碑推广的核心内容之一就是找到传播口碑的人。传播口碑的人是那些心情愉悦的顾客，他们盼望能与朋友分享自己的喜悦；是那些在网上发表有关企业评论的人，他们对企业有特殊兴趣；是那些将企业标识印在身上的人，他们是企业忠实的粉丝；是殷切的员工，他们为企业感到自豪和骄傲；是热切渴望获得企业相关信息的人，他们希望获得有关的谈资；是靠评论谋生的记者、专栏作家和专职博主等，他们希望通过不停发出评论来巩固自己已有的专家身份。企业所要做的就是找到这些人为企业传播口碑信息，就像寻找广告商一样。

在知道哪些人会为企业传播口碑信息后，企业还要与这些人建立联系，在不断的联系中为他们提供谈资，让他们不停地谈论下去。企业还要通过组织一些活动，让这些能够传播口碑的人获得认可，并通过活动让他们获得持续传播口碑的动力。企业组织的口碑传播者活动有多种形式，包括粉丝俱乐部或 VIP 俱乐部等，甚至是一场简单的主题聚会，这些活动会让企业的口碑传播者找到回家的感觉。当然，为进一步提高口碑传播者的传播欲望，企业还要采取一些措施，提高传播欲望的层次，比如，对口碑传播者的传播行为给予一定程度的激励，或给予他们某些如优先购买等的特权，甚至是像形象大使等的特殊身份。当然，简单地对这些人表示感谢和表扬也能进一步激发他们传播口碑的欲望。

为培养口碑传播者，口碑营销人员所要做的就是找到他们，与他们保持联系，并通过活动让他们保持愉快的心情，给他们关怀和照顾，让他们感觉自己很重要。企业要让谈论者感到自己备受重视和认可。当然，在培养口碑传播者时，一定要注意，口碑传播者并不一定是企业的目标顾客，目标顾客是指那些要购买和消费企业产品的人，而口碑传播者是那些能够影响目标顾客进行购买的人，他们不一定会购买和消费企业产品。当然，已经购买了企业产品的目标顾客最有可能传播企业的口碑，所以，在一定程度上，口碑传播者与企业的目标顾客可能是同一群人。

◗ 识别口碑传播者

所谓口碑传播者是指口碑传播行为的引发者，即以发出口碑的方式主动作用于他人的个人、群体或组织。一般来说，口碑传播者处于口碑传播链条的第一环节，是口碑传播活动的发起人，是传播内容的发出者。口碑传播者不仅决定着口碑传播活动的存在与发展，而且决定着口碑内容的质量与数量、流量与流向。如果将口碑传播者置于一个线性传播过程中加以分析，可以看出，口碑信息传播就像接力赛，口碑信息要传至受众，需要许多人参与其中，每个人都可能在其中加进一些合意的内容或舍弃一些违意的内容。一般来说，根据口碑传播者和接收者之间的空间形态的不同，可将口碑传播者划分为直接传播者和间接传播者；根据口碑传播者参与传播的方式和在传播活动中的地位的不同，可将口碑传播者划分为普通传播者和专职传播者。

1. 口碑传播者的特征

作为口碑传播者，要在传播口碑时有一定的可信度，要对口碑信息接收者的行为产生影响，因此，口碑传播者具有一些共同的特征。

（1）专家身份。口碑传播者的专家身份是指口碑传播者对相关知识的拥有程度，由此体现出所传播口碑信息具有权威性、可靠度和可信度等特点。对口碑信息是否会被接收者信任的研究指出，传播者的可信度是影响传播效果的因素之一，从信息接收者的角度看，在搜寻信息时，专业人士通常是接收者询问的对象，传播者的专业程度越高，口碑的影响力越大。

（2）吸引力。口碑传播者的吸引力是指口碑传播者所形成的对口碑接收者来说的个人魅力。研究表明，外表漂亮的人在说服方面更有优势。口碑信息传播者的吸引力主要来源于口碑信息传播者的个人魅力和易接触性。研究表明，有吸引力的口碑信息发送者比缺乏吸引力的口碑信息发送者更有说服力。可信性是通过认知成分来改变态度的，吸引力则是从情感成分改变态度。

信息发送者的吸引力之所以能够影响口碑传播效果，是因为有吸引力的人是讨人喜欢的，会使人产生正面的积极情感，让人感到愉悦并对信息发送者产生好感。信息发送者的吸引力还会让信息接收者产生信赖感，提高口碑的影响力。

信息发送者的吸引力还与人际的相似或相异有很大关系。心理学家认为，人容易受那些和他相似的人的影响。相似不仅能增进喜爱，还意味着相互之间有着某种共同的背景、经济条件、社会地位、价值观和命运前途。这是相似性产生吸引力的原因所在。

（3）多源性。口碑传播者的多源性是指多个口碑传播者对同一信息的发送，从信息接收者的角度来看，就是从不同的传播者那里获得了相同的口碑信息。根据社会影响理论，信息接收者在强有力的信息源、信息源近距离或信息源众多的条件下，更有可能受口碑信息的影响而发生态度改变。如果口碑信息有很强的说服力，而且又来自多个信息源，那么信息接收者将更关注，最终引起态度的改变；如果口碑信息的说服力很弱，即使来自多个信息源也不会产生态度改变。多源性信息带来的说服是有条件的：第一，多源性信息要相互依赖，相互融通；第二，信息源多源性的增加有上限，也就是说，尽管多个信息源比单一信息源说服效果好，但信息源超过一定数量后，再多的信息源也不会导致态度改变。

口碑信息来源的数量主要表现在消费者通过不同的信息发送者获得了相同的口碑信息内容，表现为信息源的多重性。口碑信息来自不同的发送者，对信息接收者来说，口碑信息重复呈现，重复呈现口碑信息会带来更大的态度改变，会提高口碑的效果。研究发现，当人们反复多次看到呈现的口碑信息时，会对该口碑信息产生更积极的态度。研究还表明，在不同情形下，重复呈现口碑信息带来的态度接受与改变程度会不同，当口碑信息接收者的意识中还不能辨别态度对象时，即对态度对象比较陌生时，重复呈现口碑信息能明显增强信息接收者的赞同性，也就是，重复产生熟悉，熟悉引起偏好，偏好导致赞同。此外，重复呈现口碑信息所产生的说服效果要视口碑内容的意义而定，当重复呈现的是如音调、无意义音乐、新的照片和友善的语汇等时，由于这些口碑内容经验性差并且意义不充分，口碑接收者对它们的有意识加工程度就低，此时多次重复呈现口碑信息对态度的影响最为有效。

口碑营销研究认为，口碑来源越多，消费者越有可能按照口碑的要求去做。首先，企业要提高口碑信息的展露次数，让消费者多次获得相同的口碑信息，会提高口碑营销效果。但是，这种重复要注意口碑信息本身的设计，要使用更加有效的口碑信息。其次，企业要注意口碑信息重复的方式，不要单调地重复，而要借助专家的力量进行重复。最后，企业还要注意重复的口碑信息要一致，信息源的多源性主要是指相同的信息在不同信息源的传播，如果不同的信息源发送了不一致的口碑信息，则会降低口碑营销效果。

2. 口碑传播者的动机

动机是指由一种目标或对象引导、激发，以维持个体活动的内在心理过程或内部动力。也就是说，动机是由一定的目标引导和激发的，并产生原动力以推动个体的行为。这种原动力来自个体对目标的认识，由外部诱因变成内部需要，需要成为行为的动力，进而推动个体去从事某种活动。因此，动机是一种升华到足够强度的需要，它能及时引导人们去探求满足需要的目标。最流行的人类动机理论有两种，即弗洛伊德理论和马斯洛理论。

口碑传播动机是指口碑传播者对其他消费者传播口碑信息的欲望。最早对口碑传播动机进行研究的是迪希特（Dichter，1966），他认为口碑传播者正面口碑的传播动机有四类，包括产品涉入、自我涉入、他人涉入和信息涉入。此后，桑达拉姆（Sundaram，1998）对口碑传播动机进行了总结，认为正面口碑传播的动机包括利他主义、产品涉入、自我涉入和帮助企业，负面口碑动机包括利他主义、减少焦虑、报仇和寻求建议。亨尼希（Hennig，2004）在研究口碑传播动机的基础上，利用网站论坛上的一些数据探讨了顾客网络口碑传播的动机。他从经济学的效用观点出发，认为消费者传播口碑能给自己带来效用。根据获得的效用，可将网络口碑的传播动机归纳为几种，包括信息平台的协助、释放负面的情绪、关心其他消费者、社会利益、经济性激励、帮助公司和寻求建议。社会利益动机对消费者访问网站和发表评论的影响最大。此外，学者们还对网络口碑的其他方式的传播动机进行了研究，例如，菲尔普斯（Phelps，2004）对消费者发送电子邮件的动机做了专门研究，他采用焦点访谈法总结出消费者发送电子邮件的 28 个原因，并将这些原因归纳为四种动机，包括娱乐、高兴、帮助他人和喜欢交流。

口碑传播者的传播动机强调的是传播者自身的内在因素，与之不同，口碑传播意愿着重研究口碑传播者在什么样的条件刺激下愿意进行口碑传播，更强调外部因素，这些因素被视为口碑发生的前置变量。研究认为，口碑传播意愿的影响因素主要包括顾客满意、顾客承诺、实质性诱因和惊讶事件等。

（1）顾客满意度。顾客满意是口碑传播意愿的一个重要的前提变量，当消费者获得高质量的商品或服务后会产生满意感，进而传播正面的口碑，相反，则会传播负面的口碑。安德森（Anderson，1998）的研究指出，顾客满意度和口碑传播呈 U 型关系，即在高度满意和高度不满意时口碑传播意愿最高，满意度一般的顾客口碑传播意愿较低。满意的顾客会告诉 4～5 人，而不满的顾客会告诉 9～10 人，也就是说，不满意的顾客传播意愿更强，负面口碑的影响更大。

（2）顾客承诺。顾客满意度和口碑传播之间并不具有必然的联系，并不是每个满意的顾客都愿意进行口碑传播。原因在于，满意度是整体性、初步性的评估，要引发顾客的口碑传播，必须依赖于顾客对公司的承诺，顾客承诺会调节顾客满意度与口碑传播的关系。顾客承诺是指顾客对组织目标和价值的情感维系，是反映顾客在消费后对提供产品或服务的企业的心理依附状态。

（3）实质性诱因。让顾客产生正向口碑仅仅令顾客满意是不够的，还需要外在的实际物质刺激。实验证明，外部激励措施能显著影响消费者的口碑行为，奖励越高消费者就会产生越多的正向口碑。

（4）惊讶事件。除了上述要素能影响口碑传播者的传播意愿外，惊讶事件在消费者的口碑信息交流中具有很强的影响力，人们最愿意了解和谈论的是吃惊或新奇的现象或事件。口碑传播者之所以会传播口碑，是因为他们喜欢企业和企业的产品，企业所做的事情或者所销售的产品就是口碑传播者的话题。首先，企业要做的是给传播者一个谈论的理由，企业必须激发他们传播口碑的激情，对于那些相当不错的产品，他们会向朋友推荐。其次，企业要做的是让口碑传播者感到舒服，愿意分享自己的情感。许多人乐意成为专家，对自己喜欢的产品评头论足，并从中获得快感，而其他人打算购买相关产品时，也乐意问问这些所谓的专家，听听他们的看法。一些口碑传播者希望帮助他人，还有一些口碑传播者希望受到别人的尊重。企业所要做的是让口碑传播者感到与企业群体息息相关，让他们成为企业群体的一员，传播口碑的最终目的就是能够成为群体的一员，在一个有着共同兴趣的群体中，成员之间彼此分享喜悦和快乐，让群体成员获得情感上的巨大收益。

▼ 营销透视

米其林餐厅评级营销

1900 年，米其林公司的创始人非常看好汽车旅行的前景，他认为，如果汽车旅行这个概念能够流行开来，那么他的轮胎就会卖得更好。

他雇人将地图、餐馆、加油站、旅馆等等有助于汽车旅行的资料收集整理，出版了可随身携带的《米其林指南》，并在巴黎世博会园区大力推广。

《米其林指南》是一本类似于今天商场里派发的购物指南一样的小册子，有很多广告，实在没什么好看的。

米其林兄弟注意到了这个问题，他们把免费发放手册改为收费售卖，并且精简指南的针对范围，最后明确定位在全球各地的餐馆和美食评价上，并在1931 年推出了具有历史意义的"米其林三星分级评选"。

之后经过无数商业策划人的包装和完善，米其林评选就成了我们现在看到的模样，并影响了整个世界。

一个卖汽车轮胎的公司，为了提高轮胎的需求量，最终做出了针对世界各地餐厅和美食的《米其林指南》，确实令人钦佩！

资料来源：米其林餐厅星级评选由来　轮胎公司成功的营销案例 . （2018 - 04 - 02）. ht-tps：//baijiahao. baidu. com/s？id＝1596543533095806481&wfr＝spider&for＝pc.

▶ 口碑传播者来源

企业开展口碑营销要从找到恰当的口碑传播者开始。口碑传播者所处的群体、兴趣爱好都不同，企业要弄清楚这些口碑传播者到底是谁，他们到底在什么地方。只有了解了口碑传播者，才能知道他们喜欢什么样的口碑内容，才能知道采用什么样的管理方式，才能知道用什么样的途径与他们沟通，才能知道如何加入他们的传播过程中。

1. 产品创新采用者

产品创新采用者是指新产品的首先采用者，他们在猎奇观念的驱使下，主动尝试各种新产品，并将所获得的消费体验传播给其他消费者，是非常重要的口碑信息传播者来源，是企业必须培育的一类口碑传播者。产品创新采用者在口碑传播方面更有积极性，具有更强的口碑传播倾向，他们会积极主动地寻求产品相关信息并结合这些信息形成多方面的评价，将这些评价传播给他人，从而影响他人的购买决策。因此，企业要以产品创新采用者为口碑营销对象，制定能够提高产品创新采用者口碑传播动机的营销策略，但在制定策略前，应该先识别出谁是产品创新采用者。产品创新采用者具有一些不可替代的特点，在开展口碑营销活动前，企业可凭借这些特点来识别创新采用者：

（1）对新产品或服务更感兴趣，并乐于收集相关的信息以作出评价。

（2）冒险尝试新产品的机会更大，更愿意承担使用新产品的风险。

（3）更愿意追求新颖独到和新奇变化，从而提高其在社会交往中的权威性。

（4）对新产品进行评价的频率比一般消费者更高，更能影响他人购买决策，具有重要意义。

（5）更倾向于用内部的标准和价值去评价新产品，同时具有更低的风险知觉。

企业的口碑营销策略应针对产品创新采用者的特点来制定。在新产品上市的最初阶段，企业要以大众推荐为主，说服产品创新采用者购买产品，并尽量让更多人了解产品，但更重要的是，企业要不失时机地运用口碑营销策略激励产品创新采用者向他人推荐，说服他人购买产品。随着满意顾客的增多，会出现更多的信息播种机、意见领袖，企业也会赢得良好的口碑，长远利益也将得到保证。具体策略包括：

（1）提供优质产品。最好的促销员是优质的产品。产品创新采用者是赶潮流者，是产品消费的主流人群，是最先体验产品是否可靠、优越的消费者，也是第一时间向周围朋友传播产品质地、原料和功效的人。产品的优越质量是产品创新采用者传播口碑的最大动力。

（2）赢得信赖。传递口碑信息的人如果没有诚意，口碑营销就会无效，失去意义。任何一家希望通过口碑传播来实现品牌提升的公司，必须设法精心修饰产品，提供健全、高效的服务以达到口碑营销的最佳效果。当产品信息或使用体验很容易为人津津乐道时，口碑就能自然而然地成为人们茶余饭后的谈资。赢得产品创新采用者的信赖，易于形成口碑。

（3）塑造差异性。产品创新采用者通常依靠自己的价值观对新产品做出判断，这就要求企业尽可能宣传产品的利益点及其与其他产品的差异之处。要让潜在消费者认识到该产品优于其他产品的特点和程度，如更易操作、使用更方便等。

（4）做到独特新颖。产品创新采用者具有独特的前卫个性，企业在口碑信息设计上要讲究创意、大胆新奇和独特新颖，切忌平庸保守，要讲求变化，加入新奇的元素或内容，注重捕获产品创新采用者的注意力。以讲求变化性为例，企业可做到"形散神聚"，即在一个广告主题或形象定位的统率下，设计一系列有具体内容且风格变化的广告，讲求变化和一致的统一、动静的统一。这样，既可以避免乏味和枯燥，保持消费者对广告长期的关注和兴趣，又不致偏离主题。

（5）鼓励尝试。企业要多尝试采用促销措施，产品创新采用者具有较高的冒险性，知觉风险较低，因此企业可采用免费试用、赠券、赠送礼品等方式吸引他们免费使用或购买。例如，一些软件公司采用先让消费者免费试用一个月，满意后再购买的策略等。

2. 意见领袖

美国传播学者拉斯菲尔德认为，观念常常是从大众媒介流向意见领袖，然后由意见领袖再告诉不太活跃的消费者，这就是著名的两级传播理论。此后，罗杰斯等人在总结前人研究成果的基础上，提出了新产品扩散模型，此模型可看做对两级传播理论的完善和补充。新产品扩散模型理论认为：在新产品采用的过程中，根据先后顺序可把新产品采用者划分为创新采用者、意见领袖、早期大众、晚期大众和落后采用者。消费者的购买行为受相关群体的影响，企业要想方设法接触和影响相关群体中的意见领袖，通过意见领袖的口碑传播来影响其他消费者。

3. 口碑大众

针对口碑大众，企业可采取如下策略：

（1）鼓励顾客推荐。顾客推荐指通过实施推介计划，奖励那些将产品或服务推荐给新顾客的老顾客，如通过顾客获取顾客、介绍朋友加入或通过会员获取会员等。

（2）挑选品牌大使。企业选出对产品高度重视和满意的顾客作为品牌大使，给他们一些特殊待遇，如独家优惠、特别邀请和第一时间掌握新产品信息等。这都是为了给"品牌大使"足够的材料，让他们对推广品牌有足够的了解。

（3）制造口碑事件。企业可寻找一个传播点作为营销传播题材，吸引市场上现有的和潜在的消费者传播并影响其购买欲望。

（4）授权顾客参与。企业可以授权自己的顾客对公司的新包装、新广告甚至是新产品或新服务进行评价，利用社会学中的"霍桑效应"取得消费者口碑。例如，宝洁公司通过消费者网上投票，让消费者选择新产品发布的最终样式，像佳洁士牙膏的新口味等。

（5）提前试用。将产品试用放在精心挑选的、有一定基础的潜在顾客群中进行。提前试用，可以降低试验成本，运用产品的排他性和短缺性使试用者享有特权，并演变成为推荐产品的口碑传播者。

4. 企业员工

企业员工更加熟悉企业，所传播的口碑更有针对性。作为口碑信息传播者，员工对企业产品和服务及其所蕴含的文化内涵等比较熟悉，其传播的口碑信息更容易被接受并传播。对消费者来说，企业员工所传播的口碑是值得信任或参考的，他们与企业有着直接的关系，对企业及其产品有较深的了解，相当于扮演了专家的角色，员工真心实意的倾诉往往比一般的口碑传播者的赞美更有说服力。

具体来说，企业提高员工口碑传播动机的措施主要有：提高员工满意度，提供激励和认可，进行员工授权，帮助其熟悉公司产品和提高员工归属感等。

⏵ 管理口碑传播者

找到口碑传播者后，企业还需要对口碑传播者进行有效的管理，把他们凝聚在企业身边，这就需要企业与之进行有效的联系，并对其所作的贡献表示感谢，通过有效的活动将口碑传播者的效能充分发挥出来。

1. 建立联系

企业要建立一个完整的分析表，详细写明每一个口碑传播者的姓名，并详细记载其特征、所谈论的主要内容、交谈的对象、对企业已经作出的口碑贡献，以及他们的联系方式等。口碑传播者分析表是企业开展口碑营销活动的无形资源，有不可估量的价值，是企业开展口碑营销活动的基础。

有了口碑传播者分析表还不够，企业还要与口碑传播者互动，也就是与那些可能传播企业口碑的人不断进行沟通，如果不经常跟他们沟通交流，企业就无法影响他们的口碑交流内容。为此，企业要在口碑传播者同意的前提下，取得沟通信息，当遇到对企业或产品热情很高的人时，企业要及时与其沟通，看看是否可以将其纳入口碑传播者之列。

企业还要为口碑传播者创建一个可以沟通交流的园地，比如，在企业快讯上刊登口碑传播者的评论，开辟专门的聊天室、论坛和博客等，当企业有新话题时，及时通过这些与口碑传播者进行对话。与口碑传播者联系的关键是在需要的时候能够找到他们，让他们知道你想让他们知道的东西。

2. 组织活动

与口碑传播者沟通的同时，企业还要定期组织一些活动，让口碑传播者明确自己的群体所在，进一步激发其传播口碑的欲望，找到更多的归属感。企业针对口碑传播者所组织的活动主要包括：

（1）建立粉丝俱乐部。粉丝俱乐部是指企业出面组织的，让关注、喜爱和使用企业产品的人在平等、自愿、互利和互惠的基础上自主参加，并享有相应权利和义务的协会或团体，其目的是提高口碑传播者的忠诚度，让粉丝有一个沟通交流的平台。粉丝俱乐部除了在形式上将口碑传播者汇集在一起，还要举行一些实质性的活动，为成员提供特权，如新品体验、现场观摩、会员优惠、会员聚会和会员调研等。粉丝俱乐部的活动为企业开展口碑营销提供了宝贵的第一手资料，还能够将关键顾客凝聚在一起，更重要的是可以很好地促进口碑传播。

（2）挑选形象大使。企业可以挑选部分顾客作为自己的形象大使，赋予其传播企业形象的使命，这些形象大使可以在产品使用等方面代表企业，并成为企业最好的口碑传播者。

（3）组建顾客顾问委员会。企业可以组织一个顾客顾问委员会，赋予他们监督企业的使命，从而体现企业对顾客的重视。顾客委员会成员可以为企业提供建议，对企业生产等环节进行监督。正如蒙牛集团所开展的"邀请平民监督员计划"那样，顾客顾问委员会成员在监督企业这一神圣使命的推动下，必将成为企业最佳的口碑传播者。

▶▶ 重点名词

口碑　　　　　口碑传播　　　　　口碑营销　　　　　口碑大众

▶▶ 思考题

1. 如何化解负面口碑的影响？
2. 为什么要将口碑营销的对象锁定为老顾客？
3. 口碑传播的手段主要有哪些？
4. 口碑推广的方法主要有哪些？

▶▶ 案例分析

苹果女孩口碑营销美玉有瑕

英国一网友刚买了一部苹果手机，发现其中有一个亚洲女孩的照片纯真可爱，就传到了国外一家苹果产品爱好者论坛（www.MacRumors.com）上（网名markm49uk），引起了强烈反响。之后，这名中国女孩的灿烂笑脸风靡了全球论坛，在谷歌排名中一度高居第 7 位，成为上升最快的热词。从国外到国内，从网络到纸媒，"最美苹果中国女孩"迅速蹿红！

热心的网友们发动了强大的人肉搜索，但是经过细心论证发现苹果女孩就是一个炒作。始作俑者是帖子首发论坛——苹果论坛的站长，网名 markm49uk 只是其马甲而已。得知苹果女孩是有人专门策划的之后，一名网友哀叹："我实在不愿意相信这是个公关事件。"可以看出，网友们了解真相后很受伤。作为一个口碑营销事件，我们不得不说苹果女孩是个人造的网络童话，只是这个童话的结局太令人意外。人造犹如美丽苹果里的虫子，给"完美的口碑营销"打上了巨大的问号。

像这种"最美女孩"已经屡见不鲜。天仙妹妹、别针换别墅女孩等都是不同版本。只是这次的起点是由一个外国人在网上发照片开始，更易让人相信，这是其成功之处。但是网络环境赋予了每个网友自己的"耳朵""眼睛""嘴巴"，他们不再是一群可以被轻易煽动的乌合之众。营销者面对的网友不是一个人，而是万千长尾的聚合，他们的智慧足以横扫一切。口碑营销的导向应该向透明化、诚信化发展。真诚为本，方显营销本色。

资料来源：口碑营销十大经典案例．blog. sina. con. cn/s/blog _ 98ccdae3010185bs. html.

问题

请结合案例，分析苹果本次口碑营销失败的原因，并说明口碑营销应注意哪些方面。

▶▶ 实训练习

小米公布的数据显示，其在 2013 年上半年的手机销量相当于 2012 年全年的销量，而营收较上年同期的 9.57 亿美元增长了一倍多。

小米手机本质上是一个电子商务平台，而其电商系统的本质是对用户需求的把握。据了解，小米在米聊论坛成立了一个"荣誉开发组"，从几万人的论坛中抽取一批活跃度相当高的用户，有 200～300 人，他们会和小米内部同步拿到软件更新的版本。最后，内部人和外部人一起同步测试，发现问题随时修改。这样一来，小米就很好地借助外力，把复杂的测试环节很好地解决了。同时，小米通过 MIUI 论坛、微博等进行营销，对发烧友级别的用户单点突破，成功实现口碑营销，避免了电视广告、路牌广告等"烧钱"式营销。

截至 2013 年 5 月底，小米的微信账号已经有 106 万粉丝，属于企业微信账号中的超级大号。小米自己开发了微信操作后台，通过微信联系的米粉极大地提升了对小米的品牌忠诚度。"我们是把微信服务当成一个产品来运营的。"小米分管营销的副总裁表示。

小米手机每周会有一次开放购买活动，每次活动都会在官网上放微信的推广链接以及微信二维码。据了解，通过官网发展粉丝效果非常好，最多的时候一天可以发展三四万粉丝。

请结合案例阐述互联网时代口碑营销的要点及关键，并结合实际对小米的口碑营销提出建议。

其他营销专题活动策划

学习目标

- 了解网络营销、服务营销、文化营销、关系营销、新媒体营销的概念；
- 掌握网络营销策划、服务营销策划、文化营销策划、新媒体营销策划的核心内容、策划要点和方法；
- 理解关系营销策划的要求，管理好客户关系。

引 例

"福气临门""五福临门"，一个"福"字让福临门与中国老百姓联系在一起。为了这样一个"福"字，2007年中粮集团不惜换掉它已经用了13年的旧面孔，在北京世纪坛正式发布福临门品牌的全新VI（视觉识别），宣布要成为中国人的"福气供应商"。新VI强化了"福"的内涵，考虑到中国人对"福"字的偏爱，突出"福"字，强化品牌与"福"的关联，强调了中粮集团作为福临门产品的坚强后盾，能给中国人的生活带来更多福音。福临门品牌打喜庆牌，这对于有着悠久文化的中国来说，讨个口彩是最好的吉利话，这比任何广告诉求都更容易产生亲和力。而2007年，福临门品牌内涵的回归，更是暗合了中国人的文化情结。

让消费者体验香水的气味一直是香水制造企业推广新款香水的考虑重点。加拿大的一家香水制造企业创造性地将新品香水制作成扁平胶囊样品，然后用胶"镶嵌"在某时装杂志的香水广告页上。这种独创的样品派送方法不仅大大提高了这一页广告的阅读率，还让消费者体验了这些新款香水的独特气味。依靠这个体验方法，这家香水企业的市场份额很快从第八位上升到前三位。

启示： 中粮集团的文化营销以及香水企业的体验营销，关注了消费者的心理需求，吸引了更多顾客，将产品理念、企业文化传递给顾客，提高了企业影响力。

传统的营销方式只是简单地满足了消费者在生理或安全方面的需求。随着营销理念和手段的不断更新，出现了网络营销、服务营销、文化营销、绿色营销、体验营销、关系营销等新的内涵。在市场竞争中，为了吸引更多的消费者，保留更多的客户，营销策划人员需要更加关注消费者的心理需求和感受，掌握网络营销、服务营销、文化营销和关系营销的策划方法和要点。

11.1 网络营销活动策划

网络营销是以网络为工具的系统性的企业经营活动，是在网络环境下对市场营销的信息流、商流、制造流、物流、资金流和服务流进行管理。因此，网络营销策划是企业在特定的网络营销环境和条件下，为达到一定的营销目标而制定的综合性的、具体的网络营销策略和活动计划。网络营销策划的内容包括网站诊断分析、网站定位策划、网站优化完善、综合网络推广策划、网站运营咨询等。

⟡ 网络营销策划的层次

1. 信息应用层策划

这是最简单、最基本的一层。在这个层次上，企业主要利用互联网来发布信息，并充分利用网络优势，与外界进行双向沟通。在这一层中，不需要企业对信息技术有太高的要求，做到最基本的使用就可以。比如：通过发电子邮件与顾客进行沟通、交流，定期给顾客发送各种产品信息邮件、产品推荐邮件、电子刊物等，加强与顾客的联系；建立企业主页，将有关企业及其产品、服务的介绍放在上面，辅之以精美的图文，供访问者浏览；通过数据专线上网。

2. 战术营销层策划

（1）网络营销调研。利用互联网在线调研可以轻松地完成大量复杂的调研工作，能够充分满足各种统计数据的要求，提高营销调研的质量。它使用电子问卷，大大减少了数据输入工作，缩短了调研时间。

（2）网上销售。这是目前网络营销最具诱惑力的地方之一。数以千计的企业在网上安营扎寨，销售种类繁多的产品。而在实际中，企业也许仅有一台电脑，没有厂房，没有员工，没有办公大楼。它们是网上的"虚拟巨商"，却又是如此的真实。网上销售与传统的商业销售的实物流程相分离，是一种信息时代的营销手段。

（3）营销战术系统。包括用于管理库存的子系统，用于宣传产品、链接网站的子系统以及用于答复用户意见、反馈信息的子系统。决策者们利用网上的这些系统分析工具，进行各种各样的决策活动。

3. 战略营销层策划

战略营销层策划建立在战术营销层基础上，将整个企业的营销组织、营销计划、营销理念等完全融入网络，依靠网络制定方针，开展战略部署，实现战略转移，缔结战略同盟等。

▶ 网络营销策划的原则

1. 系统性原则

网络营销策划是一项复杂的系统工程。策划人员必须以系统论为指导，对企业网络营销活动的各要素进行整合和优化，系统性开展网络营销活动。

2. 创新性原则

网络为顾客对不同企业的产品和服务所带来的效用和价值进行比较带来了极大的便利。在个性化消费需求日益明显的网络营销环境中，通过创新，创造与顾客的个性化需求相适应的产品特色和服务特色，是提高效用和价值的关键。特别的奉献才能换来特别的回报。创新带来特色，特色不仅意味着与众不同，而且意味着额外的价值。在网络营销方案的策划过程中，必须在深入了解网络营销环境尤其是顾客需求和竞争者动向的基础上，努力营造旨在增加顾客价值和效用、为顾客所欢迎的产品特色和服务特色。

3. 操作性原则

网络营销策划的第一个结果是形成网络营销方案。网络营销方案必须具有可操作性，否则毫无价值可言。可操作性表现为：在网络营销方案中，策划者根据企业网络营销的目标和环境条件，就企业在未来的网络营销活动中做什么、何时做、何地做、何人做、如何做的问题进行周密的部署、详细的阐述和具体的安排。也就是说，网络营销方案是一系列具体的、明确的、直接的、相互联系的行动计划的指令，一旦付诸实施，企业的每个部门、员工都能明确自己的目标、任务、责任以及完成任务的途径和方法，并懂得如何与其他部门或员工相互协作。

4. 经济性原则

网络营销策划必须以经济效益为核心。网络营销策划不仅本身消耗一定的资源，而且通过网络营销方案的实施，改变企业经营资源的配置状态和利用效率。网络营销策划的经济效益是策划所带来的经济收益与策划和方案实施成本之间的比较。成功的网络营销策划应当是在策划和方案实施成本既定的情况下取得最大的经济收益，或花费最小的策划和方案实施成本取得目标经济收益。

5. 协同性原则

网络营销策划应该是各种营销手段的应用，而不是某一营销手段的孤立使用。要协同应用诸如论坛、博客、社区、网媒等资源才能真正达到网络营销的效果。

⏵ 网络营销策划的要点

1. 吸引力

能不能吸引到用户的关注是网络营销活动策划成功与否的基础。在策划营销活动时，要充分吸引用户的注意和参与，就要抓住网站用户关注的热点，对用户动之以情，晓之以"利"，激发用户的热情，促使用户积极地参与。要提高活动的吸引力，就要有创意，策划主题要能够体现用户的好奇心、荣誉感、自我价值实现、利益等各方面的需求，同时给予适当的精神或者物质激励，这将会大大提高用户的关注度以及参与意识。

2. 可信度

网络营销策划要成功，还需要有一定的可信度，让用户信任企业，只有在信任的基础上，网络营销才会产生效果。在开展网络营销时，企业要想取得用户的信任，就必须提供真实的内容，比如企业的相关信息、真实的客户案例等。

3. 关联度

网络营销要与网站的产品、品牌文化相关联，不能偏离主要的用户群体，要善于整合关联性的事件以及相关的资源。

4. 执行力

网络营销的效果主要来源于前期精心的策划工作，而营销策划方案能否最大化地体现营销目的，取决于网络营销的执行力。执行力主要体现在详细的工作描述、工作流程、执行人员、执行时间、突发事件的处理方案等。如果在网络营销执行的过程中出现问题，引起用户的不满情绪，网络营销效果就会打折扣，甚至对网站起到反作用。因此，网络营销谨慎有序的执行力，是非常重要的因素。在网络营销前，要对整个网络营销方案进行反复推敲，检查是否有漏洞。对于大型的线下营销网络，为保证执行的畅通，最好有培训和演练。在过程中要统一指挥，严格有序地进行，保证网络营销的顺利开展。

5. 传播力

网站做网络营销的目的就是把网站的品牌文化传播给更多的用户群体，实现最大化的品牌宣传效益，这是整个网络营销过程中最关键的部分，集中体现了网络营销的目的。

网络营销的传播力体现在网络营销前、网络营销中、网络营销后的各个阶段。网络营销前，引起用户的兴趣和关注，为网络营销产生预热功效；网络营销中，做好网络组织工作，把网络营销的内容与主题集中体现出来，通过用户的参与，使用户对网站产品或网站文化有良好的印象；网络营销结束后，进一步扩散和延伸宣传效果，通过其他信息传播媒介，使网络营销的影响力进一步扩大，从而获取更大的商业价值。

网络营销策划的策略

1. 网络推广策略

企业网络营销策划的首要任务是对企业网站进行全面的分析和改进，从而进一步提升网站的转化率。当网站拥有不错的流量时，需要做好网站数据分析工作，尽可能改善网站的不足之处。具体的网络推广策略有以下几种：

（1）搜索引擎营销。搜索引擎营销分两种：搜索引擎优化（SEO）和点击付费广告（PPC）。搜索引擎优化，是通过对网站结构（内部链接结构、网站物理结构、网站逻辑结构）、高质量的网站主题内容、丰富而有价值的相关性外部链接进行优化而使网站对用户及搜索引擎更加友好，以获得在搜索引擎上的优势排名，为网站引入流量。点击付费广告，是指购买搜索结果页上的广告位来实现营销目的，各大搜索引擎都推出了自己的广告体系，相互之间只是形式不同而已。搜索引擎广告的优势是相关性，由于广告只出现在相关搜索结果或相关主题网页中，因此，搜索引擎广告比传统广告更加有效，客户转化率更高。

（2）交换链接。交换链接又称互换链接，它具有一定的互补优势，是两个网站之间简单的合作方式，即分别在自己的网站首页或者内页放上对方网站的标识或关键词并设置对方网站的超级链接，使得用户可以从合作网站中看到自己的网站，达到互相推广的目的。

交换链接有几个作用：可以获得访问量、增加用户浏览时的印象、在搜索引擎排名中增加优势、通过合作网站的推荐增加可信度等。值得一提的是，交换链接的意义已经超出了是否可以增加访问量，比直接效果更重要的在于业内的认知和认可。

（3）网络广告。几乎所有的网络营销活动都与品牌形象有关，在所有与品牌推广有关的网络营销手段中，网络广告的作用最为直接。标准广告条曾经是网上广告的主流（虽然不是唯一形式），进入 2001 年之后，网络广告领域发起了一场轰轰烈烈的创新运动，新的广告形式不断出现，新型广告由于克服了标准广告条承载信息量有限、交互性差等弱点，获得了相对较高的点击率。

（4）信息发布。信息发布既是网络营销的基本职能，又是一种实用的操作手段，通过互联网，不仅可以浏览到大量商业信息，同时还可以自己发布信息。最重要的是可以将有价值的信息及时发布到自己的网站上，以充分发挥网站的功能，比如新产品信息、优惠促销信息等。

（5）邮件列表。邮件列表实际上也是一种电子邮件营销形式，它也是基于用户许可的原则，用户自愿加入、自由退出，稍有不同的是，电子邮件营销直接向用户发送促销信息，而邮件列表是通过为用户提供有价值的信息，在邮件内容中加入适量促销信息，从而实现营销的目的。邮件列表的主要价值表现在四个方面：作为公司产品或服务的促销工具，方便和用户交流，获得赞助或者出售广告空间，收费信息服务。邮件列表的表现形式很多，常见的有新闻邮件、各种电子刊物、新产品通知、优惠促销信息、重要事件提醒服务等。

（6）个性化营销。个性化营销的主要内容包括：用户定制自己感兴趣的信息内容、选择自己喜欢的网页设计形式、根据自己的需要设置信息的接收方式和接收时间等。个性化服务在改善顾客关系、培养顾客忠诚以及增加网上销售方面具有明显的效果。据研究，为了获得某些个性化服务，在个人信息可以得到保护的情况下，用户才愿意提供有限的个人信息，这正是开展个性化营销的前提保证。

（7）会员制营销。会员制营销已经被证实为电子商务网站的有效营销手段，国外许多网上零售型网站都实施了会员制计划，几乎覆盖了所有行业，国内的会员制营销还处在发展初期，但已经可以看出电子商务企业对此表现出的浓厚兴趣和旺盛的发展势头。

（8）网上商店。建立在第三方提供的电子商务平台上、由商家自行经营的网上商店，如同在大型商场中租用场地开设专卖店一样，是一种比较简单的电子商务形式。网上商店除了具有通过网络直接销售商品这一基本功能之外，它还是一种有效的网络营销手段。从企业整体营销策略和顾客的角度考虑，网上商店的作用主要表现在两个方面：一是网上商店为企业扩展网上销售渠道提供了便利的条件；二是建立在知名电子商务平台上的网上商店增加了顾客的信任度，从功能上说，对不具备电子商务功能的企业网站也是一种有效的补充，对提升企业形象并直接增加销售具有良好效果，尤其是将企业网站与网上商店相结合，效果更为明显。

（9）病毒性营销。病毒性营销是通过用户的口碑宣传网络，信息像病毒一样传播和扩散，利用快速复制的方式传向广大受众。现在几乎所有的免费电子邮件提供商都采取类似的推广方法。

（10）来电付费。来电付费（paypercall）是近年在欧美国家出现的一种新的广告推广计费模式，按接到客户有效电话的数量进行付费，策划不收费，展示不收费，点击不收费，只有广告主接到客户有效电话后才收取相应费用。也就是说，按来电付费，是一种真正意义上的按效果付费的模式。

（11）网络视频营销。通过数码技术将产品营销现场实时视频图像信号和企业形象视频信号传输至互联网上。客户只需登录企业网站就能看到对企业产品和企业形象进行展示的电视现场直播。

（12）论坛营销。论坛营销就是企业利用论坛这种网络交流的平台，通过文字、图片、视频等方式发布企业的产品和服务的信息，从而让目标客户更加深刻了解企业的产品和服务，最终达到宣传企业品牌、提高市场认知度的目的。

（13）网络图片营销。网络图片营销已经成为人们常用的网络营销方式之一，QQ 上接收的有创意的图片，各大论坛上看到以图片为主线索的帖子，这些图片中或多或少都会掺有广告信息，比如图片右下角带有网址等。

（14）网络营销联盟。网络营销联盟包括：广告主、网站主和广告联盟平台。广告主按照网络广告的实际效果（如销售额、引导数等）向网站主支付合理的广告费用，节约营销开支，提高企业知名度，扩大企业产品的影响，提高网络营销质量。

（15）竞价推广。竞价推广是把企业的产品、服务等以关键词的形式在搜索引擎平台上作推广，它是一种按效果付费的新型而又成熟的搜索引擎广告，用少量的投入就可以给企业带来大量潜在客户，有效提升企业销售额。竞价排名是一种按效果付费的网络推广方式，由百度在国内率先推出。企业在购买该项服务后，通过注册一定数量的关键词，其推广信息就会率先出现在网民相应的搜索结果中。

2. 网络公关营销策略

（1）网络软文传播。在网络媒体上刊登能够提升企业品牌形象和知名度的宣传性文章，以提升企业形象，促进产品销售。

（2）论坛营销。利用论坛的互动性与网友进行讨论，引起网友对品牌的兴趣，从而自发地为品牌进行传播。此策略的优势在于针对性较强，能够很快地激发网友的兴趣，进而实施对外的口碑宣传。

（3）博客营销。通过博客网站或博客论坛，利用博客作者个人的知识、兴趣和生活体验等传播商品信息的营销活动。可以请博客写手，以博客为营销工具，让大家在公开的场合呈现真实的自我，展示自我，达到营销的目的。具体可采取企业网站博客频道模式、第三方 BSP 公开平台模式、建立在第三方企业博客平台的博客营销模式、个人独立博客网站模式、博客营销外包模式、博客广告模式等。

利用官方博客可以分享企业的创业历程、文化、理念以及各方面的技巧；专栏博客因为聚集了许多行业专家，在业内都有一定的话语权，宣传推广更有力度；第三方博客，其立场是客观公正的，可以联系一些业界朋友或其他非竞争企业开建博客，大家一起管理，由不同领域人士来作第三方评论。

（4）在线问卷调查。主要目的是获取企业潜在客户的需求信息，以及加深消费者对品牌的印象。调查结果也可作为企业公关传播的题材。

（5）网络事件营销。在网络上发布一些具有新闻价值的事件，吸引媒体以及社会团体的关注，从而扩大企业品牌的知名度。

◤ 营销透视

喜茶的微博营销

喜茶自开设微博账号以来，发布了千余条原创及转发微博，从推广主题、定位人群、宣传方式三个角度分析，可以得出以下结论：

1. 推广主题。喜茶官方微博账号的内容推广主题可以概括为三个方向。（1）对新上市饮品和新开业店铺的介绍，配上精美的海报、文案。比如新上市的多肉葡萄和多肉莓莓。（2）转发关注活动抽奖博，在七夕、中秋、情人节等消费量大的节日进行免费赠饮、打折等活动，吸引粉丝购买，给粉丝送福利。（3）相关周边宣传博，与其他品牌合作，包括 HEYTEA X Audrey Hepburn 系列限量定制，联合巴黎欧莱雅推出 HEY TEA COLOR 口红套盒等。其中转发评论最多的是抽奖博，大部分转发量近千，可见粉丝对于"天上掉馅饼"这种活动方式还是很感兴趣的。大多数消费者会抱着试一试的心态进行转发，一传十，十传百，消息便由此传播出去。通过以上分析，建议喜茶品牌方可以在新品上市和节日庆典时，多发布一些抽奖博，以赠送福利的方式吸引粉丝关注，扩大品牌的影响力。

2. 定位人群。喜茶对品牌自身的定位主打消费轻奢主义，其目标消费者为年轻人群体，通过极具个性的店面装修风格和创意海报，吸引更多追求品质生活的消费者。喜茶官方微博通过拍照上传的形式，将其线下门店的环境和新推出的产品信息发给微博用户，以获取消费者对喜茶这个品牌的更多关注。喜茶官方微博通过开通"喜爱夜撩"的讨论话题，与品牌自身目标人群建立更加密切的联系。"喜爱夜撩"这一话题下内容的发布时间多为深夜，因为有很高比例的年轻人晚上都会熬夜。喜茶通过这种方式与"夜猫子"群体建立了共鸣，获得年轻人更多关注。该话题发博内容主要以闲聊为主，比如最近一次喝喜茶是在什么时候？最喜欢的点单攻略是什么？希望门店播放哪首歌？不仅把官微"喜茶君"的形象打造的平易近人，更能利用交互性及时了解消费者的需求并做出反馈。"喜茶君"这一形象将闲聊与宣传融为一体，大大提升了喜茶对客户需求和市场定位的准确性。

3. 宣传方式。喜茶官方微博十分注重线上和线下的联动宣传。喜茶发现消费者非常喜欢其打包带的设计，便在微博上发起了和喜茶纸袋合照，一经采用即可免费得一杯水果茶的活动。除了官博这一宣传渠道，另一个强有力的渠道是微博大 V 的转发和推荐。这种第三方微博大 V 通常扮演着意见领袖的角色，当其发布了与喜茶相关的微博之后，往往能带来之前并不了解喜茶的新用户群体。

资料来源：李岳杭．网红类茶饮微博宣传策略分析：以"喜茶"为例．科技传播，2018，10 (24)：133-135.

➡ 网络营销策划的注意事项

1. 倾听客户

网络营销策划的基本出发点是满足顾客需求，其站点设计的共同特点之一就是便于顾客使用，使顾客能够直接向企业反馈信息。顾客能告诉企业某种产品是否适应市场的需求，产品应该做哪些具体的改进等。很多企业发现顾客的直接反馈系统能带给工作人员以启发，促进产品质量的提升。供应商、零售商、顾客应是整个营销过程的重要参与角色，并可形成一个互动的系统。

2. 循序渐进

每一种服务和产品都应该被视为一个多步骤、循序渐进的过程，而不是一蹴而就的事。这要求不断对站点进行改进，比如更换图形、修补破损的链接、改正拼写错误等。从这些小事做起，使站点精益求精。而顾客也会赞赏企业所做的这些持续的努力。

3. 密切注意顾客的变化

企业设立站点的一个原因就是减少电话服务。但顾客仍然可能会打电话，就一个技术细节或比较棘手的问题咨询技术服务部门。顾客经过获取网络站点的信息，对服务的要求与以前相比已大大不同了——他们对产品的知识基础、信息需求的水平都大大提高了。公司要适应这种需求的增长，要不断地积累、增长自身的知识。

4. 灵活

网络媒体允许企业不断地完善和扩展它的内容，可以一步一步地扩展，不必也不可能一下子就尽善尽美，有很大的灵活性。

5. 应急支持计划和系统

开发、运送、培训部门都应纳入网络顾客服务支持小组中。如果这些部门的员工都不知道网络服务是怎样运用的，就无法通过网络工具帮助顾客。同时还要考虑到某种灾难性事件发生的可能性：如果每天有 1 万个顾客需要利用站点获得帮助，可是有一天系统突然出现故障，怎么办？所有企业都要保证有一个应急的支持系统，支持在线数据库分析系统或其他解决问题的方法。

▼ **案例**

···

会说话的月饼首创"四微立体式营销"

临近中秋，华美食品用微信、微博、微视"三微"办了一场促销活动——华美"会说话的月饼"。

（1）用户购买华美月饼，扫描二维码，进入华美微信服务号活动主页面。

（2）定制祝福：拍摄微视频短片，录制并上传祝福视频，复制微视祝福链接，输入华美月饼独有的祝福编码，然后提交。

（3）分享祝福到朋友圈，就有机会抽取华美食品提供的万元钻戒、苹果手机、名牌手表、华美月饼等丰厚奖品。收到月饼礼物后，扫描二维码即可查看祝福视频。

华美"会说话的月饼"活动在网络上掀起了一场前所未有的关注，越来越多的普通用户加入月饼送祝福活动。全新的祝福方式广受年轻人的喜爱和支持，更是吸引了网络红人的参与。

月饼原本就是节令性食品，华美"会说话的月饼"凭借全新的创意祝福方式，以及过硬的品质与服务，赢得了一波销售高峰，这得益于企业互联网思维技术的运用。

资料来源：2014最具创意的十大微博营销案例.（2014 - 12 - 22）. www. managershare. com/post/163671.

···

11.2 服务营销活动策划

服务营销的核心理念是顾客满意和顾客忠诚，通过获取顾客满意和忠诚来促进相互有利的交换，最终实现营销绩效的改进和企业的长期成长。服务营销策划是企业营销策划人员为了充分满足消费者的需要，分析企业固有的服务产品特点，进行服务差异化、有形化、标准化等服务定位以及服务项目、服务品牌或服务体系建设等方面的策划，其核心是有效地利用服务营销实现企业竞争的目的。

▶ 服务营销策划的步骤

1. 做好服务营销决策

服务营销决策是策划的前提和基础，通常决策内容分为以下几个部分：

（1）服务要素决策。根据市场调查了解顾客对服务项目的要求，并按重要性程度排序。重要性是确定服务要素的依据，除此之外，还要特别强调本企业要素的特色。

（2）服务水平决策。提高服务水平，不能笼统地面向全部项目，需要根据顾客的要求与各项目已达到的水平加以分类，才能明确应该着重提高服务水平的项目。

（3）服务形式决策。包括服务要素定价及服务要素的提供渠道。

2. 进行服务营销策划

（1）顾客细分与准确定位。与传统的产品营销不同，服务营销的细分是将焦点放在顾客的期望而不仅是需求上。细分之后，可以按其价值观及服务成本把顾客分成各个等级，了解哪些区域可以用低接触的服务来取代高接触的服务，如何把服务能力优先运用到几个顾客子市场，如何使顾客参与服务的提供过程并进行管理。

（2）找出顾客的期望。顾客感觉到的服务质量＝实际服务质量－顾客期望的服务质量。把焦点放在最重要的顾客身上，并找出企业心目中的优异服务与他们的期望有何差异，再通过努力减少这种差异。

（3）设定顾客的期望。拟定一整套沟通计划，使顾客所期望的服务水平略低于企业所能提供的服务水平。

3. 设定计划并组织实施

首先，根据市场调查与顾客期望设定目标。确定活动内容之后作出详细计划，并拟出各阶段的工作分工与细致安排，以及每个时间点必须完成的工作进程计划。服务营销活动要像做大文章一样，有铺垫、有高潮，结束后有反馈。

服务营销策划的策略

服务营销已进入整合时代，缺乏规划，四面出击，只会增加运营成本、降低服务效率。要做好服务营销，需要制定服务营销策略。

1. 人本管理策略

顾客服务主要是依靠员工与顾客面对面的交流实现的，企业服务质量的好坏直接取决于员工在服务过程中的表现。因此，在服务营销组合中，人员是关键。员工不仅是一种生产要素，更是企业服务的主体，在服务传递过程中，员工是联系企业和顾客的纽带。因此，要注重服务人员的选择、培训与管理。同时，员工也是企业的内部顾客，实行人本管理，有利于促进员工的满意和忠诚，使服务得以顺利传递，真正提高服务质量，带来企业效益的增长，让服务营销理念内化为员工共同的价值观和行为规范，使组织和个人得到最优的组合与匹配。

2. 创新服务营销策略

服务营销面临的是瞬息万变的市场，面对的是追求多样化、个性化的产品和服务的消费者，在这种情况下，必须辨识变化中的顾客需求和新的商业挑战，关注这些需求和挑战的出现，在这些新机会变化或消失之前，迅速地、恰当地作出反应。可以说创新是服务营销的根本，通过不断创新服务营销，才能快速应对市场环境变化，更好地满足市场需求，塑造企业的竞争优势。企业可以通过下列途径加强服务营销的创新：

（1）创造服务需求。通过与顾客建立、保持和维护双方良好的互利互惠关系，通过提供良好的服务可以使企业及时得到反馈的信息，发掘对其服务与销售具有重要价值的机会。创造需求，并非纯粹探询顾客现实的或潜在的需要，而是要引起顾客的需求与购买动因；它不是简单套用旧的营销模式，而是用创新的眼光去审视与分析顾客的生活方式、消费观念等。

（2）开发服务新产品。企业的整个经营活动要以顾客的价值为目的来满足顾客的需求，即在服务产品的各个方面以便利顾客为原则，及时研究顾客购买后的感受，调整企业的经营目标，开发顾客最需要的新产品，最大限度地使顾客满意，最终培育顾客对服务的高度忠诚。

（3）追踪顾客不满。那些积极寻求现有顾客和潜在顾客反馈信息的公司发现，与消费者的密切接触能够为其提供数量巨大的市场信息，并增加利润。这些公司发现，打电话来的顾客所提供的不仅仅是抱怨，还有忠告和其他信息，为其改善服务产品质量和开发服务新产品提供重要来源。

3. 服务营销差异化策略

市场消费需求越来越个性化，服务也要随之个性化，否则企业就会处于被动跟随市场的地位。企业不但要进行产品市场细分，还要进行服务市场细分；不但要"一对一"销售，还要"一对一"服务。针对不同类型顾客提供差异化服务是服务营销的发展趋势。在产品、技术日趋同质化的今天，必须在品牌和服务上下功夫。服务差异化体现在很多方面，如服务品牌差异化、服务模式差异化、服务技术差异化、服务概念差异化、服务传播差异化等。服务差异化，可以是竞争对手没有而企业自己独有，也可以是竞争对手虽有但本企业更优越，或者是完全追求有别于竞争对手的做法。

4. 服务营销多元化策略

服务平台多元化、立体化，可为客户创造最大的便利，如建立店面服务接待、平面服务载体、语音服务载体、移动服务载体、网络服务载体等多元化服务平台，使客户拥有更多接受服务的机会。同时，在被动接受客户提出的服务要求的同时，也主动地利用多种沟通渠道进行客户访问，提供计划性、制度化、流程化的销售服务，通过诸如电话、传真、电子邮件、信函、上门访问等多种渠道提供服务。

5. 服务营销的品牌策略

品牌是企业进入市场的"敲门砖",对于服务营销来说,品牌给顾客提供了有效的信息来识别特定公司的服务,因此树立公司服务品牌至关重要。

要实施服务营销品牌策略,首先要提高服务质量,把服务质量作为企业的生命力。服务质量对于一项服务产品的营销至关重要,是判断一家服务公司好坏的依据,也是与其他竞争者相区别的依据。

其次,要克服服务营销的零散状况,形成一定的集中度,使多样化的市场需求标准化,使造成零散的主要因素中立化或分离,通过收购等方法克服零散,从而形成一定程度的集中,创造服务品牌。

最后,要注重品牌创新与保护策略。通过服务企业的服务开发、营销开发、文化开发、人力资源开发等途径,不断提高服务产品、服务企业的知名度和美誉度,提高顾客的满意度。在品牌创造过程中,企业要注意保护自己的知识产权,保护自己的商誉,做好服务商标的注册工作。

6. 服务营销的沟通策略

沟通无时不在,沟通是一种全方位的价值创造过程。在实施服务营销时,应努力塑造自己的特点,给顾客留下深刻印象。做好服务沟通工作,通过语言和行为上的沟通,取得企业价值观的有效传递,获得顾客对企业文化的充分认可,这些都会为企业带来大量忠诚的顾客群体。此外,针对目标市场对服务的特殊需求和偏好,还需要公共关系促销,在极大促进销售的同时,使企业的形象获得良好、适当的诠释,扩大企业的知名度。

总之,服务营销已进入全面化、多样化的时代,要想在市场竞争中立于不败之地,企业就要整体努力,灵活运用各种服务营销策略创造竞争优势,从而在竞争中取胜。

⊙ 服务营销策划的内容

1. 服务定位的策划

(1)服务理念的策划。理念实际上就是一种价值取向,以规范企业的基本服务观念。要进行真正的服务策划,要在观念上解决问题,不能单从技术层面搞服务营销,一定要上升到企业文化层面。

(2)服务主张的策划。通过服务主张来体现差异化的特色,而服务主张有时候也可以成为一种品牌。服务主张往往要提炼成一句话或几句话,即企业区别于竞争对手的服务策略、服务定位是什么——也就是企业基本的服务主张。

(3)基本服务项目的策划。企业要提供一套完整的服务策略中最基本的服务项目。策划时要从理念出发，从基本的服务主张出发，具体化为一些最基本的服务项目和服务承诺。

2. 服务项目的策划

（1）服务项目设计的基本思路。服务项目设计有两个思路：一是按照顾客和企业接触的流程来设计服务项目，此思路适用于生产终端消费品的家电、饮料等行业。因为终端消费品生产企业和顾客有各种各样的接触点，各种各样接触的界面，可以设计和控制整个接触的流程。

二是根据同一个客户，挖掘不同的服务需求，设计不同的服务产品。这主要适用于生产中间产品、材料的行业。如顾客买了生产设备，企业在顾客购买后需要考虑，该顾客究竟需要哪几方面的服务，如培训服务、防疫服务、经营服务等。同一个顾客可能需要多类别的服务。

对于同一个企业来讲，这两种思路也可以结合起来用。例如，饮料企业，对顾客要考虑第一种思路，售前、售中、售后如何服务。零售店则要考虑第二种思路，即对于同一个零售店要有哪几方面的服务。无论是第一种还是第二种，最终变成几类服务一定要明确。比如饮料行业中的零售店服务，其中有基础服务，如货架的整理，也有经营服务，如客户的退换货。

（2）设计服务产品的宽度。服务产品除了提升类的培训、讲座等，可以分为电话回应服务、现场维修服务、上门维修调试服务等。所以，在设计服务产品时，需要先定下大的种类，继而在不同的时期根据消费者的不同服务需求，进行具体的设计。服务的内容可以有侧重，服务的种类也有某种递进关系，先做好某一类，再扩展到另一类。

（3）确定某类服务产品的深度。某项服务在层次上越做越好，服务水平就越来越高。因此，一开始就要考虑到将来能够达到何种程度。例如保修承诺的设置，可以一开始是 1 年，然后拓展到 3 年、5 年甚至 10 年。

在设计服务产品的时候，可以把设计的宽度和深度这两个点结合起来。横向是宽度的分类，纵向是深度的分类。如售后服务中宽度上做到上门维修，深度上做到12 小时之内，就可以找到一个结合点，形成一个分类分层的思维体系，形成一个服务设计矩阵。服务设计本身是先定下服务的类别，然后定下每一项服务的深度。按照这样一个矩阵展开讨论，整个设计框架就清晰了。

◎ 服务营销策划中的注意事项

1. 以人为本

对企业而言，拥有优秀的员工是赢得和保有优秀顾客的关键。企业应该视员工为内部顾客，为员工的自我实现服务。要让员工认识到企业要努力实现的市场目标，并引导他们以企业所选择的细分市场的顾客需求为导向。要为服务人员提供他们所需要的培训、自主权和支持，以此来保证他们同顾客之间重要但常常又很短暂的接触能产生令人满意的结果。

只有对内的服务上去了，对外的服务质量才能提高。让满意的员工提供满意的产品和服务，最终赢得客人的满意。在产品同质化的今天，可以用服务制胜，让所有员工都掌握一些销售技能很有必要。客服人员、接待员或者收银员都可能被要求向顾客推销新的服务项目，或推荐对接适合的销售经理。

2. 处理好产品支持服务与企业形象服务的关系

前者指围绕产品开展的服务，后者指围绕企业形象塑造开展的服务；前者表现为对个别产品的直接附加利益，后者表现为企业的附加利益；前者直接促销，后者间接促销，两者有机结合，销售效果才会更好。

3. 抓好售前与售后服务

售前服务的关键是树立良好的第一印象，基础是宣传、公关、启发、引导、咨询。售中服务的关键是交际谈判、说服购买，基础是礼貌与热情。售后服务的关键是坚持、守信、实在，基础是方便、周到、经济及感情。

4. 建立跟踪体系，提供附加服务

企业的服务跟踪体系要根据市场划分做到各个部分都有专人负责，对口接待，以解决顾客实际问题并把握每一次合作的商机。提供熟客管理体系、"金钥匙"服务、客户主题联谊会、消费积分奖励体系、富有文化内涵的品牌战略及区域性促销服务等附加服务。

◤ 营销透视

7-11 是一家著名的连锁便利商店，其总部设于美国得克萨斯州的达拉斯。7-11 从特许经营起家，是全球最大的便利店连锁公司，目前为日本 7&I 控股公司旗下全资子公司。

1. 7-11 的服务市场定位

(1) 作为服务领先者的定位。7-11 营业员的服务态度很好，店内的各种细节也体现了对顾客的关怀。例如，中午的便当，饭和菜会打在一起，而晚上的便当，饭和菜是分装的，考虑了你可以拿回家和爱人分享。

(2) 作为质量领先者的定位。以食品、日常生活必需品为主。卖高鲜度、高品质、高附加值的商品。在食品安全事故频频发生的现在，它让顾客放心。

（3）作为连锁便利店的标杆。不管在哪个城市，7-11都有类似的店面布置、商品品质。7-11选址的出发点是便捷，在消费者日常生活行动范围内开设店铺。如办公商圈、高校、人流集中的住宅区和交通枢纽。中小规模店铺50~100平方米，却经营着3 000多种商品。7-11尽最大可能为消费者提供便利安全感。

2.7-11的服务文化

7-11对顾客认真、负责、诚恳，是消费者、店铺与厂商之间的桥梁；秉持价值创新、诚信务实、顾客满意的经营方针，提供消费者亲切的购物环境、优质的商品、多元便利的服务生活情报信息；主张协同顾客、加盟者、厂商、公司、全体员工及社区居民等全体利益关系，不断创新突破，实现共同成长。包括：

（1）勤俭踏实，坚持到底的工作态度。

（2）带人带心，重视人才培养与团队向心力。

（3）创新突破，追求经营效率。

（4）以顾客为尊的经营哲学。

（5）秉承诚信原则，强调守法经营。

（6）把公益当事业经营，善尽社会责任。

3.7-11的服务营销战略

（1）产品：只卖年轻人喜爱的热门商品。7-11在零售行业也像丰田公司一样给员工很大的自主权，让其根据POS机的数据决定采购的品类和数量，以降低库存。

（2）品牌：7-11很注意倾听用户的声音，观察服务流程和执行效果，让顾客有宾至如归之感。

（3）服务定价：价格比一般的超市要高一些，但基本在消费者可以接受的范围内。

（4）物流配送与分销：7-11实现了一日三次的配送制度，小量、多次、快速、按需物流配送。包括一次非凡配送，即当预计到第二天天气变化时对追加商品进行配送。保证及时向所有店铺提供高鲜度、高附加值的商品，从而为消费者提供更便利和新鲜的食品，实现了与其他便利店的经营差异化。

（5）服务促销与沟通：7-11每年都开展大量促销活动。商品会随季节变换，给顾客新鲜感，销路不好的商品会下架，快过期的商品会做促销活动。

（6）有形展示：不管在哪个城市，7-11都有一致的店面布置、一致的销售商品、一如既往的商品品质、提供热情服务的员工。

11.3　文化营销活动策划

　　文化营销是指把商品作为文化的载体，通过市场交换进入消费者的意识，它在一定程度上反映了消费者对物质和精神追求的各种文化要素。文化营销利用文化力进行营销，强调企业的理念、宗旨、目标、价值观、员工行为规范、经营管理制度、企业环境、组织力量、品牌个性等，其核心是理解人、尊重人、以人为本，调动人的积极性与创造性，关注人的社会性。

　　文化营销策划是指企业营销策划人员在企业核心价值观的影响下，使企业的营销活动奉行一些原则，给产品、企业、品牌以丰富的、个性化的文化内涵，在具体的市场运作过程中塑造营销形象的一种策划。其实质是营销策划人员在市场调研、环境预测、选择目标市场、市场定位、产品开发、定价、渠道选择、促销、提供服务等营销活动流程中主动进行文化渗透，提高文化含量，以文化作媒介与顾客及社会公众构建全新的利益共同体关系，用文化增添产品的消费价值链、创造产品的亲和力、增强企业的整体竞争优势。文化营销策划既包括浅层次的构思、设计、造型、装潢、包装、商标、广告、款式，又包含对营销活动的价值评判、审美评价和道德评价。

▶ 文化营销的层面

　　文化营销可从以下层面渐次推进和展开：

　　1. 产品层面

　　从文化营销的视角看，产品是文化价值观的实体化或载体，这一层面的文化营销推出能提高人类生活质量、推动人类物质文明发展的产品或服务，引导一种新的、健康的消费观念和消费方式。

　　2. 品牌文化层面

　　品牌有无优势，主要取决于品牌是否具有丰富的个性和文化内涵。品牌背后是消费者的文化认同和价值选择，因此，品牌层次的文化营销具有更大的增值张力和增值空间。比如海尔的"真诚到永远"，就迎合了受众对真诚、诚心这一传统价值观的珍视，并在市场实践中充分体现了其品牌文化的魅力。

　　3. 企业文化层面

　　企业文化就是指导和约束企业整体行为、员工行为及企业风格的价值理念。企业文化层面的文化营销指在营销过程中，将企业的产品或服务文化、企业及员工的行为文化、组织的机制和制度文化，特别是企业的精神、价值观、伦理等理念文化，通过整合有效地传达给公众，诉诸受众的认知。如诺基亚的"科技以人为本"，就体现了诺基亚尊重、重视人的价值的鲜明企业理念，使公众产生了深刻共鸣和认同。

文化营销在三个层面的渐次推进和展开过程，是物质因素不断被超越，文化内涵的比例及文化价值的作用在营销中不断扩大的过程。产品及企业的价值定位和文化个性是文化营销的基础。当然，随着社会主流文化的变迁，文化定位的表现形态也将是一个动态调适的过程，但文化价值理念的定位则是相对比较稳定的。

▼ 营销透视

戴比尔斯的成功营销——把地球上最不缺的元素卖到最缺

钻石兴起于欧洲，皇室和贵族用钻石首饰来炫耀财富和地位。当时钻石的产地固定且产量极低，只能用作皇家特供。

19 世纪末，南非发现了一座巨大无比的钻石矿，其储量是全球原储量的十倍之多。英国戴比尔斯公司（De Beers）买下了这个钻石矿，控制了全球 90% 的钻石出货量。

大规模的开采导致钻石价格崩盘，人们发现，被认为极度稀缺的钻石原来并不稀缺；钻石的唯一元素就是碳，碳是这个世界上最不缺的元素之一，所以大众市场对于钻石的消费一直不高，人们不需要。

如何做到把不值钱的钻石高价卖出，还要让购买钻石的客户心甘情愿不再转手呢？

戴比尔斯是最早在好莱坞电影中进行产品植入式营销的企业，电影中男女主人公坠入爱河的场景中总有戴比尔斯的身影。公司赠送一些样品给电影明星，掀起钻石时尚潮流。每年举办一次钻石设计师大赛，为零售企业提供更好的创意。

最为经典的是，戴比尔斯打出 "a Diamond is Forever"（钻石恒久远，一颗永流传）的口号。利用钻石代表美好、永恒、爱情，将钻石同美好的爱情联系起来，建立了钻石＝美好＋永恒，而爱情＝美好＋永恒，所以钻石＝爱情的认知。这句广告语更是被《广告时代》杂志评选为 20 世纪最伟大的广告语。

最终，戴比尔斯成功地把钻石推广给了大众，20 世纪 60 年代，80% 的美国人结婚时都购买钻石戒指作为信物。

之后，很多行业模仿这一营销模式。戴比尔斯的广告中并不强调公司的名字，只是向消费者传达一个非常简单的思想——围绕钻石的恒久不变的情感价值。

文化营销策划的要点

1. 识别并创造文化需求

在市场营销活动中，企业应该认真细致地考察、调研目标市场的文化环境因素，以便逾越无形的文化壁垒，有的放矢地开展营销活动。如果对目标市场的文化因素处理不当，就可能导致企业与顾客之间的沟通纽带断裂，构成对企业的威胁。相反，如果应用得当，就能转化为企业的商机。企业营销部门及营销人员应认真分析目标市场特有的文化特征及文化背景，因势利导，利用文化魅力创造需求。

2. 设计企业文化营销战略

文化营销战略的关键是进行文化价值定位。企业应该重视如下工作：

（1）在制定营销战略目标时，建立文化子目标。企业以提高市场占有率或获取较高投资收益为总体战略目标时，子目标应包括扩大企业文化影响或企业品牌文化的顾客感召力等。

（2）企业细分市场时应巧用文化变量。以文化变量细分市场将成为营销战略策划的一个新动向。对于知识产品而言，文化变量成为主要细分依据，如计算机软件等高科技产品、图书等文化产品等。企业可以运用文化变量中的消费者受教育水平、价值取向、产品的知识含量等因素来细分市场。

（3）创造全方位、高品位的品牌形象和文化氛围。要力求服务的文化创新，以文化亲和力启动市场营销，还要重视传统文化的吸收和创造性运用，突出文化的民族特点和历史内涵，这将给企业的市场营销带来新的活力和优势。

3. 文化营销的沟通与促销

企业应充分利用广告、公共关系、销售促进或推销等沟通与促销手段向目标顾客传播企业及产品的文化信息，沟通与促销手段要与企业及产品的文化定位相协调。力争在企业与顾客间建立相互理解、信任与忠诚的情感模式，以打动顾客。

4. 强化企业文化建设

企业文化建设是一个动态发展、持续学习的过程，强化以共同价值观为核心的企业文化，要求企业始终明确经营理念，培育企业精神，增强凝聚力，塑造良好的形象，特别是要构筑"以顾客为中心"的企业文化，提供文化营销的可持续支撑。

文化营销策划的方法

1. 主题文化营销

主题是文艺作品中通过具体的艺术形象表现出来的中心思想，集中反映了作者对所描绘生活的认识和评价，反映了作者的世界观和价值观。文艺作品是人类抒发情感、体现心灵追求、美化生活的精神产品。主题文化营销即应用文化因素进行市场细分、市场定位和目标市场的选择，通过文化嫁接，创造一个或多个文化主题，营造一种深层次的文化营销理念，并围绕主题来营造经营环境氛围，提供特色服务，以个性化、定制化、特色化的产品和服务来感动特定的顾客群体。

主题文化营销成功的关键在于有效地寻找、创造文化需求，科学和艺术地挖掘文化因素、设计文化主题、制作文化产品与服务，调动各种因素来深化特色、营造文化氛围和丰富文化内涵。

2. 文化包装

文化包装是将文化寓于产品设计、生产环节中，创造全方位、高品质的文化氛围，既要使产品的研发与设计贴近顾客需求、具有特色、符合现代文明时尚，又要积极地使用现代科技文化来包装促销，以文化点缀和装饰产品，增强产品的亲和力，从而打开销路，赢得顾客的认可。

3. 文化促销

促销实质上是企业对顾客或社会公众的说服性沟通过程。中华五千年文明璀璨瑰丽，源远流长，如能在促销活动中嫁接传统文化，结合现代文化，以文兴商，一定能够拓展促销空间，在企业与顾客间建立相互信任与忠诚的情感模式，打动顾客。在服务过程中，融合民族和地域色彩，创新设计文化内涵丰富的服务方式，巧妙地将民俗礼仪、风土人情、名人逸事艺术地嫁接到服务环节中，展示文化服务的特色，提高产品的品位，增加产品的消费价值链，使顾客回味无穷，这无疑会增加顾客的满意度。

4. 文化造势

（1）企业的文化命名。企业的品牌名称是文化营销的重要切入点，企业的命名应努力融合更多的文化内涵，具有一定的文化审美价值，使名称本身就能得到社会公众的认同并产生好感。

企业名称的文化韵味应与企业的产品类型、经营风格相协调。具体的命名设计既可以依托丰厚的民族优秀传统文化，从中汲取营养，也可吸取现代生活高雅的文化价值时尚。追求丰富的寓意与联想是增加企业及品牌名称文化内蕴的常见方法。

（2）品牌的文化渗透。企业的品牌借文化的力量渗透造势，会取得独特的功效。用文化渗透的方法易于企业构建与公众的情感通道，有利于取得公众的信赖，便于扩大企业的知名度。

（3）文化活动造势。利用各种节日融合民俗文化，举办各种活动展现时代风尚，也是企业常用的文化造势手段。用文化的感染力树立良好的社会形象，用高尚文化的亲和力获得公众的信任和爱戴，可以使消费者与企业之间不知不觉地产生情感认同，自然而然地成为企业产品和服务的欣赏者和宣传者。

（4）内部营销文化创新。要实现文化营销战略目标，需以优秀的员工素质为基石，文化营销策略依赖企业员工的服务经营活动来引渡和传播。较高素质的员工，才能开展文化营销工作；满意的员工，才能做好文化营销活动。借助企业文化做好对内部顾客的服务，运用文化力量影响员工、感化员工，从而使员工和企业形成共同的价值观、道德观和企业精神。尊重员工、关怀员工、培养员工、造就员工，设计有效的报酬和激励制度，为员工创造良好的工作环境，尽可能地满足员工的内外在需求，从而有效地增强企业与员工之间的亲和力，形成强大的凝聚力和向心力，创造良好的内部文化氛围，促进员工素质与文化修养的提高，实现企业与员工共同发展。

企业只有努力创新文化营销策略，形成文化服务特色，不断更新与消费者的价值链关系，才能在激烈的市场竞争中获得优势。当今世界，知识经济的浪潮汹涌澎湃，全球经济、科技、文化一体化进程不断加快，可以预见，蕴涵着深厚知识文化与哲学的文化营销将得到更加广泛的应用与创新。

▼ 案例

看"二次元面膜"怎样脑洞大开

一心堂本铺，这家从日本江户时期便存在的传统店铺，本是经营年糕、糖果的食品制造商，却因为一次设计比赛推出了系列面膜产品"JAPANESE FACE"。

一心堂本铺刚刚跨进面膜行业不久，却对面膜产品来了一次大大的颠覆。其面膜产品的特别之处在于面膜上印有造型花纹，从传统的日本歌舞伎造型到动漫角色，应有尽有，面膜不再是白白一片。这家百年老店在"二次元面膜"的道路上越走越远，有市川染五郎监修的"歌舞伎面膜"，知名动画系列"JoJo面膜"，美国重金属摇滚乐团 KISS 监修的"KISS面膜"，日本版的 CATS 歌舞剧面膜，与上野动物园合作的"动物面膜"，有《世界名作剧场》小浣熊之称的"朋友面膜"，有科学怪人、狼人、吸血鬼等的"怪物面膜"。每个面膜的使用方法都不一样，敷上去要摆姿势，才能尽显"二次元"韵味。

除了让敷面膜变成 Cosplay 一样的乐事，"JAPANESE FACE"还因为很好地传承了日本传统文化，屡次在设计比赛中夺得大奖。自古以来人们就重视对传统的传承，而那些古老的文化又很难与现实生活融合在一起，一心堂本铺小小的一片面膜却做到了。

资料来源：https：//www.tooopen.com/copy/view/40141.html.

11.4 关系营销活动策划

营销策划人员为了与顾客、供应商、经销商、竞争者、政府机构、社区及其他公众实现互动，建立并发展与这些公众的良好关系，所做的分析、判断、构思、设计、安排、部署等工作，就是关系营销策划。关系营销策划的实质是把顾客看做有着多重利益关系、多重需求和潜在价值的人。企业始终关注顾客的需要，让顾客成为企业永远的客户、朋友与合作伙伴。

● 关系营销策划的步骤

1. 创立阶段

在这个阶段，一般要经历对顾客关系的识别、接触顾客、销售产品或服务和信息反馈四个过程。

首先，企业根据网络中大量的数据库，识别潜在顾客群；其次，根据不同顾客，采取不同方式进行接触，建立起交易关系；最后，根据交易结果与信息反馈，重新完善数据库。

2. 维持阶段

主要是运用协调、沟通等方式，使顾客关系长期化、稳固化。避免矛盾，避免因企业人事变动对顾客关系造成的影响。应注意的是要使顾客有被重视的感觉，让企业更快了解其需求与渴望。

3. 提升阶段

这是一种积极的维持。要使顾客与企业关系不断深化，就要求企业不断用合适的产品与服务来满足顾客新的需求，实现新的价值。可以采用交叉销售和顾客定制的方式，进一步密切二者关系。

● 关系营销策划的运作

1. 建立顾客关系管理机构

建立专门从事顾客关系管理的机构，选派业务能力强的人任该部门经理，下设若干关系主管。经理负责确定关系主管的职责、工作内容、行为规范和评价标准，考核工作绩效。关系主管负责一个或若干个主要客户，是客户所有信息的集中点，是协调公司各部门做好顾客服务的沟通者。关系主管要经过专业训练，具有专业水准，对客户负责，其职责是制定长期和年度的客户关系营销计划，制定沟通策略，定期提交报告，落实公司向客户提供的各项利益，处理可能发生的问题，维持同客户良好的业务关系。建立高效的管理机构是关系营销策划取得成效的组织保证。

2. 策划个人联系方式

即通过关系营销主管与顾客密切交流、增进友谊、强化关系的方式。比如，经常邀请客户参加各种娱乐活动，使双方关系逐步密切；记住主要客户及其家人的生日，并在生日当天赠送鲜花或礼品以示祝贺；等等。这一方式的缺陷是，易造成企业过分依赖长期接触顾客的营销人员，增加管理的难度。

关系营销策划的内容

1. 老顾客营销规划

老顾客营销规划也称为频繁营销规划，指向经常购买或大量购买的顾客提供奖励，形式有折扣、赠送产品、奖品等。通过长期的、相互影响的、增加价值的关系，确定、保持和增加来自最佳顾客的产出。例如，许多旅馆规定，顾客住宿达到一定天数或金额后，可以享受升级房间或免费住宿。

（1）老顾客营销的实施要点。确保配备高素质的员工。直接频繁面对顾客的员工，作为最直接、对顾客影响最大的"品牌接触点"，必须经过严格的专业培训和标准化管理，具备较高的专业素质和服务水平。一个顾客第一次接触企业就没有得到足够的满意，那么很可能这是第一次，也是最后一次。

（2）老顾客营销的注意事项。一是竞争者容易模仿。频繁营销规划只具有先动优势，如果竞争者加以仿效，就会成为所有实施者的负担。二是顾客容易转移。三是可能降低服务水平。单纯价格竞争容易忽视顾客的其他要求。

2. 俱乐部营销规划

俱乐部营销规划指建立顾客俱乐部，吸收购买一定数量产品或支付会费的顾客为会员。

关系营销的策划方法

对不同层次的市场细分，建立不同的顾客数据库，将顾客细分化、团体化，都是关系营销策划可以采用的方法。

1. 顾客化营销

顾客化营销也称定制营销，即根据每个顾客的不同需求制造产品并开展相应的营销活动，通过提供特色产品、优异质量和超值服务满足顾客需求，提高顾客忠诚度。例如，日本有些服装店采用高新技术为顾客定制服装，由电子测量仪量体，电脑显示顾客穿上不同颜色、不同风格服装的形象并将顾客选定的款式传送到生产车间，激光仪控制裁剪和缝制，顾客稍等片刻就可以穿上定制的新衣。

策划顾客化营销的企业要高度重视科学研究、技术发展、设备更新和产品开发，建立完整的顾客购物档案，加强与顾客的联系，合理设置售后服务网点，提高服务质量。

2. 顾客数据库营销

顾客数据库营销指建立、维持和使用顾客数据库进行交流和交易的过程，这是关系营销的硬件基础。没有客户资料，连顾客在哪里都不知道，就谈不上关系营销。企业在顾客消费时，通过数据库建立详细的顾客档案，包括顾客的消费时间、消费频率、偏好等，就可借此准确找到目标顾客群，降低营销成本，提高营销效率。另外，企业还可以通过顾客数据库营销，保持与顾客的沟通和联系，强化顾客与企业密切的社会关系，预测顾客需求，提供更加个性化的服务。

顾客数据库营销有极强的针对性，是一种借助先进技术实现的"一对一"营销，可看做顾客化营销的特殊形式。数据库中的数据包括以下几个方面：

首先，现有顾客和潜在顾客的一般信息，如姓名、地址、电话、传真、电子邮件、个性特点和一般行为方式；交易信息，如订单、退货、投诉、服务咨询等。

其次，促销信息，即企业开展了哪些活动，做了哪些事，回答了哪些问题，最终效果如何。

最后，产品信息，如顾客购买了何种产品、购买频率和购买量等。数据库维护是数据库营销的关键要素，必须经常检查数据库的有效性并及时更新。

3. 分销渠道环节的关系营销策划

企业与分销商之间必须保持良好的信息沟通，了解对方的经营状况和未来规划，树立长期合作的信念。建立企业与分销商之间的良好关系，包括零售商、中间商、批发商，共同解决供应与销售中存在的问题，从而达到共同发展的目标。

4. 退出管理的关系营销策划

退出指顾客不再购买企业的产品或服务，终止与企业的业务关系。退出管理策划主要是分析顾客退出的原因，相应地改进产品和服务以减少顾客退出。退出管理策划可按照以下步骤进行：

第一，测定顾客流失率。

第二，找出顾客流失的原因。按照退出的原因将退出者分为：价格退出者，指顾客为了较低价格而转移购买；产品退出者，指顾客找到了更好的产品而转移购买；服务退出者，指顾客因不满意企业的服务而转移购买；市场退出者，指顾客因离开该地区而退出；技术退出者，指顾客转向购买技术更先进的替代产品；政治退出者，指顾客因不满意企业的社会行为或认为企业未承担社会责任而退出购买，如抵制不关心公益事业的企业、抵制污染环境的企业等。企业可绘制顾客流失率分布图，显示不同原因的退出比例。

第三，测算流失顾客造成的利润损失。

第四，确定降低流失率所需的费用。如果费用低于所损失的利润，就值得支出。

第五，采取留住顾客的措施。造成顾客退出的某些原因可能与公司无关，如顾客离开该地区等，但由于公司或竞争者的原因而造成的顾客退出，则应引起警惕，采取相应的措施，扭转局面。

11.5 新媒体营销策划

新媒体是相对于传统媒体而言，以数字、网络等为特征的媒介，在互联网时代，消费者花在互联网上的时间越来越多，据统计，中国人每天花在手机上的时间平均超过 5 小时（QuestMobile，2018），新媒体成为营销策划必争之地。新媒体营销策划的关键是根据不同新媒体的特性，有侧重的开展营销策划活动。

◆ 新媒体的概念

新媒体（new media）作为传播媒介的一个专有术语，最早是由 P. 戈尔德马克（P. Goldmark）提出来的。戈尔德马克是 LP（留声机唱片）和 EVR（电子录像）的发明者，还是参与制定彩色电视 NTSC 标准的重要成员，曾担任美国 CBS（哥伦比亚广播公司）技术研究所所长。他在 1967 年发表了一份关于开发 EVR 商品的计划，在这个计划里他第一次提出了"新媒体"一词。美国传播政策总统特别委员会主席 E. 罗斯托（E. Rostow）在 1969 年向当时的美国总统尼克松提交的报告书中，多处使用这一词汇，从此以后，这一词汇就开始在美国社会流行，并逐步流传到全世界，成为全世界的热门话题。

联合国教科文组织对新媒体的定义："以数字技术为基础，以网络为载体进行信息传播的媒介。"美国《连线》杂志对新媒体的定义："所有人对所有人的传播。"

我们可以从四个层面理解新媒体的概念：

技术层面：利用数字技术、网络技术和移动通信技术；

渠道层面：通过互联网、宽带局域网、无线通信网和卫星等渠道；

终端层面：以电视、电脑和手机等作为主要输出终端；

服务层面：向用户提供视频、音频、语音数据服务、连线游戏、远程教育等集成信息和娱乐服务。

▶ 新媒体的类型

1. 手机媒体

手机媒体是借助手机进行信息传播的工具。随着通信技术、计算机技术的发展与普及，手机将逐渐成为具有通讯功能的迷你型电脑。手机媒体是网络媒体的延伸，它除了具有网络媒体的优势之外，还具有携带方便的特点。

2. 数字电视

数字电视就是指从演播室到发射、传输、接收的所有环节都使用数字电视信号或对该系统所有的信号传播都通过由 0 和 1 数字串所构成的数字流来传播的电视类型。数字信号的传播速率是每秒 19.39 兆字节，如此大的数据流的传递保证了数字电视的高清晰度，克服了模拟电视的先天不足。

3. 互联网新媒体

互联网新媒体包括网络电视、博客、播客、视频、电子杂志等。

4. 户外新媒体

有别于传统的户外媒体形式（广告牌、灯箱、车体等），户外新媒体以液晶电视为载体，如楼宇电视、公交电视、地铁电视、列车电视、航空电视、大型 LED 屏等，主要是新材料、新技术、新媒体、新设备的应用，或与传统的户外媒体形式相结合，使得传统的户外媒体形式有质的提升。

▶ 新媒体营销的重要性

新媒体营销是指利用新媒体平台进行营销的方式。新媒体营销逐渐成为现代营销模式中最重要的部分，成为营销者的必争之地。互联网已经从电脑迷的专用工具转变为营销者的创意舞台。

2012 年，谷歌在发表的《多屏世界报告研究》中提出，在各种屏幕包括手机、台式电脑、平板电脑等新兴数字媒体上的互动已经构成了消费者日常与媒体互动的主要部分。上班时间之外，人们平均每天要花 4.4 个小时看各种屏幕。今天的消费者已经转变为数字为先的消费者，数字已经贯穿消费者购买行为和决策的全过程。90％的人会连续使用多个屏幕，61％的人在智能手机上使用社交媒体，微信微博等数字媒体在人与人之间的交往中发挥了很大的作用，59％的人尝试用智能手机进行理财。

今天，新媒体已经深入消费者的生活中，影响着人们的学习、工作、社交、消费的方方面面。新媒体使信息的传播更加高效、快速，使商家与消费者的双向互动成本更低。

◆ 新媒体营销策划步骤

1. 确定营销目标

和传统媒体的策划一样，新媒体的营销策划首先要明确策划的目的是什么。一般来说，新媒体策划的目标是拉新、提升转化率、扩大品牌影响力等。在确定策划目标时要结合战略目的与预算进行。

2. 针对人群

核心用户是哪些人，有什么需求，策划活动要围绕客户的需求来开展。

3. 内容策划

内容策划部分要确定宣传的内容、风格和载体形式。可以是知识性的内容、沟通顾客的情感性内容，或者热点事件借势，等等。

4. 选择渠道

选择内容投放的渠道，是选择视频平台如抖音、快手还是微博与微信平台。

5. 内容与渠道测试

将内容与渠道进行排列组合，通过数据反馈，筛选有效的流量获取渠道和方式，找到有效的内容加渠道后，做持续的投放，为产品带来有效流量及有效转化。

6. 方案的执行及费用报价

在分解各阶段的目标及工作之后，对整体的营销工作进行排期，涉及具体的营销阶段、目标、渠道、周期安排。费用报价表要细化到策划任务的每一项资源及报价上。

▶▶ 重点名词

网络营销　　　服务营销　　　文化营销　　　　关系营销
顾客数据库营销　新媒体营销

▶▶ 思考题

1. 网络营销策划如何分类？如何加强企业网站推广的力度？
2. 在进行网络营销策划时要注意哪些问题？
3. 如何进行服务营销策划？服务营销策略有哪些？
4. 简述文化营销的策划步骤和策划方法。
5. 关系营销策划包含哪些内容？
6. 进行关系营销策划有哪些方法？

7. 简述顾客数据库营销的策划要点。

8. 概述不同新媒体的特性。

▶▶ 案例分析

MegaRed 的推广策划

MegaRed 在一次广告宣传活动中产生的收入是公司在广告上投入费用的两倍，它是如何做到的呢？MegaRed 是 RB 集团最新推出的品牌，本质上就是鱼肝油的一种衍生物。1/6 的美国家庭会购买鱼肝油作为一种营养补充品，大家相信它能给人们带来一颗更加健康的心脏。MegaRed 是胶囊，容易被人体吸收，但是价格并不便宜。Walgreens 和 Costco 这样的大型零售商也推出了它们自己的磷虾油品牌，对 MegaRed 的价格形成了冲击。RB 集团还拥有另外一些大型的消费品牌，比如 Lysol Cleaners 和 Durex。它于 2012 年 12 月以 14 亿美元并购了 Schiff Nutrition 公司，借此获得了 MegaRed 品牌。人们相信，凭借它之前对品牌提升的理解和执行力，它能够给 MegaRed 带来春天。那么，现在的问题便只剩一个，要怎样推广 MegaRed 这个品牌才能获得最大的效应和最高的回报呢？

RB 集团找到一家营销推广公司让其在 Facebook 上把 MegaRed 推广出去。数据表明，上网的美国人每 6 分钟中就有 1 分钟待在 Facebook 上；在移动网络上，每 5 分钟就有 1 分钟待在 Facebook 上。其中，对消费品有着最突出需要的家庭主妇是最活跃的网络用户。因此，在 Facebook 上投放鱼肝油的广告会有相当好的作用。

在公司总裁法拉西看来，要想广告有效果，就必须找到精细的目标消费者，Facebook 的优势就在于，能运用高级复杂的分析运算，在市场中明确并细化这一部分人群。这种优势是电视广告无法比拟的。

公司的策划总监建议法拉西锁定的目标群体却是 45 岁及以上的美国女性，大概 3 200 万人。

细化消费人群会产生极高的成本。在 Facebook 内部的拍卖系统中，广告客户们争相出价在用户的订阅源中争得一个广告插播位置。如果真的如此细化用户群，那么广告每覆盖 1 000 个人，成本也会高很多。

公司的策划总监说："在 Facebook 上做广告，就像拿着一支双管猎枪，你知道每一枪打响，子弹会落在什么地方。"最后法拉西同意了公司的这种推广方式。

公司召来了团队里最优秀的策划师和广告总监，开展针对 MegaRed 在 Facebook 上的广告内容策划。他们认为，广告内容是为了让 MegaRed 的传播更加富有感染力和说服力，能够让所有超级市场中一边购物一边拿着手机上 Facebook 刷各种动态的妈妈们，能够第一时间被吸引，最终购买该产品。会上，大家发表各种各样的想法。最终公司的广告策划师勾勒出一些框架性意见："我们在 Facebook 上所分享的，是关于心的故事。一张图片，配上经典的语句，应该是最纯粹并且打动人心的表达方式。"在这个基础上，团队达成了共识，利用多个广告来展示不同的人生片段，最终让观众们看到一个人的人生脉络。公司根据"心的故事"开展了广告设计。面向大众无差别传播的第一组广告中的一支广告，是一个男孩和他的祖父的照片。配有文字："为了让他第一次成功骑行，在正确的方向推他一把吧！"这个广告获得了超过 18 000 个赞以及 600 个留言。另外一支广告，里面有冰雪的场景，用意是 MegaRed 来自南极。这一系列的广告都在 Facebook 上取得了较好的效果。接下来公司要做的事是让每一个 45 岁及以上的美国女性看到广告，然后去观察哪些人对广告有兴趣。再调整广告投放，将广告放在这些人的订阅更新中。

那么，广告投放效果怎样呢？尼尔森的调研数据显示：在 8 个星期的广告推广活动中，1 810 万 45 岁及以上的女性至少看了其中一支广告。这是目标受众的56％。其中，2％的人看了之后觉得想要购买 MegaRed。看过广告的受众，大概 84人中有 1 人要么点赞，要么评论，要么分享了广告。这是 MegaRed 之前广告受众互动率的 3 倍。这大大增加了广告二次传播的概率。这次广告宣传活动所带来的收入，是公司在广告上投入费用的两倍。这比 RB 集团在电视上打广告的效果好太多了。根据 RB 集团的 IRI 购物数据，因为这次广告宣传，MegaRed 多获得了 1％ 的市场份额。

资料来源：跨洋传媒．在 Facebook 上如何成功推广一款保健品？. https://zhuanlan.zhihu.com/p/54389955.

问题

请分析该案例中营销策划上的成功之处。

▶▶ 实训练习

葱伴侣在"山东醇正寻味之旅"招募活动中，充分运用了"古代山东名人"这一超级符号特质，从人物的选取到文案输出再到内容传播，在四位古代山东人物招募海报的名言、故事中，始终在深度挖掘名人的故事精神与品牌精神的契合点：孔子的信义、李清照的担当、蒲松龄的耿直、鲁班的传承，他们每个人代表的精神都是产品的高品质特点。精选非转基因大豆；不添加黄原胶增稠剂；恒温足期发酵；酱香浓郁自然醇厚，这些品质我们虽然难以亲自用肉眼去看，但透过古代名人的精神讲述，我们可以真切感受到这一盒酱"不将就"的匠心精神。除了四张古代人物招募海报，葱伴侣为了将几千年的酱文化与年轻人建立沟通，延续四位古代名人的形象与精神，打造了一个更具趣味性的 H5 寻宝游戏，通过四位古代名人的知识问答，植入古代名人的动态穿越场景，每一个场景与问题都具有极强的关联性与视觉吸引力，让年轻消费者对山东文化了解的同时，也了解到酱文化的内涵。

优秀的品牌卖的绝不仅仅是产品，更是品牌故事背后的文化气质，从 New Balance 的"致匠心"到红星美凯龙的"鲁班文化节"，可以说，在这个消费日益理性的时代，只有文化的魅力可以让消费者暂时失去理性，为品牌叫好，为产品买单。

请结合葱伴侣酱文化案例，谈谈如何为一件产品披上某种文化的外衣，让其看起来与众不同，并思考如何让一杯奶茶有文化。

参考文献

[1] 郭国庆. 市场营销管理：理论与模型. 北京：中国人民大学出版社，1995.

[2] 郭国庆. 市场营销学通论. 4 版. 北京：中国人民大学出版社，2011.

[3] 郭国庆. 营销理论发展史. 北京：中国人民大学出版社，2009.

[4] 郭国庆. 现代非营利组织研究. 北京：首都师范大学出版社，2001.

[5] 郭国庆. 体验营销新论. 北京：中国工商出版社，2008.

[6] 任锡源. 提高顾客满意度的口碑营销对策研究. 北京：首都经济贸易大学出版社，2010.

[7] 任锡源. 广告策划. 北京：经济管理出版社，2010.

[8] 任锡源. 营销策划理论与实务. 北京：首都经济贸易大学出版社，2008.

[9] 李先国. 促销管理. 北京：中国人民大学出版社，1998.

[10] 李先国. 销售管理. 北京：企业管理出版社，1996.

[11] 吴粲，李林. 策划学精要. 北京：中国人民大学出版社，2009.

[12] 凯利，利特曼. 创新的艺术. 北京：中信出版社，2010.

[13] 波特. 竞争优势. 北京：华夏出版社，2005.

[14] 里斯，特劳特. 定位. 北京：中国财政经济出版社，2002.

[15] 舒奎特. 第六感决定你的一生. 北京：作家出版社，2008.

[16] 霍金斯，马瑟斯博，贝斯特. 消费者行为学：原书第 10 版. 北京：机械工业出版社，2007.

[17] 麦克唐纳. 营销策划. 北京：中国铁道出版社，2010.

[18] 范进，刘军. 写好营销策划文案. 北京：中国经济出版社，2006.

[19] 大前研一. 思考的技术. 北京：中信出版社，2008.

[20] 明托. 金字塔原理. 北京：民主与建设出版社，2002.

[21] 许彩国. 市场营销案例分析：策划篇. 南京：东南大学出版社，2009.

[22] 刘厚钧. 综合营销策划. 郑州：郑州大学出版社，2009.

[23] 叶生洪，谢军，胡红飞. 营销策划实务. 南京：经济科学出版社，2009.

[24] 浅田和实. 产品策划营销. 北京：科学出版社，2008.

[25] 刘世忠. 品牌策划实务. 上海：复旦大学出版社，2007.

[26] 周志民. 品牌管理. 天津：南开大学出版社，2008.

[27] 陈放. 品牌学. 北京：时事出版社，2002.

[28] 马斯特森，特里比. 渠道变革. 北京：人民邮电出版社，2009.

[29] 奥格威. 一个广告人的自白. 北京：中信出版社，2008.

［30］张景云，于涛．100个成功的公关策划．北京：机械工业出版社，2002.

［31］胡学亮．公关传播案例评析．北京：中国传媒大学出版社，2008.

［32］易圣华．新闻公关策划实战．北京：机械工业出版社，2009.

［33］陈一收．大型活动公关．北京：北京大学出版社，2010.

［34］叶素贞．节假日促销：108个促销创意和特色方案．北京：北京大学出版社，2006.

［35］许传宏．会展项目策划与组织．重庆：重庆大学出版社，2007.

［36］陈广．星巴克攻略．北京：企业管理出版社，2005.

［37］马连福．体验营销．北京：首都经济贸易大学出版社，2005.

［38］祁定江．口碑营销．北京：中国经济出版社，2008.

［39］于强．服务营销策划与推广．北京：科学出版社，2009.

［40］狄振鹏．服务营销技巧．北京：北京大学出版社，2006.

［41］伯格．关系营销．北京：中国长安出版社，2008.

［42］卢泰宏，李世丁．广告创意：个案与理论．广州：广东旅游出版社，1997.

［43］张浩．新编企业策划方案写作大全．北京：蓝天出版社，2002.

［44］付春玲，刘世虎．企划人．北京：企业管理出版社，1999.

［45］陈放．策划学．北京：中国商业出版社，1998.

［46］张冬梅．市场营销案例精选．青岛：青岛海洋大学出版社，1994.

［47］屈云波．营销战略策划．北京：中国商业出版社，1994.

［48］李蔚．营销策划．北京：中国经济出版社，2002.

［49］宋丁．企业策划．深圳：海天出版社，1998.

［50］胡屹．策划学全书．北京：中国社会出版社，1999.

［51］叶万春．企业营销策划．广州：广东经济出版社，2001.

［52］江明华．市场营销案例．北京：北京大学出版社，2001.

［53］韦斯特伍德．如何制订营销计划．北京：宇航出版社，1999.

［54］史密斯，泰勒．市场营销传播方法与技巧：第3版．北京：电子工业出版社，2003.

［55］孔祥宇．成功广告案例评析．北京：中国商业出版社，2001.

［56］西沃卡．美国广告200年经典范例．北京：光明日报出版社，2001.

［57］陈建平，杨勇．企划与企划书设计．北京：中国人民大学出版社，2000.

［58］甘忠泽．广告经济丛书．上海：复旦大学出版社，1998.

［59］高天成，李兆虹．成功策划第1书．海口：海南出版社，2000.

［60］胡其辉．市场营销策划．大连：东北财经大学出版社，2006.

［61］黄敏学．网络营销．武汉：武汉大学出版社，2000.

［62］尚晓春．市场营销策划．北京：高等教育出版社，2000.

［63］孙黎．策划家．北京：中国经济出版社，1993.

［64］覃礼刚．现代全能策划．北京：中国经济出版社，2001.

［65］徐育斐．市场营销策划．大连：东北财经大学出版社，2002.

［66］杨岳全．市场营销策划．北京：中国人民大学出版社，2000.

［67］马克斯．金牌销售经理：发现、训练和领导销售人员的行动指南．北京：企业管理出版社，2009.

［68］曾来海．新媒体概论．南京：南京师范大学出版社，2015.

［69］谭笑．跨媒体营销策划与设计．北京：中国传媒大学出版社，2016.

［70］科特勒．营销革命 4.0：从传统到数字．北京：机械工业出版社，2017.

［71］任锡源．从零开始学电话销售全集．北京：中国言实出版社，2010.

［72］任锡源．销售经理 360 度全程序工作手册．北京：中国经济出版社，2006.

教师教学服务说明

中国人民大学出版社管理分社以出版经典、高品质的工商管理、统计、市场营销、人力资源管理、运营管理、物流管理、旅游管理等领域的各层次教材为宗旨。

为了更好地为一线教师服务，近年来管理分社着力建设了一批数字化、立体化的网络教学资源。教师可以通过以下方式获得免费下载教学资源的权限：

在中国人民大学出版社网站 www.crup.com.cn 进行注册，注册后进入"会员中心"，在左侧点击"我的教师认证"，填写相关信息，提交后等待审核。我们将在一个工作日内为您开通相关资源的下载权限。

如您急需教学资源或需要其他帮助，请在工作时间与我们联络：

中国人民大学出版社　　管理分社

联系电话：010-82501048，62515782，62515735

电子邮箱：glcbfs@crup.com.cn

通讯地址：北京市海淀区中关村大街甲 59 号文化大厦 1501 室（100872）